컬처
비즈니스

WISDOM HOUSE

미래의 블루칩

컬처
비즈니스

심상민 지음

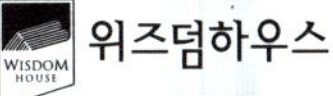
위즈덤하우스

미래의 블루칩

컬처 비즈니스

초판 1쇄 인쇄 2007년 9월 20일 초판 1쇄 발행 2007년 9월 28일

지은이 심상민 **펴낸이** 김태영

기획 윤미정

기획편집 2분사_책임편집 이수희
1팀_고정란 김은정 최유연 2팀_강정애 이수희 디자인팀_김미영 이성희

상무 신화섭 **COO** 신민식 **콘텐츠사업** 노진선미 이유정 이화진
홍보마케팅분사 부분사장_정덕식 **영업관리** 이재희 김은실
마케팅 권대관 송재광 곽철식 최진 박신용 김형준 이귀애 정주열
인터넷사업 정은선 왕인정 김미애 **홍보** 김현종 허형식 임태순 **광고** 정소연 이세윤 김혜선 이둘숙
본사 본사장_하인숙 **경영혁신** 김성자 **재무** 김도환 고은미 봉소아 최준용
HR기획 송진혁 양세진 **제작** 이재승 송현주

펴낸곳 (주)위즈덤하우스 **출판등록** 2000년 5월 23일 제13-1071호
주소 서울시 마포구 도화 1동 22번지 창강빌딩 15층 **전화** 704-3861 **팩스** 704-3891
홈페이지 www.wisdomhouse.co.kr
출력 엔터 **종이** 화인페이퍼 **인쇄** 삼조인쇄 **제본** 세원제책사

ISBN 978-89-6086-054-4 03320
ⓒ 심상민, 2007

경제부자에서 문화부자로

'우리에게 보습대일 땅이 있었더면…….'

시인 김소월의 노래다. 문화는 그렇게 비비고 싶은 언덕, 달려가 폭 안기고 뒹굴고 싶은 뒷동산으로 다가왔다. 나 자신 경제, 경영학으로 학위를 받고 경제기자를 하고 경제연구소에 몸담아오면서도 줄곧 문화로 맘먹은 순례를 하고 있었나 보다. 분화산업을 공부하면서도 문화를 소홀히 한 그 업보가 무섭고 부끄러워 다시 문화를 찾아나선 게 아닌가. 그해 11월, 학교 앞 경찰차 안에서 식겁한 다음날 용산 터미널로 가 공주행 버스에 올라탔던 열여덟 나이. 20여 년 만이다.

다행히 문화 실크로드로 내딛는 순례에 나선 이는 나 혼자만이 아니었다. 일찍이 문화하는 마음을 빼앗긴 친구들, 아제, 이웃, 옛 애인, 스승님들. 수많은 사람들이 가득가득 넘어오고 있었다. 이 행렬을 보면서 경제활동 인구가 문화활동 인구로 바뀌기 시작했음을 보았다. 우직하고 멋있게 문화 속으로 들어가는 은행 김 팀장, 대기업 윤 대리, 시청의 울트라 마라토너 박 계장, 김밥집 시인 사장님, 문화콘텐츠 복수전공 대학생에 이르기까지. 이들에게서 나는 새로운 인간형을 만났다. 그 너머 새로운 인성을 마주하게 되었다. 문화창조를 택한 열정이다.

놀랍게도 문화 안에서는 실패가 성공이 되기도 한다. 문화로 물구나무 서보면 성급한 초년 스타덤이 진짜 창조자의 길에 반하는 독이 되어버린다는 지혜도 발견할 수 있다. 띄엄띄엄 또박또박 느리게 가고 다각화도 몰라라 한 가지 일에 몰두하는 촌스런 고집이 기어이 내 이름 한 줄 걸리는 자산을 손에 쥐어준다. 천금을 줘도 바꿀 수 없는 창조의 별이다.

부자 열풍만 해도 그렇다. 부자가 '경제부자'라면 부자가 되기까지는 죽어라고 가난한 기분을 참아내야 한다. 서울에서 44년을 도시근로자로 일해야 중소형 강남 아파트 한 채 마련할 수 있다는 공식에는 오로지 승자와 패자, 우월과 열등만이 이분법으로 남을 뿐이다. 못할 짓이다. 경제가 원래 그리 천박하지 않고 신성한 것인데도 대한민국 1퍼센트 부자를 뺀 나머지 멀쩡한 사람들은 아침저녁으로 쌓이는 콤플렉스에 손톱 성할 날이 없다.

그렇지 않고 본래부터 부자를 '문화부자'로 보면 완전히 달라진다. 경제부자가 되는 수년, 십수 년 후, 그 순간까지는 절치부심 웅크리고 스산하게 살 밖에 다른 도리가 없지만 문화부자로 가는 순례길은 작심하는 바로 그 순간부터 환한 꽃밭이다. 문화로 일하고 내 업을 삼겠다는데 먼 데 보고 굴해야 하는 금욕과 자제가 나를 짓누를 수 없다. 미래 가치를 계산하고 가슴 졸이며 돈 거는 주식 투자 등속과는 근본이 다르다. 문화투자는, 문화투자 수익에는 보이지 않는 심리적 만족, 함께하는 정신, 사회독 치유, 꼴찌로서 맛보는 성취감, 2등 3등의 환희가 무슨 칵테일, 비빔밥처럼 죄다 들어와 있다. 경제 수익은 물론 경제외적 수익까지도 합산하고 결합하는 총체적인 인생 결산이 문화투자의 맑은 성적표가 된다.

문화를 이용하여 경영하고 마케팅하곤 하던 얕은 생각도 살살 바뀌나갈 때가 되었다. 풍부하고 여유 있고 단기 업적에 얽매이지 않는 시원하고 화통한 스타일을 연출하는 경영과 문화의 일체화가 해답이다. 앳된 문화를 범한 경영학이 아니라 탁한 경영을 순화하는 문화 프로그램을 한 땀 한 땀 수놓아보려 한다. 이처럼 문화로 살고 일하고 놀며 필생을 순례하는 멋진 활갯짓에 '문화생업'이라는 특별한 이름을 붙이고 싶어졌다. 진부해진 '문화산업'이나 '문화경제학'과는 또 다른 생생한 현장일 수 있도록.

다행히 고맙게도 동풍은 불어 주고……. 세컨드 라이프를 갈구하는 인간형이 오롯이 솟아올랐다. 문화에 탐닉하는 그윽한 마음이 한층 뚜렷해졌다. 문화로 일하고 경제로 노는 문화노동과 경제놀이도 이론에 앞서 실제 형상으로 잡히기 시작했다. 역사성에서 확인한 대세와 추세도 정녕 신대륙, 문화생업으로 모아지고 있음을 확인할 수 있었다.

'문화에 투자하라', '문화로 승부하라'는 외침도 울리는 메아리를 얻게 되었다. 문화일상과 문화수익, 문화주인, 문화개척, 문화원형으로 말한 방법들도 문화를 사랑하기에 떠난 순례길에 차 한 잔, 벽돌 한 장이 되어주었다. 문화경영과 문화마케팅은 문화생업 순례의 도전이자 난관이었다. 히말라야와 같이 버티고 섰다. 디지털, IT는 물론 미래사회와 접목하는 영역이어서 더했나 보다. 뭐 어떤가? 문화생업 순례가 일대 황홀 서사 장편 되는 초입인데······.

우리 순례는 문화로 보는 미래, 문화로 대응하는 미래에 도달한다. 마침 모두가 이 사회와 나라, 동아시아 공동체를 염려하는 시점이다. 덕분에 문화순례에서 가져온 순금을 멋진 장래, 원더풀 라이프에 정성껏 바치는 의식을 허락받을 수 있을 듯하다.

푸근하게 만나 신나게 책 기획하고 잘 인내하고 독려해준 윤미정 님께 제일 큰 감사드린다. 귀한 추천사를 흔쾌히 건네주신 서병문 원장, 손석희 교수, 이수만 회장, 송승환 대표께도 마음속 깊은 곳 고마움을 전한다. 나의 가족과 친구, 성신여대 패밀리 여러분들에게도 마음 모아 큰절 올린다.

2007년 늦여름, 성신 동산에서

심상민

2부 문화로 일하고 경제로 놀아요

3부 문화에 투자하는 다섯 가지 방법

4부 문화경영 매뉴얼

5부 부의 미래, 문화가 해답이다

CULTURE

문화가 온다. 눌리고 꿀리고 힘들어하는 사람들에게 조용조용 문화가 찾아오고 있다. 쉰 살이 된 뉴욕의 유명한 변호사 누구는 콜롬비아대학교 건축학과에 새로 입학한다. 돈벌이가 문화창조로 옮아가는 찰나다. 자기소개할 때면 공돌이라며 웃어 보이는 공무원 아빠가 거금 100만 원을 주고 디지털카메라를 샀다. 일요일이면 종갓집 한옥을 찾아 떠나는 출사 여행에 나설 참이다. 공돌이에서 아티스트로 변신하는 드라마다.

문화를 너무 쉽거나 어렵게 바라보았던 시절을 보낼 때가 되었다. 정의와 설명을 담는 개념만 해도 6만 개가 넘는다고 하는 참 별스런 단어, 문화. 우리에게 문화는 무엇인가? 내쳐 연달아 묻고 싶다.

당신의 문화는 무엇입니까? 당신의 C는 무엇입니까?

YOU,
문화에 탐닉하다

BUSINESS

culture business

세컨드 라이프 열풍

"인생 뭐 있어? 돈이 최고지 뭐. 아냐 놀고 싶은 때 실컷 노는 거야."
아주 어린 학생들도 이런 말을 무슨 영어 숙어처럼 외워 써먹곤 한
다. 취업을 앞둔 대학생들이 이처럼 자조적일 수도 있는 표현을 애용
하는 것을 엿들을 때면 정신이 번쩍 난다. 그러면서도 인생 이모작이
니 다모작이니 하는 말이 다시 떠오르면서 왠지 숙연한 기분이 들기
도 한다.

이쪽 인생과 씨름하면서 저쪽 인생에서 회포를 푼다. 〈베로니카의
이중생활〉을 연상케 하는 이런 몽상과 망상 본능에 닷컴 업체가 올라
탔다. 기가 막힌 수완이다. 세컨드 라이프 닷컴. 아바타라고 불리는

가상의 캐릭터가 새 생명을 알리면 그야말로 명실상부한 인생 이모작이 시작된다. 강남 부동산 뉴스만 들으면 목이 메는 평민 월급쟁이가 주어진 가상 환경으로 들어가 부동산을 사들여 저택을 짓는다. 갓 입사한 말단 직원이 자신이 일하는 대기업 그룹 총수와 독대하고 30분 프레젠테이션, 20분 질의 응답, 2시간 저녁 식사 일정을 소화한다. 명품 하나 없는 여학생이 샤넬로 온통 자신을 휘감고 빨간 럭셔리 카 람보르기니에 오른다.

이 모든 것이 게임이다. 게임이긴 하나 헛된 과대망상이라기보다는 어딘가 모험의 나라로 들어가는 순례를 닮아 있다. 그 옛날 실크로드를 떠나는 스님이나 대상의 초심과 같이 비장하고 결연한 빛깔도 어려 있다. 단순한 컴퓨터 게임이 아니라서 그렇다. 더 나은 인생을 손에 쥐어보려는 인간 군상의 막을 수 없는 몸부림을 볼 수 있어서 정말 그러하다.

퍼스트 라이프에서 기를 못 폈던 사람들이 세컨드 라이프에서는 부동산 재벌도 되고 슈퍼 엘리트 코스에 멋지게 합류한다. 이런 가상의 변신과 꿈의 간접 만족을 어떻게 보아야 할 텐가? 경제생업과 문화생업으로 풀어보면 어떨까 싶다. 이미 수년 전부터 애용되고 있는 도시 만들기 게임인 심시티나 세컨드 라이프 닷컴과 같은 가상체험 프로그램은 문화생업으로 들어가는 비밀의 문이 될 수 있다.

경제생업에서는 파격과 비약, 환상이 금기시되어 있다. 이 주어진 여건에 사람들은 억압당하고 질식할 지경이다. 경제계에서는 경제생업의 포로가 되지만 문화계에 와서는 문화생업의 황제가 된다. 가지 거나 물려받은 재산의 크기나 비싼 교육을 받은 정도와 같은 경제생업의 마패는 문화생업 해방구에 와서는 서푼짜리 고철덩어리다. 오로지 센스와 상상력, 창의성으로 자신의 왕국을 만들어나갈 수 있다. 문화하는 마음에 따라 문화생업의 격이 갈리게 된다.

세컨드 라이프 닷컴과 같은 별세계에서 이룩한 사회적 지위와 부와 명예, 새로운 관계와 같은 문화생업의 전리품들은 돌고 돌아 경제생업으로 침투한다. 이러한 피드백 경로를 잘 이해할 수 있게 해주는 본보기 콘텐츠가 있다. 미국의 부동산 갑부 도널드 트럼프가 진행하는 리얼리티 방송 프로그램 〈어프렌티스 apprentice : 견습생〉이다. 키가 2미터를 넘고 숱한 염문을 뿌리고 다니는 아메리칸 히어로의 상징이기도 한 트럼프가 고르는 신입 사원이 되기 위해 쟁쟁한 젊은이들이 덤벼든다. 헬기를 타고 맨해튼을 돌며 도시재개발 과업을 구상하기도 하고 유럽 출장 가는 트럼프를 수행하는 베테랑 비서 역할 시험을 감행하기도 한다. 최후에 살아남는 승리자는 비로소 실제 트럼프 회사의 정규 사원이 된다.

트럼프의 어프렌티스는 세컨드 라이프 닷컴의 선행 사례에 잘 들어맞는다. 갖다 맞춘 가짜 상황 fake 에서 실제 채용되는 현실 fact 로 이행해가는 스토리를 근간으로 하고 있기 때문이다. 세컨드 라이프와 같은 문화생업의 가짜 상황도, 이용하는 사람의 실제 성과와 현실에 얼마든지 작용할 수 있다.

부동산을 사들이고 경매를 시뮬레이션으로 해보는 일이 실제 시간차를 두어 내 집 마련하고 빌딩 투자를 할 때 쓸모가 없을 리 없다. 문화생업이 경제생업으로 전환하는 순간이다. 최고경영자에게 발표를 하는 문화생업을 게을리 하지 않은 말단 총각 사원이 십 년 후 부장이 되어 천금의 기회를 거머쥐었을 때 다른 누구보다도 더 강력한 인상을 줄 수 있다. 우연의 소산이 아니라 세컨드 라이프에서 갈고 닦은 실력이 가져온 필연적 결과이다. 이 준비된 부장이 임원으로 발탁된다면 이 또한 문화생업이 경제생업으로 빛나게 스며드는 현장 하나가 추가되는 셈이다.

이렇게 문화생업은 또 다른 매치와 리그를 우리에게 선사해준다. 설사 경제생업 경쟁에서 한두 차례 밀려났다 해도 문화생업 마크가 찍힌 세컨드 라이프의 가상환경 활동은 언제나 다시 새롭게 명승부에 임할 수 있게 해준다. 경쟁이나 한판 승부가 아니라고 여겨도 좋다. 마치 책읽기와 같이 무한한 간접 경험을 해볼 수 있는 지대와 영역이 곧 문화생업의 꿈동산이다. 더구나 간접 경험을 직접 경험인양 생생하게 만져볼 수도 있다.

세컨드 라이프, 건강하게 잘만 하면 대박이다. 원더풀 라이프를 살 수 있다.

아트펀드, 문화간식? 문화주식?

많은 이들이 경제가 삶의 주식이고, 문화는 간식이라고 생각한다. 누군가 경제적으로 자립하고 부를 늘리는 일을 결혼보다도 출산보다도 앞선 우선순위로 꼽는다 해도 이상하게 여길 사람은 거의 없을 테다. 똑같은 100만 원 공돈이 생겼을 때 카오디오 세트를 사면 사치요, 적금을 붓거나 주식을 사들이면 투자를 한 것으로 간주한다. 투자 목적으로 100만 원을 들여 그림을 산다 해도 기대 수익률은 자신 없이 공란으로 남겨두기 일쑤다. 나중에 돈 되면 좋고, 아니라도 그림 하나 간직한다 생각하고 스스로를 위안하는 게 보통이다. 굳어질 대로 굳어진 사람들의 문화 섭취 습성이기도 하다.

그러하던 우리 일상에 반전과 변화가 감지되고 있다. 문화가 간식이 아닌 주식이 되고 문화가 주된 투자처가 되는 믿기 어려운 상황이 거대한 메가트렌드로 자리 잡기 시작했다. 아트펀드 사례가 신호탄이다. 아트펀드는 미술품 투자를 대중화시킨 역작이라고 할 수 있다. 오래 전에는 왕족이나 귀족이, 오늘날에는 영국 100대 부호에 드는 뮤지컬 제작자 앤드류 로이드 웨버 같은 갑부들이 애용하는 미술품 투자는 사실 그들만의 잔치였다. 웨버 같은 이는 피카소 그림을 300억 원에 사들였다가 불과 2년 만에 500억 원에 되팔았다는 꿈같은 뉴스 메이커가 되기도 했다.

가수 마돈나가 팝 아티스트 앤디 워홀 작품을 사들여 전위적이며 대중 속으로 투신하는 이미지를 꾸준히 연출해왔다는 일화 역시 특수한 케이스 그 자체였다. 이런 고급문화 유희는 보편적인 문화투자의 확산이나 문화생업으로서 문화생활을 가로막는 일등 공신이자, 구사대 노릇을 자처하면서 문화 사랑보다는 문화 질투를 증폭시키기도 했다.

이런 독과점 악덕을 무너뜨린 것이 바로 십여 년 전 영국에서 선보인 아트펀드이다. 아트펀드는 일반 투자자들의 투자 자금을 모아 미술품을 비롯한 다양한 문화, 예술 작품에 투자하는 성격을 표방하고 있다. 전통적 투자처인 주식, 채권과 같은 증권이나 부동산에 비하면 생소한 미개척 신대륙이지만 실제 수익률과 투자 참여에서 우러나오는 문화체험은 투자자들을 하나씩 끌어들이는 효용과 가치로 작용한다.

2004년도 기준으로 보아 세계 미술품 시장 수익률은 13퍼센트로써 미국 증권시장 대표주인 S&P 수익률 10.5퍼센트와 미국 장기국채 수익률 5퍼센트 선을 상회하고 있다. 1955년부터 2004년까지 50년간 자료를 분석한 결과도 나와 있다. 이 기간 동안 세계 미술품 시장 평균 수익률은 10.5퍼센트로, 역시 같은 기간 S&P 평균 수익률 10.9퍼센트와 거의 같은 수준으로 나타났다.

여기서 세계 최고의 경제 펀드멘털을 자랑하는 미국의 최전성기가 제2차 세계대전 직후부터 한국전쟁을 포함하는 1940년대 말, 1950년대와 이후 IT 붐이 최고조에 달했던 클린턴 행정부 시절(1990년대 말 ~2000년대 초)이었음을 감안할 필요가 있다. 미국 경제 활황기를 죄다 포함한 최근 50년 동안 미국 경제 발전을 집약하고 있는 S&P 평균 수익률 못지않게 세계 미술품 시장 수익률이 파악되었다는 사실. 이 사실은 미술품과 같은 문화, 예술 투자가 동급최강 수익률을 확약한다는 증거가 되기에 충분하다.

더구나 경제적 수익 외에 덤으로 가져가는 것 없는 일반 증권투자와 달리 미술품과 같은 문화, 예술 투자는 심리적 소득을 안겨다 준다. 수식은 만약 폭락하면 그야말로 휴지 소삭에 지나지 않는다. 하지만 그림이나 골동품은 값이 폭락할 가능성 자체가 적기도 하지만, 값이 큰 폭으로 떨어진다고 해도 감상하고 즐기고 남에게도 보여주는 효용만큼은 변함없다. 지속적인 문화체험을 통해 경제외적 실익이라고 볼 수 있는 심리적 소득을 환산할 수 없는 무한대까지 끌어올릴 수 있다는 이점이 발생한다는 얘기다.

이러한 비교 우위가 확인되고 있는 분위기 때문에 한국에서도 아트펀드가 등장하기에 이르렀다. 2006년 9월 신한은행이 처음으로 70억 원 규모의 아트펀드를 조성, 일반인 투자자를 모집했다. 금융권에서는 미술품 시장 거래가 아직은 투명하지 못하고 전체 시장 규모 자체가 잘 파악되지 않는 여러 어려움이 있지만 문화, 예술투자는 점차 확산될 것으로 분석하고 있다. 미술품 경매시장 낙찰률만 보더라도 1999년 17.6퍼센트 수준이었던 것이 2005년에는 62.7퍼센트로 3.6배가 성장하는 기염을 토하고 있다. 최근에는 주요 신문도 미술품 경매, 예술품 투자에 관한 시리즈를 싣고 있고,《그림 쇼핑》과 같은 문화투자 관련 책들이 출판시장을 달궈놓기도 했다.

물론 미술품과 같은 문화투자에 내재한 위험성도 무시할 수는 없다. 우선 환금성이 주식이나 부동산에 비해 낮고 시장 자체가 규모의 경제를 발생시키지 못하고 있다는 한계가 드러나 있다. 미술품 거래 이익에 관한 과세 문제도 경제당국, 경제학자와 예술인들 사이에 공연한 시비를 일으키곤 한다. 또한 막상 자신 있게 투자하기 위해서는 전문가적 안목을 길러 다양한 미술품에 분산 투자하는 포트폴리오를 구성해야 한다는 부담도 따른다.

그럼에도 결론은 자명하다. 미술품과 같은 문화투자는 경제적 소득과 경제외적 소득을 함께 가져다준다. '꿩 먹고 알 먹고'라고 하면 너무 세속적일런가? 문화투자에 참여함으로써 자기 삶의 한 지평을 열어젖히는 감격과 희열을 맛본 사람에게 수익률을 묻는다면 뭐라고 답할 수 있을까?

투자라고 하는 신성한 의사 결정에 대한 고정 관념을 떨쳐버릴 때가 되었다. 문화라는 간식과 부업이 주식이 되고 본업이 될 수도 있음을 우리는 직감으로 알아차릴 수 있다. 수익률이라고 하는 개념을 단지 금전적 출납 수치에게만 한정시킬 까닭도 없어졌다. 금전적 성과, 경제적 이익과는 별도로 문화체험이 선사하는 만족과 유용성이라는 훨씬 폭넓고 오래가는 효용과 가치가 자라나고 있기 때문이다.

멀티태스크 수행하는 T자형 인간

"나는 한 번에 두 가지 이상 일을 못 해." 이런 말을 할 때가 있다.

음악 들으며 공부하는 아이를 보며 어른들은 도무지 이해가 안 된다고 타박하기도 한다. 음악 듣는 시간과 공부하는 시간이 그대로 일치하니까 두 가지 서로 다른 행위가 한 사람 안에서 상충하게 마련이라는 관점이다. 염려가 강하면, 음악은 가슴으로 듣고 공부는 머리로 한다고 항변한들 통할 리 없다. 음악이라는 감성 마사지가 공부라는 이성의 작업을 도울 수도 있다는 착상은 씨도 먹히질 않는다.

정도가 심한 경우도 더러 있다. 어느 특정한 시간대 안에 두 가지 문제를 풀지 못하는 교체불능증 또는 겹치는 일에 대한 공포증이다.

주어진 두어 시간 안에 영어 공부만 하든가, 결재 서류 작성만 할 수 있지 다른 일이 들어오면 심한 불안감을 느끼는 경우다. 시간대가 확장되는 중증도 있다. 어떤 대학생은 겨울 방학 내내 대학원 진학에 대한 고민과 준비에만 매달려온 자신을 당연하게 여긴다. 이런 학생은 막상 면담에서 어떤 결론을 얻었느냐고 물어보면 80일쯤 되는 방학 기간 동안 아무런 종지부를 찍지 못했다고 털어놓는다.

같은 맥락에서 '한우물을 파라'는 가르침이 지엄하게 들렸던 시절이 있었다. 물론 우직하게 한 가지 일에 몰두하고 전념하는 것이 전문가가 되는 정도라는 명제는 지금도 유효하다. 한 분야에서 진정한 전문가로 인정을 받으려면, 아무리 천재라 하더라도 최소 십 년은 전력투구해야 한다는 연구 결과도 나와 있다. 맞는 말이다.

하지만 이러한 통념은 유망한 청년의 앞길을 막을 수도 있다. 한우물만 파고 한 가지 일에만 몰두해서 살아가는 이른바 I자형 인간이 각광받는 시대는 이미 저물고 있다는 얘기다. I자 모양으로 법대를 나와서 법조계 직업을 가져 평생 한 방향으로 사는 이상형을 권할 수 없는 현재와 미래가 펼쳐지고 있다. 새로운 인재상은 I자형에서 T자형으로 급속히 변모하고 있다.

법대를 나와서 검사가 되었더라도 '법률 전문가 + 경제사범 전문가 + 지하경제 전문가 + 위조수표수사 1인자 + 오페라 마니아'라는 캐릭터를 뽐내는 사람이 있다. 동료 검사가 뾰족한 I자 송곳이라면, 이 폭넓은 캐릭터의 소유자는 법률 전문가라는 막대기에 경제와 문화에 두루 능한 르네상스적 인간형이라는 또 다른 막대기를 이어놓은 T자형 인간이 되는 셈이다.

이 T자형 인간 개념은 '황의 법칙'으로 유명한 황창규 삼성전자 반도체총괄사장이 강조한 바 있다. MIT대학 특강에 나선 황 사장이 '삼성은 하드와 소프트에 모두 강한 인재를 원한다'는 식으로 설명하면서부터 T자형 인간은 일약 미래지향적 인간의 상징어가 되었다. 누구나 I자형 인간으로서 살다가도 T자형 인간으로 얼마든지 변모해나갈 수 있다. 다만 어떤 I자들을 서로 이어놓느냐 하는 결정과 실천은 우연처럼 장난처럼 함부로 단행할 일이 아니라는 점이 중요하다. 한 사람의 명운에 직결될 수도 있기 때문이다. 가급적이면 유망하고 빛나는 I자를 확보해야 할 일이다. 오늘날의 여러 가지 정황으로 보아 두 개의 I자 가운데 하나라도 문화와 관련된 것이라면 아주 유리할 것으로 본다.

메트로폴리탄

영화 잡지 《버라이어티》의 한국 통신원인 미국인 달시 파켓은 문화를
주업으로 하는 T자형 인간이다. 그는 러시아어, 러시아문화를 전공
하고 모스크바 유학생활도 했었고, 십 년 전 한국에 와서는 대학에서
영어강사로도 활동했다. 그러다 영화 저널리스트로 변신해 〈춘사 나
운규〉부터 디지털 복원된 〈로보트 태권브이〉에 이르기까지 종횡무진
한국영화를 헤집고 다닌다. 부산국제영화제에 가서는 20명의 스태프
와 함께 《데일리 익스프레스》라는 영문 특별판 일간소식지를 발행하
고, 영화 〈괴물〉의 영어 번역을 한국인 아내와 함께 맡기도 했다. 그
런가 하면 1935년 조선 최초의 유성영화 〈춘향전〉과 같이 잊혔던 왕

년의 한국영화를 영상자료원에서 발굴해 해외에 알리는 작업에도 열심이다.

달시 파켓의 라이프스타일은 그가 일하는 세계적인 영화 잡지이자 대표적인 퀄리티미디어 《버라이어티》를 닮아 있다. 이 잡지는 할리우드 영화계 소식을 주로 다루면서 음악의 《빌보드》, 방송의 《TV가이드》와 같은 대표 브랜드로 확고하게 자리 잡은 사례다. 그후 영화로 얻은 명성을 다각적으로 활용하여 온·오프라인 매체는 물론 영화, TV, 국제, 비즈니스, 기술, 홈엔터테인먼트까지 망라하는 T자형 미디어 스타일을 전형적으로 보여준다.

영화에서 잔뼈가 굵어 확고한 강철 I빔과 같은 막대기를 획득한 이후, 모든 종류의 대중문화 장르와 관련 비즈니스, 올드미디어와 디지털미디어까지를 망라하는 또 하나의 막대기 I빔을 얹어놓았다. 때문에 이 T자형 미디어, 《버라이어티》는 음악의 《빌보드》와 함께 새로운 영화나 드라마콘텐츠를 기획하는 사람이라면 반드시 밑줄 긋고 봐야 하는 권위지가 되어 있다.

《버라이어티》의 DNA를 품은 메트로폴리탄 달시 파켓도 멀티태스크를 수행하는 T자형 인간의 생성과정을 여실히 보여준다. 우선 지역문화 연구자에서 영어 교육자로, 다시 영화 저널리스트로 변신해왔다는 종적인 시계열적 변천이 다채롭다. 여기까지는 한우물을 팠다기보다는 하나의 주제를 쫓아다닌 셈이다. 이 주제는 표면적으로 드러난 문화연구와 같은 중후한 개념이라기보다는 '넓은 세상에 대한 호기심', '다른 동양권 사람에 대한 관심과 사랑'쯤으로 구체화할 수 있다. 아무튼 그는 한 방향을 추구해서 현재 한국영화를 다루는 미국인 영화저널리스트로서 살고 있다.

이 대목에서 면밀하게 봐야 할 것은 저널리스트로서의 활동과 한국영화를 통한 한국 문화 관찰자라고 하는 학술적, 연구자적 활동이 교차하고 있는 지점이다. 저널리스트는 오늘의 뉴스를 먹고 사는 횡단과 단면의 업이다. 이와 달리 리서처, 조사 연구에 임하는 일은 역사의 종단을 걷고 깊이를 파는 심연의 업이다. 이런 가로와 세로 형상이 달시 파켓의 취재와 글쓰기라는 하나의 기능 안에서 일체화하고 있다. 저널리스트로서 누비고 리서처로서 다지는 T자형 인간의 멀티태스크가 가능해지는 현장이다.

이처럼 범세계를 무대로 멀티태스크를 수행하는 T자형 인간은 아주 화려하거나 특별하지도 않게 한 사람의 생업과 생활 속에 녹아들고 있다. 그냥 엇박자와 같이 갈리게끔 뉴스에 집중하는 저널리스트가 고전 답사를 떠나는 연구자요 작가로 오가는 생업의 리베로를 말하는 개념이다. 축구의 홍명보가 리베로로 불리고 히딩크 감독이 멀티플레이어를 강조하면서 우리를 솟구치게 했던 그 기분 그대로 T자형 인간을 생각하면 될 것 같다.

수학자, 문화산업을 맡다

수학자가 문화답사를 간 까닭은? 순수 기초학문인 수학을 전공하고 평생을 수학과 더불어 지내는 교수가 있다. 이 분은 서울대에서 수학으로 학사, 석사, 박사 학위를 받은 순혈 수학도이다. 지방 어느 대학 수학과에서 사실상 종신직이라고 말하는 정교수를 받은 지도 오래다.

그런 걱정 없는 이 분이 특이하게도 방학 때만 되면 중국이나 일본, 유럽 등지로 문화답사 여행을 떠난다. 실크로드보다 앞선다는 차마고도와 같은 옛길이 주 목적지이다. 현장에 가서는 소수민족의 고유한 상형문자나 다양한 복식, 금기와 같은 풍속을 취재한다. 옛마을에 가서 상갓집이나 결혼식이라도 보게 되면 이내 무리에 끼어 들어가 함께 춤추고 술도 마신다.

이렇듯 도무지 수학과 연관이 없는 골짜기로 찾아들고 수학과 거리가 먼 원주민들과 어울리기를 좋아하는 한 교수. 천여 년 전의 전통가옥이 잘 보존되어 있는 고성에 머물러서는 처마며 지붕을 비춰 연출한 조명에 감탄하여 전주 한옥마을 재단장을 구상하는 수학자.

그가 수학을 두고 문화를 찾아나선 데는 특별한 이유가 있었다. 자신이 몸담고 있던 대학의 수학과가 문화산업대학이라는 단과 대학 지붕 아래 콘텐츠학과로 바꾸는 파격적인 개혁을 단행했기 때문이다. 개인적으로 컴퓨터 수식을 만드는 알고리즘을 연구했던 것이 직접적인 계기가 되었다. 수학자가 만든 알고리즘이 게임 캐릭터 영상과 같은 컴퓨터그래픽을 디자인하게 된다는 연관관계를 알고부터 문화콘텐츠는 더 이상 남의 영역이 될 수 없었다. 3차원이나 입체적으로 현란하게 표현되는 형상과 이미지의 첫단추를 수학자가 세우고 입력하는 공식에서 출발한다는 절대적 사실 앞에서 수학의 새로운 가능성을 발견했던 셈이다.

한 교수는 자연스럽게 학창 시절 이후 20여 년 동안 담 쌓고 지냈던 문화의 영역으로 되찾아 들어오게 된다. 수학자뿐만 아니라 과학기술을 전공해온 많은 이공계 학자들이 콘텐츠를 연구하는 문화기술학회 창설에도 주도적으로 참여하였다. 이로써 한 교수는 어딜 가나 수학자가 문화와 콘텐츠를 연구하게 된 자신의 이야기를 아주 유쾌하고 재미있게 설명할 수 있게 되었다.

마침 사회적 분위기도 맞아떨어졌다. 대학 구조개혁과 특성화를 위한 국고지원 사업이 새로 발진했고, 수학과 전통문화를 결합하는 문화콘텐츠 특성화 사업이 매년 60억 원씩 5년간 지원을 받게 되는 성과를 이루게 된 것.

수학자 한 교수는 다음 방학쯤에는 티베트 라사를 찾아 고유한 전통문화를 소재로 한 콘텐츠 개발에 나설 참이다.

신인류와 신인성

1년이 지나면 언어가 바뀌고, 10년이 지나면 강산이 바뀌고, 100년이 지나면 얼굴이 바뀌고, 1000년이 지나면 사람이 바뀐다.

예부터 전해오는 말이다. 이로써 미루어보면 '신인류'라는 말은 과연 적합한 표현인가 하는 생각이 든다. 예를 들어 아침형 인간이라든지 새로운 인간형, 미래 인재상과 같은 표현을 자주 쓰곤 한다. 이런 표현들은 모두 사람이라는 존재 자체를 마치 다이어트 광고처럼 비포before와 애프터after로 싹 바꿔놓을 수 있다는 발상에 기인한다. 심야형 인간을 아침형 인간으로 바꾸고, 구인류와 신인류를 무 자르듯이 나누고, 오늘의 인재상을 내일의 인재상과 배치시킬 수 있다고 보는 시각이기도 하다.

어느 날 별난 여학생 무리가 일본 시부야에서 별안간 치마 밑에 하얀 타이스를 두르고 쏘다녔을 때 일본 언론들은 신인류라고 타이틀을 뽑았다. 부화뇌동한 남학생들은 가죽바지를 입고 펑키 스타일로 머리를 곤추세우고 노랑 빨강 파랑으로 염색해댔다. 신인류 기획 특집 기사가 힘을 받게 된 것은 불문가지다. 그러다 바야흐로 정보화시대, IT 전성기를 맞아 매사에 새로울 '신新'자를 붙여 크게 강조하거나 포장하는 기법이 성행하면서 또 다른 변종 신인류도 대거 등장했다. 새로운 부르주아와 보헤미안을 의미하는 보보스Bobos족이 대표적인 예다. 이후 창조계급이나 문화창조자와 같은 시류를 중시하는 개념들이 소개되면서 신인류 논의는 더욱 뜨거워지고 있다.

혁신을 다루는 여러 주장들도 같은 맥락이다. 모두들 새로울 신의 조급증과 크게 한판 바꾸자는 과대망상증의 빛깔이 어둡게 드리워져 있는 기색이다. 공전의 히트를 쳤던 블루오션도 신대륙을 찾아가자는 혁신적 발상을 강조하는 전형적인 '신인류' 스타일의 크고 강하며 대담한 개념이라고 본다.

하지만 신인류와 같이 크게 말하고 널리 알리고 싶어하는 심리는 필연적으로 현실을 멀리하고 마는 자가당착에 빠지게 된다. 느닷없이 하늘에서 뚝 떨어지듯 신인류나 혁신적 인간형을 그리다보니 논리의 비약이 나타날 수밖에 없다는 말이다. 우리가 지켜본 변화가 고작 1년이나 10년인데 그 사이 신인류로서 보보스족이 나타나고, P세대와 N세대가 각각 생겨나고, 디지털 원주민이 별도로 서식하고, 모바일 유목민이 출현했다고 하는 모든 메시지를 믿어도 될까? 1년이면 언어 정도가 변하고 10년이면 강산 정도가 변하는 것이지 사람 존재가 변한다고 말하는 건 허풍이 아닐까?

이쯤에서 신경제 논쟁을 떠올릴 필요가 있다. 1990년대 말 미국 상무부가 펴낸 인터넷 보고서가 촉발한 신경제 논쟁은 아주 격렬했다. 인터넷이 새로운 전자상거래를 작동시켰기 때문에 전혀 다른 신경제가 우리에게 찾아왔다고 하는 측과 전통 경제의 변형이 있을 뿐 신경제의 실체는 없다는 측이 팽팽하게 대립했다. 당시에는 금방이라도 승패가 갈릴 것 같은 분위기였지만, 결국 대세는 '경제는 경제일 뿐, 특별히 구경제와 신경제를 나누는 것은 큰 의미를 갖지 못한다'는 쪽으로 정리된 듯하다.

이와 같이 담백하고 덤덤하게 볼 수가 있다면, 너무 센 표현과 마케팅적 포장이 난립하는 흐름에 휘둘리지 않을 것으로 본다. 앞서 말한 T자형 인간과 같은 개념에서도 아예 처음부터 거품을 빼고 직시해본다면, 새로운 인간형이나 신인류와 같은 과장된 뉘앙스를 걷어버릴 수 있겠다. T자형 인간을 좀더 적확하게 들여다보면 신인류가 아니라 '신인성'에 가깝다.

T자형 인간을 자처하는 별도의 인간이나 군으로서 신인류가 존재하는 게 아니라 단지 T자형 인간을 기리는 마음만이 있을 뿐이다. 평범한 사람의 라이프스타일 속에도 I자형 인간을 벗어나 T자형 인간

으로 변화하고 싶어하는 성질이 자라날 수 있다. 이 성질이 더욱 강해지고 문화적, 사회적, 경제적으로 뚜렷한 의미를 지니게 되는 즈음이 요즘이라는 얘기다.

그러면 신인류가 아닌 신인성으로 풀이할 수 있는 이 무언가가 왜, 어떻게 문화와 연관되어 신비로운 화학작용을 일으키게 되는가?

신인성과 문화취향

거시적이고 사회과학적인 중후함을 지닌 신인류라는 개념을 굳이 신인성이라는 미시적이고 하늘하늘한 문화개념으로 돌려세우려는 이유는 여럿 있다. 우선 신인류나 보보스족, 오렌지족과 같이 사람을 개체와 집단으로만 여기면, 문화하는 마음을 알 수 없다. 문화하는 마음이란 대략 경제하는 마음을 뺀 나머지 집합으로도 설명하기도 한다.

예를 들어 일하고 돈 버는 데 온통 정력을 쏟으며 사는 ○○은행의 김 대리는 매달 두어 번씩은 어김없이 을지로 입구 서점 뒤쪽 한 귀퉁이에서 열리는 피규어, 프라모델 마켓에 간다. 직장에서 열심히 일하고 자기계발을 하는 김 대리의 큰 마음은 경제하는 마음이다. 돈 쓰고 수집하는 소비활동이지만 생각만 해도 즐거울 뿐 아니라 새로운 캐릭터 제품을 발견할 때 느끼는 전율과 감성의 요동은 김 대리가 품은 문화하는 마음이다.

문화하는 마음은 경제하는 마음과 보통은 섞이질 않는다. 마치 사람의 우뇌와 좌뇌같이 칸막이가 있어 이성과 감성이 나뉘는 것이 당연하다고 많은 사람들이 믿어왔다. 그러다 문화산업이 강조되고 문화콘텐츠와 같은 새로운 개념의 제품과 서비스가 생겨나면서 좌우가 교차하고 섞이는 복합화 현상이 크게 늘어나게 된다.

분명 놀자고 시작한 건데 돈이 되는 경우가 있다. 딱딱하고 건조한 공무원 생활을 하는 사람인데, 재즈칼럼니스트로 활동하기도 한다. 군 장교 출신으로 20년 가까이 대기업 그룹 회장실에 근무한 날카롭기 이를 데 없는 임원인데, 알고 보니 정식 등단한 시인이라고 한다.

이보다 더 일상적인 사례도 크게 늘고 있다. 클래식 음악 해설책을 펴낸 정신과 의사. 때로는 농담으로 '오디오 또라이'로 불리면서도 마이너스 통장 대출로 7천여만 원짜리 스피커를 사나르는 경영학 교수. 극장을 경영하면서 LP 레코드 수만 장을 모은 어느 수집광. 베테랑 컴퓨터 프로그래머인데 틈만 나면 서울과 지방의 헌책방, 인터넷을 뒤져《어깨동무》며《새소년》,《소년중앙》을 사모으는 영원한 만화방 진객.

이밖에도 광화문에 가면 꼭 교보문고를 들러야 직성이 풀리는 아저씨, 아주머니들. 그냥 보통 만날 수 있는 우리 주변의 많은 사람들 가슴속 저 깊은 곳에는 본래부터 마르지 않았던 문화하는 마음이 조용히 흐르고 있다.

문화하는 마음은 원래 누구에게나 있으며 저마다 소중하게 간직한 보물과 같다. 그러나 경제인으로서 살아가다 보면 문화하는 마음은 짓눌리게 마련이다. 아니면 아예 문화하는 마음이 큰 사람에게 천형의 벌을 받는 시인마냥 주홍글씨를 지져 분리하는 흉악한 파워게임도 있었다.

문화와 예술은 노동과 생산을 장악한 지배그룹의 주술사요 광대로서 대신 춤추고 노래한다고 보는 견해가 바로 이런 문화와 경제 분리론이라고 할 수 있다. 역사적으로는 엎치락뒤치락했나 보다. 고대 사회에서는 문화하는 무당 엑소시스트가 정치와 부족 경영을 도맡기도 했다. 하지만 새로운 자본가 계급이 나선 근대 이후에는 부르주아계급이 세상의 중심에서 이끌고 문화창조자는 무대와 스크린으로 비껴서는 형국이 되었다. 따라서 경제하는 마음이 승하는 오랜 세월, 문화하는 마음은 그저 엷게 숨기도 하는 물과 기름이 되어왔었다.

그러다 경제하는 마음에서 이뤄낸 개가인 디지털기술, 정보화 물결이 복합화, 융합, 컨버전스, 헤쳐 모여, 복잡계 등으로 두루 칭하는 마술을 선보임으로써 한 사람 안에 다양한 신인성이 스며들 수 있음을 여실히 보여주기에 이르렀다.

신인류든 구인류든 구체적인 길거리의 저 한 사람 안에 경제하는 마음은 물론 문화하는 마음이 씨줄 날줄로 얽히듯 복합적인 마음결을 짤 수 있게 되었다. 그에 따라 한 사람을 간단하게 좌파, 우파라고 묶어세울 수 없다는 자각이 싹트게 되었다. 보수주의자다, 진보주의자다라고 유형화할 수 없음을 발견하게 되었다. 격자로 직물을 짜듯 서로 맞물린 매트릭스형 인간을 그대로 보자는 취지이기도 하다.

결국 한 사람이 자신이 놓인 환경 속에서 경제하는 마음과 문화하는 마음을 적절하게 배합해가며 자유와 행복을 추구할 수 있다고 하는 지극히 당연한 인식을 되찾을 수 있게 되었다. 그 사람이 30대 후반 한 기업의 과장이라고 하면 자신의 삶 속에서 경제하는 마음 60퍼센트, 문화하는 마음 40퍼센트로 간을 맞춰 황홀한 요리를 만들어야 한다.

여성, 콘텐츠로 용틀임하다

아줌마들이 애용하는 생활밀착형 콘텐츠. 요리, 육아, 홈 인테리어를 다루는 주부들의 손수만든콘텐츠User Created Contents, UCC가 인기를 끌고 있다. 주부 부업 하면 퍼뜩 연상되는 인형 눈 붙이기와 결별하는 신호탄이 솟아오른 셈이다.

《여성신문》에 따르면 인터넷 포털 '다음'에서만 보더라도 동영상 UCC 사용 현황에서 남성과 여성의 비율이 거의 동등하다는 분석이다. 직접 제작한 콘텐츠를 올리는 회원의 경우 10~20대 여성의 비율이 전체 회원의 약 40퍼센트에 달하기도 했다. 젊은 여성과 주부들이 주축이 되어서 또래 여성들이 공감할 수 있는 살림 비법을 전해주는 광경이 펼쳐지고 있다.

이는 단순한 미덕으로 그치는 게 아니라 경제현장으로서도 기능하게 된다. 어떤 특별한 요리 비법을 체득한 이가 마냥 순수한 공유와 전파만을 목적으로 지속적인 동영상 콘텐츠서비스를 할 수는 없기 때문이다. 이용하는 측도 마찬가지다. 정말 긴요하게 도움이 되는 내용이라면 적절한 대가를 지급하고 이용하려는 기본 의지를 지니게 되어 있다. 수익자 부담의 원칙에 따라 자신에게 서비스 효용과 가치를 제공해준 이를 나 몰라라 할 수는 없다는 얘기다.

바로 이 접점에서 전통의 인형 눈 붙이기 부업은 UCC라는 디지털 콘텐츠서비스로 일대 도약할 채비를 차리게 된다. 실제로 인터넷 동영상 포털인 판도라TV, 다음의 TV팟 등에서는 주부들이 만든 초보자를 위한 요리법, 머리 예쁘게 땋는 법과 같은 '고무장갑표 동영상 콘텐츠'가 인기를 모으고 있다. 이 밖에도 티셔츠 개는 법, 애완견 배변 가리게 하는 법 등도 한창 잘 나가는 아이템이다.

주부들이 이러한 내용으로 올린 동영상 이용자가 늘어나게 된다면 그 자체가 콘텐츠 눈 굴리기, 즉 유통이 개시된다. 콘텐츠 유통이 활발하게 이루어지면 곧이어 거래가 형성되고 대가로 매겨지는 돈의 흐름이 유발된다. 실제로 동영상 포털의 인기 콘텐츠에는 시작 화면으로 유료 광고가 따라붙는 수가 있다. 이 경우 광고 매출 수익이 포털 회사로 들어갔다가 다시 콘텐츠를 만들어올린 사람에게 배분된다. 중개판매상을 통해 이루어지는 매매 구조다.

이처럼 주부들이 만든 생활밀착형 콘텐츠와 같이 관심과 수요를 끌 수 있는 곳에 장터가 서고 기분 좋게 서로가 만족하는 거래와 경제가 이루어진다. 이 모든 멋진 요술을 콘텐츠라는 문화상품이 매개하고 있다.

이로써 UCC 확산이 문화생산의 진입장벽을 허물고 있음을 알 수 있다. 사실 문화생산은 여태까지 창작자, 예술가, 매스미디어, 기획자 등 특정 전문가들의 전유물이었다. 주부나 학생, 청소년은 물량 공세로 주어지는 콘텐츠 상품 소비를 강요당해왔고 이로 인해 자신의 창의성을 발휘할 기회를 획득하기가 쉽지 않았다.

이제는 UCC와 같은 미디어기술의 발달로 여성들이 자신만의 노하우와 비법이라는 메시지를 발신하는 '문화창조자'로서 역할과 권한을 갖게 되었다는 것은 매우 큰 의미를 지닌다. 문화생산에서 소외되었던 여성들이 문화생산에 참여할 수 있다는 것은 곧 '문화생업'이라는 가능성을 보여주고 있다.

국가에서 사회에서, IT와 디지털세상에서 문화산업을 강조할 때 이를 저 멀리서 바라볼 수밖에 없었던 여성 개인도 이제부터는 실험징신과 창의적인 아이디어를 마팅으로 문화콘텐츠를 기획히고 만들어 많은 사람들로부터 인정받고, 경우에 따라서는 신성한 비즈니스로 발전시킬 수 있다. 거시적인 문화산업이 나 자신의 미시적인 문화생업으로 들어오게 된다.

그렇게 되면 여성들도 언제 어디서나 전면적으로 나서지 않더라도 다양하고 유연한 문화부업을 통해 일감을 만들고 전시와 판매도 하는 문화생업을 자연스럽게 영위할 수 있게 된다. UCC를 매개로 한 문화생업이라는 개념으로 일자리보다 훨씬 더 쉽고 영양가 있는 일감을 실질적으로 창출할 수 있다는 분석이다.

수석문화연출가라야 한다

최고경영자 Chief Executive Officer, CEO 는 건설자형, 관리자형, 창조자형으로
나눌 수 있다. 건설자형은 오너 경영인이 주종을 이룬다. 관리자형은
조금은 관료적인 테크노크라트 technocrat 를 퍼뜩 연상시킨다. 위 둘의 공
통점은? 둘 다 재미없는 타입이란 것.

이는 창조자형을 봄으로써 금세 확인할 수 있다. 잘 빠진 창조자형
은 경영을 '토털 아트'로 받아들인다. 그들은 '구매의 예술화', '감성
마케팅', '유연하고 창조적 기업문화'와 같은 표현을 애용한다. 그들
은 보스나 사장, 대표가 아니라 디자이너, 감독, 연출자, 설계사, 지
휘자로 불릴 때도 있으며, 그럴 때마다 내심 황홀해한다. 창조자형

CEO는 고객을 소비자로 여기지 않는다. 합리적 소비패턴을 보이는 다소곳한 고객은 이미 시장에 없다는 걸 익히 잘 알고 있다. 그냥 뼈와 살로 되어 있는 모순투성이 인간. 변덕이 죽 끓듯 하고 매순간 백팔번뇌에 휩싸여 있는 인간. 철학자 하이데거가 말한 대로 평생 '염려하며 살아가는' 인간만이 실존하고 있음을 직시한다.

예전에는 그래도 경제학자들이 '군群으로서 인간'을 워낙 강조했기 때문에 경영자들도 그에 따라 예측가능한 고객에 대한 환상을 품고 살았다. 컴퓨터처럼 486 나오고 펜티엄 나오면 팔리게끔 되어 있었다. 휴대폰도 LCD 화면을 크게 박아주면 새 수요가 일어났다. 이때만 해도 건설자형, 관리자형 CEO가 적합했다. 그러나 이제는 딴 판이다. 휴대폰도 노트북도 기능은 기본이고, '뭔가 특별한 것'이 없으면 외면당하기 일쑤다. 그 특별한 '뭔가'는 표현하긴 어렵지만 '명품'과 맞닿아 있다. 삼성 애니콜이라는 제품의 개념이 휴대전화기에서 패션명품으로 둔갑했고, 그 화려한 변신이 고객으로 하여금 짜릿한 전기를 느끼게 만든 것이 좋은 예다. 이처럼 고객이 느끼는 범상치 않은 전기, 감동, 분위기를 아우라Aura라고 한다.

바로 이 대목에서 창조자형 CEO가 구세주와 같이 등장한다. 자사의 제품에, 서비스에 아우라를 불어넣어 그 힘으로 고객의 마음을 매혹시키는 데 정열을 바치는 경영자. 고객을 애인처럼 여기고 스스로 시인이 되어, 작곡가가 되어 혼신의 힘을 다하는 리더. 이런 CEO는 기존의 자본가형이나 테크노크라트 스타일에서는 구하기 힘들다. 오

직 창조적이고 감성적이며 예술적인 향기가 진동하는 사람, 제대로
된 창조자형 CEO에게서만 가능한 모델이다. 이들은 누구인가?

로널드 레이건, 아니타 로딕바디샵 창업주, 리처드 브랜슨버진 그룹 회장, 스티
븐 스필버그, 마이클 오비츠미국 최대 쇼 비즈니스 대행사인 CAA 대표 등이다.

이 가운데 아니타 로딕을 보자. 그녀의 비즈니스 모토는 2000년에
펴낸 책 제목대로 '영적인 비즈니스Business As Unusual'이다. 아프리카 오지
의 천연 향료로 목욕용품을 만들어 아로마 테라피를 전파하면서 세상
사람들에게 "당신의 몸과 혼을 사랑하라Love Your Body and Soul!"고 외친다.

이 부분, 즉 아름다움에 대한 편견과 맞서 싸우는 일이야말로 아니
타 로딕이 가장 공을 들이는 부분이다. '아름다움은 자신에 대한 숭
상Self Esteem'인데도 외모의 허상에만 탐닉해 있는 많은 사람들이 결국
자연을 파괴하고 사회의 오만과 편견을 증폭시킨다는 게 그녀의 생
각이다. 이렇게 한번 맘을 먹은 그녀는 오래 전부터 그린피스, 고래
구호, 소수민족과 여성 보호 등 운동에 헌신해왔고 예순을 훌쩍 넘긴
현재까지 왕성한 활동력을 과시하고 있다.

아니타 로딕의 꿋꿋한 소신은 자연스럽게 바디샵 회사의 활동 지
침이요, 성장의 동력이 되어주었다. 바디샵은 재미있으면서도 생기
가 충만해 있다. '소셜 비즈니스Social Business'라는 새로운 장르를 개척했
다는 평도 얻고 있다. 일노동. 작업과 놀이사회활동. 개인여가가 하나로 일치하는
이상향을 바디샵에서 찾는 사람도 있다. 이쯤 되면 비즈니스이면서
동시에 창조적인 CEO의 작품이라고 일컬을 만하다.

아니타 로딕의 '아름다운 신체와 정신'을 테마로 한 비전 자체가 말랑말랑하면서도 재미있다. 또한 야릇한 흥분을 자아낸다. 없던 용기도 만들어내고, 도전 정신도 생기게 만든다. 이런 새로운 비즈니스 패턴의 연출자, 그에게는 최고경영자Chief Executive Officer라는 딱딱한 명칭보다는 최고오락부장 또는 수석연출가Chief Entertainment Officer와 같은 새로운 이름이 더 잘 어울린다.

섬너 레드스톤과 멀티플렉스

복합 영화상영관을 뜻하는 멀티플렉스^{multiplex} 스토리를 알면 한국이 세계 문화시장에서 얼마나 주변적인 위치에 놓여 있는가를 느낄 수 있다. 멀티플렉스는 이미 1960년대 당시 미국 동부의 자동차극장 체인사업체인 내셔널 어뮤즈먼츠의 섬너 레드스톤이 명명하고 고안해 낸 새로운 비즈니스 모델이었다.

1960년대 들어 미국 경제가 윤택해지고 오락문화 지출이 늘어나면서 도시 외곽의 자동차전용극장을 찾던 관객들이 실내극장으로 대거 옮겨가자 위기를 느낀 레드스톤은 산업의 흐름에 선제적으로 대응하기 위해 골몰하게 된다. 결론은 실내극장 사업에 '혁신적으로' 뛰어드는 전략. 혁신의 열쇠는 스크린 수 증설과 상영시간 조정을 통한 복합상영이었다.

스크린이 하나밖에 없어 천덕꾸러기가 되어버린 자동차극장 자리에는 복합상영관 건물이 세워졌다. 처음부터 이 복합상영관의 이름이 멀티플렉스는 아니었다. 맨 처음에는 '식스플렉스^{sixplex}'라는 이름을 사용했다. 여섯 개 스크린을 둔 실내극장이라는 단순한 뜻이었다.

그러나 실제로 레드스톤은 상영시간을 조정해 한꺼번에 일고여덟 편의 영화를 상영하며 그야말로 가동률을 최고로 끌어올리는 수완을 발휘했다. 이를 보고 약이 오른 경쟁자들이 "식스플렉스에서 왜 여덟 편 씩이나?"라는 식으로 빈정대자 이름을 바꾸었다. 결론은 멀티플렉스^{multiplex}. 스스로도 작명에 감명을 받은 레드스톤은 곧 상표등록을 했고, 새로운 영화관람 사업체 '선라이즈 멀티플렉스^{Sunrise Multiplex}'가 탄생했다.

혁신을 주도했고 멋진 작명까지 한 섬너 레드스톤은 현재 세계최고의 미디어기업으로 불리기도 하는 바이어컴 CBS 그룹의 회장이다. MTV, VH 1^{음악 관련 종합 케이블 채널}, 니켈로디언^{어린이 전용 케이블 채널}, 파라마운트 픽처스, 블록버스터^{세계최고의 비디오 체인점}, CBS, 쇼타임^{가족 오락채널} 등의 번쩍번쩍하는 미디어&콘텐츠 브랜드들이 레드스톤의 휘하에 있다.

레드스톤은 현재 가장 추앙받는 미디어 자이언트로 꼽힌다. 2000년 이후 의외로 장기화되고 있는 세계 미디어업계에 불경기와 분식회계 등 악재가 겹친 업계의 다른 메이저 그룹들이 시샘할 만한 성과를 올리고 있어서다. 그의 자서전《승리의 열정》을 보면 그가 미디어 복합 그룹의 영주라는 현실은 오히려 하찮아 보인다. 멀티플렉스라는 혁신 카드로 영화관람 사업의 틀을 바꾸면서 영화사와 대등한 지위로 올라서고만 의지와 승부욕, 즉 승리에 대한 열정이 더욱 찬란하다. 그 열정에 힘입어 멀티플렉스가 나온 지 40년 가까이 지나 한국의 테크노마트에 멀티플렉스 1호가 생겨났고 새로운 오락문화를 가져왔다.

　변호사 출신으로서 미디어, 엔터테인먼트 업계의 규칙 제정자로 우뚝 선 섬너 레드스톤. 그는 문화 영역을 자신의 생업으로 삼음으로써 새로운 비즈니스 모델을 만들어낸 수석문화연출가^{Chief Entertainment Officer}다.

잉그바르 캄프라드와 이케아

스웨덴 하면 떠오르는 것은? 노벨상, 프리섹스, 에릭슨, 볼보, 사브 그리고 '강소국'이라 답하는 사람이 대부분이 아닐까 한다. 여기에다 이케아 또는 영어식으로 '아이키아'로 읽는 기업 IKEA를 추가한다면 퀴즈왕 감이다.

아직 우리나라엔 들어와 있지 않으나 이케아는 세계 최대의 홈퍼니싱 소매 유통업체로 유명하다. 가구에서 온갖 거품을 빼고 소비자가 직접 고르고 만들고, 즉시 가져갈 수 있도록 한 새로운 서비스 및 소비 스타일을 연출해낸 기업이기도 하다. DIY^{Do It Yourself}의 발상지라고 생각하면 감을 잡을 수 있겠다.

이 회사는 그야말로 창업가 정신이 충만했던 설립자 잉그바르 캄프라드라는 수석연출가의 작품 그 자체이기도 하다. 청바지와 스웨터를 입고 근무하는 것은 기본이고, 모든 간부들이 1년에 1주일 이상 매장이나 창고에서 현장학습을 하도록 해 조직의 활기와 생기를 온전히 보존하려 애쓰고 있다.

이 활기와 생기는 하나의 분위기로 정착되어 이케아를 찾는 전 세계 고객들의 건조한 가슴을 적셔주는 무형의 매개로 자리 잡았다. 빡빡한 일상생활의 스트레스를 짊어진 고객들은 이케아에서만큼은 불편한 기분으로 쇼핑할 필요가 없게 되었다.

나아가 가구를 고르고 직접 들여놓고 원목의 질감을 손수 어루만짐으로써 삶의 활기와 생기 그리고 향기를 함께 구입할 수 있게 되었다. 그 결과 이케아는 세계 전체 기업 중 브랜드 가치 면에서 43위를 차지할 정도로 기반을 굳혔다. 여기에는 무엇보다도 활기와 생기 그리고 향기를 앞세워 문화 마케팅을 펼쳐온 창업자의 공이 컸다. 사장부터가 16조 원의 재산을 보유한 전 세계 17번째 갑부로 꼽히기도 했지만, 십 년 이상 된 볼보 승용차를 그대로 타고 다니는 구두쇠 스크루지 타입이다.

그는 또 채소 가격이 내려간 오후에만 직접 야채 가게에 가서 장을 보고 비행기와 열차는 항상 2, 3등석을 고집한다. "내가 1등석을 타면서 어떻게 연봉이 몇만 달러밖에 안 되는 동업자^{납품업자 등}와 함께 할 수 있는가?"가 그의 지론이다. 이 같은 그의 가치관은 열일곱 살에 창업한 이래 늘 현장 속으로 들어가 창고와 매장에서 일하며 익힌 '수제품 철학'이라고 평할 수 있다. 지금도 그는 19쪽짜리 체크리스트를 들고 현장 관리자와 만나 대화하기를 낙으로 삼고 있다.

잉그바르 캄프라드의 검소함과 활기, 생기, 향기에 대한 확고한 경영철학은 노랗고 파란 스웨덴 국기를 본뜬 이케아의 로고타입을 어느덧 로얄옐로, 로얄블루로 채색해놓았다. 이 모두가 매장마다 어린이 놀이방과 레스토랑, 카페를 두고 유연한 서비스 문화를 일구어 가족 나들이 장소를 만들어낸 그의 연출과 감독 덕분이다. 아카데미 경영감독상이나 노벨 경영상이 있다면 이런 수석연출가가 받아야 하지 않을까?

루치아노 베네통과 디자인 회춘

"만들거나 사들여라 Make or Buy." 스스로의 힘으로 알아서 하거나, 아니면 남의 힘을 빌어 해결하라는 명쾌한 이분법이다. CEO는 늘 이와 같은 '직접 하거나 데려오거나'를 고민해야 한다. 물론 기본적으로 '만들기'를 잘해야 한다. 뭔가 보여줄 게 있어야 될 테니까. 그러다 회사가 커지면 어느 순간 '만들기'만으로는 안 되는 때가 온다. 용한 무당이 신들린 처음 3년을 족집게로 이름을 떨치다가 어느 날 신기가 빠져버려 낭패를 보는 케이스다. 이때 특출한 점술가는 솟아날 구멍을 찾아낸다. 몸에 밴 관록으로 살아갈 방도를 연다.

'유나이티브 컬러스 오브 베네통'의 수석연출가 루치아노 베네통이 바로 그런 관록 덩어리다. 고갈된 창조력, 식어버린 열정을 스스로 인정하고 과감하게 다른 사람으로부터, 그것도 피라미나 마찬가지인 디자이너 지망생들로부터 생기를 얻어낸다. 이 '디자인 회춘'을 위해 베네통은 기업내부 혁신에 의존하는 '만들기' 전략 대신 '사들여라'의 길을 선택해 회사 밖, 나라 밖에서 인재를 구했다. '창의성을 사들여라Buy Creativity!'라는 전략의 결실이 우리나라 매스미디어를 통해서도 여러 차례 소개된 적이 있는 베네통 파브리카^{공방}다.

커뮤니케이션 R&D 센터로 부르는 이 조직은 베네통의 '워크 탱크Work Tank'라고 할 수 있다. 이 파브리카는 전 세계 25세 이하의 젊은 예술가들을 1년 반마다 뽑는다. 그래픽, 영화, 웹, 사진, 잡지, 만화 등 다양한 영역에서 십수 명씩 구성되는 파브리카의 매 기수는 베네통의 '디자인 회춘 특공대'다. 영화 분과에는 매년 외부 감독과 협업하여 칸 영화제에 출품하는 과업이 주어져 있다. 그래픽에서는 인체 등을 형상화한 다양한 이미지 컷을 유럽의 각종 전시회에 출품하도록 한다. 후원인격인 베네통은 어미새와 같다. 늘 먹이가 되는 실제 프로젝트를 물어다준다. 멤버들은 작업을 맡아 계약을 이행하면서 돈 버는 고충도 느끼고 의뢰자 눈치를 보는 스킬도 터득한다. 아울러 뭔가 막히면 전문가를 불러 강연도 들어가며 부산스러운 1년여를 보낸다.

베네통의 유행발신 창구로 이름난 잡지 《컬러스Colors》도 이들 스물다섯 살 이하 정예 멤버들이 직접 제작하는 미디어다. 베네통은 베네치아 옛 귀족들의 휴양지에 세운 아름다운 캠퍼스를 학교이자 연구소, 벤처, 실험실, 장기 유스호스텔이기도 한 파브리카에 선사했다. 그러면서 베네통은 챙겨받는다. 가령 어느 핸가 칸에서 입상한 파브리카팀 영화의 테마가 전쟁과 젊은이의 소외였다면 이는 기필코 베네통의 다음 번 제품에 육화되고 응용된다. 평화를 갈구하는 톤의 색상과 심플한 디자인을 개발해 다음 시즌 셔츠와 코트가 나오는 식이다.

파브리카가 맨 먼저 그들끼리 이미지 세팅Image Setting이라는 콘셉트를 잡고 그 다음 베네통의 기성 디자인팀이 이를 받아와 의류, 향수, 화장품, 스포츠 용품, 액세서리 그리고 항상 눈길을 끌어왔던 독특한 광고에까지 두루두루 적용한다. 이런 특별활동의 총지휘자가 루치아노 베네통이다. 그는 진부해지고 꺼져가는 디자인 창조력을 혁신적인 'Buy'를 통해서 회춘시킨 멋진 수석연출가다.

문화생업과 문화생산

문화하는 마음이 경제하는 마음과 환상적으로 만나 혼합할 수 있다
는 얘기는 곧 문화로서 생산도 하고 생업도 할 수 있음을 의미한다.
〈표1〉에서 나타나듯 Y축에 해당하는 어떤 활동의 결과 값, 즉 성과는
문화생산에 해당한다. 영화나 드라마, 게임, 캐릭터, 출판과 같이 구
체적인 문화콘텐츠 작품이나 상품이 탄생해서 경제적인 효용과 가치
를 가져오는 영역이다.

　이 문화생산을 가능하게 하는 원동력이 다름 아닌 경제하는 마음
과 문화하는 마음이 혼합한 신인성에서 비롯된다. 전문가에서부터
보통 일반 사람에 이르기까지, 문화하는 마음과 경제하는 마음이 혼

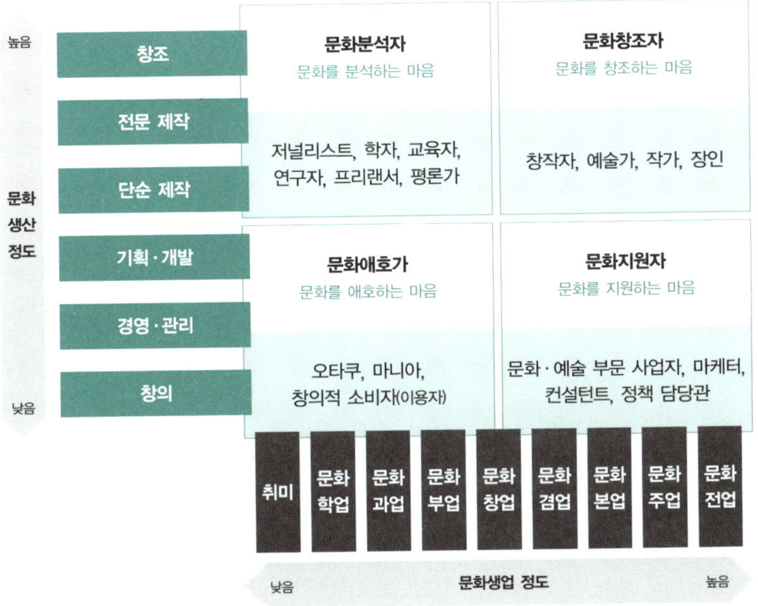

합한 신인성의 스펙트럼은 실로 다채롭다. 따라서 문화생산을 가져오게 작용하는 독립된 요인으로서 X축에 둘 수 있는 개념은 문화생업 자체가 된다.

우선 문화생산의 층위를 살펴보자. 정도가 높은 쪽은 창조, 그 반대 낮은 시발점은 창의로 구분해두었다. 창의에서 창조로 이어간다는 개념이다. 문화에서 창의는 맨 처음 뜻을 품는 씨앗에 비유할 수 있다. 작가나 기획자가 구상을 하고 연구하고 취재하고 탐문하며 돌아다니는 과정에서 영감을 얻어 창의를 일으킬 수 있다. 창조하고 창작하고자 하는 실마리를 찾게 되는 시초 단계이다.

이로써 첫단추가 채워지면 문화생산의 일관공정 시스템이 즉각 가동된다. 여기서는 문화생산의 정도가 성숙되는 과정을 〈창의-경영관리-기획·개발-단순제작-전문제작-창조〉로 설정해 보았다.

이 문화생산에 작용하는 X축, 문화생업도 아주 약한 참여에서부터 전면적으로 몰두하는 경우까지를 촘촘하게 나눠볼 수 있다. 문화하는 마음이 자라나 사람을 깨우고 작업 현장을 진동하게 하고 급기야 사회 전체를 뒤흔드는 역동적인 과정을 생각해볼 수도 있다.

이런 맥락에서 문화생업의 정도는 〈취미-문화학업-문화과업-문화부업-문화창업-문화겸업-문화분업-문화주업-문화전업〉으로 변해가는 것으로 보았다. 이 두 가지 축, 문화생업과 문화생산의 관계는 바로 2×2 매트릭스 형상을 만든다. 네 가지 영역으로 나눌 수 있는 이 매트릭스 상자 안에는 〈문화애호가/문화를 애호하는 마음〉, 〈문화지원자/문화를 지원하는 마음〉, 〈문화분석자/문화를 분석하는 마음〉, 〈문화창조자/문화를 창조하는 마음〉이라는 네 개의 그룹 또는 네 개의 신인성이 자리 잡고 있다.

이들은 누구이고 이들 마음은 무엇인가? 문화에 투자하는 이 마음은 어떻게 자라났는가?

문화에 투자하기까지

'문화애호가/문화를 애호하는 마음'은 네 그룹 가운데 문화 참여의 정도가 가장 낮다. 문화를 생업으로 안고 있는 측면에서는 손쉬운 생활의 취미에서부터 문화를 배우는 학업, 문화를 테마로 삼는 한시적인 과업 수행, 문화를 부업으로 영위하는 형태까지를 아우른다. 문화 생산 축에서도 아직 창조하는 도달점까지는 나아가시 못한다.

뜻을 품고 기발한 발상을 개시한 창의에서 문화체험을 위한 자신의 시간 안배를 포함하는 경영, 관리와 구체적인 창조로 넘어가기 위한 기획, 개발 지점까지 커버한다. 이 범주에 있는 사람을 찾아본다면 일본의 오타쿠가 대표적이다. 마니아와 창의적 소비자도 이에 해당한다. 물론 문화애호가를 한 사람 개체로 보지 않고 이러한 기질과 성향을 가리켜 문화를 애호하는 마음이라고 설명할 수 있고, 이런 신인성 측면을 강조할 필요도 있다.

‘문화지원자/문화를 지원하는 마음’은 문화생업의 정도는 전면적이고 높으나 문화생산이라는 축에서는 간접적이라고 볼 수 있는 사람과 성질을 뜻한다. 예를 들어 영화판에서 프로듀서라 부르는 영화제작자들은 영화라는 문화콘텐츠에 모든 것을 바치다시피 하며 헌신하는 장본인들이다.

이들은 그야말로 문화를 전업으로 삼고 주업, 본업으로 삼고 있다. 간혹 영화사업을 다각화해 출판이나 미술, 부동산 쪽을 겸하기도 하지만 기본적으로 문화생업을 중심으로 그리는 동심원의 확장에 다름 아니다. 문화창업과 문화겸업이 이 그룹에 속하게 되는 이유다.

한편 Y축인 문화생산 정도로 보면 이들 문화지원자와 문화를 지원하는 마음은 직접적이라기보다는 간접적이라고 할 수 있다. 스스로 창작자였던 문화지원자도 다수 있지만 현재는 주로 문화콘텐츠를 경영하고 자문하고 정책적으로 지원하는 업무에 매달릴 수밖에 없다. 여기에는 문화·예술 부문 사업자, 마케터, 컨설턴트, 정책 담당관 등이 포함된다. 물론 문화를 지원하는 마음도 이 그룹을 대표하는 신인성이다.

‘문화분석자/문화를 분석하는 마음’은 문화생업의 정도는 낮은 편이지만 문화생산에 끼치는 영향력은 아주 높은 그룹이다. 영화 담당

전문기자나 문화 현상을 연구하며 논문이나 칼럼을 쓰는 학자와 평론가들은 즉각적인 성과는 없지만, 아주 장기적으로 점진적인 문화생산을 담당하게 된다.《사상계》를 펴낸 장준하,《씨알의 소리》의 함석헌,《창작과비평》의 백낙청,《문학과지성사》의 김병익,《뿌리깊은 나무》의 한창기,《공간》의 김수근과 같은 이들이 좋은 예다.

　이들은 마당을 쓸고 천막을 가려치고 말뚝을 박음으로써 사물놀이 패가 오게 했고, 새싹 같은 문인들을 받아 냈다. 산부인과 의사와 같이 귀한 아기를 받아든 이들의 공로는 전형적인 문화콘텐츠 창조라기보다는 문화환경, 문화여건, 문화인프라의 창조에 가깝다. 또한 작가와 창작자가 내놓고 내지른 작품을 사회 필터를 통해서 코멘트하고 다듬어 좀더 의미를 띠고 가치를 지니는 제2의 작품으로 승화시키는 재창조 활동의 주역이기도 하다.

　사회가 복잡해지고 경제가 고도화되고 매체가 다변화되면서 이들 문화분석자들의 역할은 더욱 커질 것으로 본다. 결국 문화분석자가 매만진 정보와 재창조 콘텐츠가 불쏘시개가 되어 고된 작업을 거쳐야 하는 창조, 창작이 이어질 수 있다.

　'문화창조자/문화를 창조하는 마음'은 문화생업과 문화생산의 최고 역량이 겹치는 극치의 지대이다. 문화예술인으로서 창작과 예술활동에 전념하는 작가가 가장 전형적인 예가 된다. 이 그룹은 문화지원자의 지원과 문화분석자 진영의 정보 제공, 문화애호가 그룹의 사랑을 듬뿍 받아서 마침내 전문제작과 창조의 최고봉을 오르는 알피니스트와 같다.

이 그룹에 속한 사람은 주로 전업작가, 전문창작자이지만 최근에는 문화콘텐츠 방식의 공동창작, 기획제작이 늘어남에 따라 개념과 성격이 상당한 폭으로 변화하고 있기도 하다.

이들 4개로 구획해본 그룹의 사람과 신인성은 문화생산과 문화생업 관계 또는 콘텐츠 성과와 사람 또는 마음의 관계를 상징적으로 보여주고 있다. 때문에 경제학, 경영학에서 강조하는 상호배타성과 상호정합성에서 자유로운 특장점도 갖고 있다. 반드시 문화애호가와 문화지원자가 분리되어야 한다는 2×2 매트릭스 디자인 원칙에서 벗어날 수도 있을 정도로 유연한 성질이라는 뜻이다.

〈표2〉에서 표현한 대로 문화지원자인 문화정책 담당관 자신이 재즈 음악 마니아로서 문화를 애호하는 마음을 한껏 지니며 살 수 있다. 문화창조도 마찬가지다. 오타쿠나 마니아가 언제나 변하지 않는 문화애호가 그룹에 국한될 필요는 없다. 문화를 애호하는 마음이 아주 특별히 기회를 맞으면 문화창조 행위를 넘나들 수도 있다.

같은 맥락으로 문화를 분석하는 사람이 동시에 창작과 비평을 겸하는 복합적 면모를 그다지 어렵지 않게 지닐 수 있다. 문화를 움직이는 것으로 보고자 함이다. 문화는 또한 시원하고 거침이 없는 물과 같이 흐르고 있음을 어찌 놓칠 수 있겠는가?

〈표2〉가 나타내듯 문화애호가라는 사람과 개체의 관점에서는 직업의 굴레와 여건의 미비로 영역 간 이동이 어려울 수도 있겠지만 문화

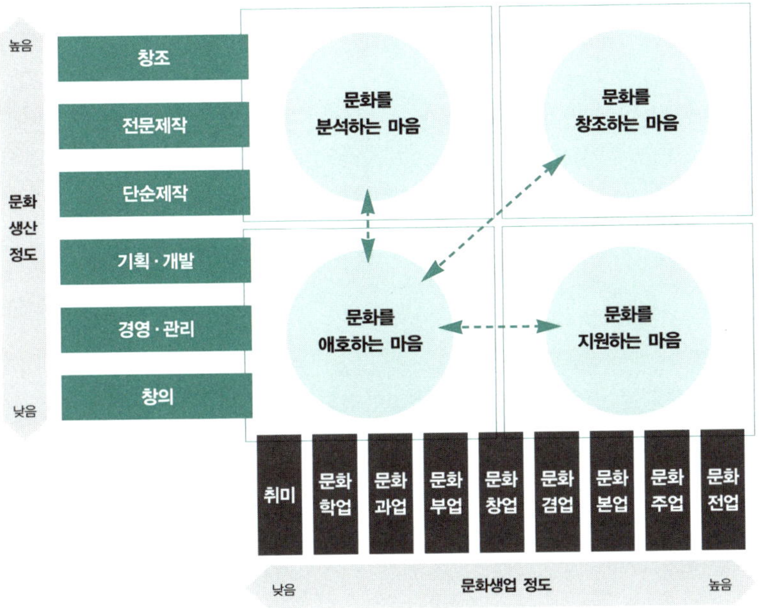

를 애호하는 마음은 그렇지 않다. 아마추어에 불과한 순수한 팬이나 마니아도 디지털미디어가 가져온 마술인 UCC를 통해 문화를 창작하는 마음으로 표변해버릴 수도 있다.

생태계로 보아 주로 문화애호가로서 서식하는 마니아가 기회에 따라 상황에 따라 자유롭게 문화분석과 문화지원, 문화창조를 넘나들며 스스로를 수직계열화, 수평통합화하는 복합화 운동을 해보일 수 있다는 뜻이다. 이것은 이른바 노동시장에서 인력 이동과 흐름, 유연한 노동이 활발해지는 현상을 설명할 때 동원하는 시장유동성 job mobility 개념과 맞닿아 있다.

그러면 이처럼 문화생업과 문화생산이 교차하는 넓은 무대를 오가는 문화생업의 주인공은 누구인가? 어떤 사람들이 그토록 역동적이고도 신명나게 놀고 일하는가?

한국의 오타쿠

일본에 오타쿠가 있다면 한국에는 무엇이 있는가? 오타쿠라는 특별한 마니아 계층은 일본에서도 그리 달가운 대상이 아니라고 한다. 너무나 극단화되어 있고 다른 수많은 팬이나 마니아와 뚜렷하게 구별되기 때문에 이들 오타쿠들은 일본 사회에서도 왕따된 섬과 같은 존재이다. 어쩌면 독야청청을 원할지도 모르는 이늘 오타쿠들은 자신들만의 섬을 벗어나 미국이나 한국에 자신들의 DNA를 흠뻑 흡입한 홀씨를 퍼뜨리고 있는 중이다.

믿거나 말거나 할리우드에는 일본문화 오타쿠 3인방이 있다. 〈스타워즈〉의 조지 루카스, 〈크리스마스 악몽〉의 팀 버튼, 〈킬 빌〉의 쿠

엔틴 타란티노. 이들은 사무라이 영화나 일본 만화, 애니메이션의 지독한 마니아로서 성장해 영화 예술을 꿈꾸었던 감독들이다. 그러다 보니 당연하게도 〈스타워즈〉에는 일본 색이 아주 짙게 나타난다. 광선검 무예는 곧 사무라이 칼싸움이다. '제다이의 귀환'은 시대의 일본어인 제다이를 따온 스타워즈 시리즈의 부제목이다. 〈킬 빌〉은 아예 일본 성인 애니메이션 장면을 여럿 삽입했다. 판타지 애니메이션의 거장 팀 버튼의 상상력 창고에도 일본 만화, 애니메이션의 기상천외한 장면과 아트워크, 미장센이 가득하다.

미국과 달리 한국에서는 오타쿠 인간의 복제가 아닌 오타쿠 문화의 확산이 두드러지고 있다. 일본 만화나 애니메이션, 드라마에 심취한 소비자, 팬 오타쿠도 물론 있지만, 그저 오타쿠 라이프스타일을 익히고 숭상하는 새로운 인성이 급격히 확산되고 있다는 분석이다.

이를테면 기업 부설 연구소 연구원으로 근무하면서 틈틈이 와인 스쿨에 다니는 사람이 있다. 한옥문화원 워크숍에 등록해 아파트 거실에 들여올 대청마루를 그리는 고등학교 교사도 있다. 이런 사람들은 전문 소믈리에가 된다든지 한옥 대목장이 되려고 하는 전업 문화 생산자는 아니다. 하지만 와인 문화나 한옥 문화를 단순한 취미 이상으로 공부하고 익히려는 결연한 마음을 지닌 사람들이다. 우리가 보통 '수집벽이 있다', '기록벽이 있다'고 할 때 사용하는 '벽'이나 드라마 〈다모〉로 인해 생겨났던 '다모폐인'의 '폐인'과 같은 뉘앙스로 설명할 수 있는 대상이다.

이같이 특이한 벽癖이 있는 사람이나 페인에 대해 그동안 마니아 집단이라는 두루뭉술한 표현이 쓰여왔다. 마니아의 개념으로도 어느 정도는 이들의 문화애호, 문화탐닉, 문화생활을 설명할 수 있다. 하지만 좀더 적확한 설명이 요구된다. 오타쿠가 이를 해결하는 곳이 바로 일본이다. 일본에서는 일반적인 마니아와 달리 좀더 조직화되고 역사적으로 계보가 이어지는 특정 계층을 일컬어 굳이 오타쿠라고 표현하고 있다. 마니아가 취미의 극치라면 오타쿠는 마니아의 극치라고 할 수 있다.

그러면 한국에도 오타쿠가 있는가? 여기서 ‘오타쿠’라는 일본 말을 의식할 필요는 없다. 언어는 생각의 집이므로 우리가 생각하는 개념과 대상을 말하는 데 집중하자는 얘기다. 페인이나 또 다른 한국식 표현을 만들어내는 것은 어려운 일이 아니다. 다시 물음으로 돌아가서 한국의 오타쿠를 생각해보자.

응답은 ‘있다’이다. 덧붙여 ‘많이 생겨나고 있다’고 말할 수 있다. 한국의 오타쿠는 지금 군대에도 있고 삼성 본관에도 있다. 테헤란로 벤처기업에도 무진장 많이 있고, 시민단체에도 있다. 공무원 조직에도 여럿 있고 문화와 전혀 관계가 없을 듯한 선설업, 유동업, 사영업에도 분명히 있다. 학생들 사이에는 말할 것도 없이 많이 있다. 조폭과 지하경제 어둠의 자식들 사이에도 문화 오타쿠는 다수 존재한다.

이들은 1960~1970년대에는 동숭동 대학로 근방에 모였고, 1980년대에는 신촌에, 1990년대에는 홍대 앞에 모여들었다. 지금은 강남 일대와 광화문 쪽으로 이동하고 있는 중이다. 오타쿠 계보도 가수 박진영에서 반칙왕 제작진, 또 다른 콘텐츠 주역 등등으로 면면히 이어지고 있다.

그런가 하면 인터넷 사이버 공간에서도 오타쿠 캐릭터들이 물 만난 고기마냥 마구 모여든다. 새로운 미디어 및 커뮤니케이션 환경 속에서 마니아층이 지속적으로 형성되고 이들 마니아 출신의 장인과 작가 등 크리에이터들이 배출되는 선순환 구조로 접어들고 있다. 문화콘텐츠 부문에서는 주로 예술적 마감과 디테일한 터치를 의미하는 아트워크 영역에서 장인과 명인으로 불리는 존재군이 나오고 있다.

사이버 디지털 캐릭터 자체가 콘텐츠 명인 또는 장인으로서 기능하는 예도 있다는 게 디지털 스토리텔링을 연구하고 있는 이인화 교수의 설명이다. 온라인게임 〈월드 오브 워크래프트〉에 나오는 칼 제작의 달인으로 유명한 대장장이 ‘키타’ 명인이 대표적인 예라고 한다. 이 대장장이는 구리, 철과 같은 광물을 재료로 일반 사용자들이 착용하는 갑옷과 방어구, 도검, 둔기 등을 만드는 사람으로 묘사된다. 대장장이 기술의 최고 전문가가 되기 위해서는 먼저 수많은 작업과 퀘스트_{임무수행 항목}를 통해 숙련도 300을 달성해야 할 정도라고 전한다.

‘키타’ 명인은 그의 서버에서 가장 먼저 최고 레벨에 도달한 뒤 대장 기술의 수련에 전력해 마침내 최고 숙련도에 이르고 서부 역병지대를 여행하다 우연히 한 장의 도안을 얻은 그는 2004년 12월 그 세계에서 최초로 ‘서리수호검’이라는 칼을 완성하는 스토리다. 이 칼을 완성하기까지 그는 19일 동안 불면불휴不眠不休로 18개의 아케나이트 주괴와 8개의 푸른 사파이어, 8개의 아제로스 다이아몬드, 8개의 물의 정수, 2개의 강도 높은 연마석, 4개의 마력이 깃든 가죽이라는 희귀 제작 재료를 모으고 무수한 시행착오를 겪어야 한다는 비장미도 감돈다.

사용자들에게 알려지지 않았던 칼의 도안을 발견하고 남이 한 번도 해보지 않은 과정을 거쳐 완성하는 집념을 보여준다. 그런 칼에 한 줄 자기 이름을 새겨넣는 보람은, 레벨업과 게임머니 모으는 재미만을 전부로 아는 이용자들은 알 수 없는 전문가만의 희열이라고 이인화 교수는 평하고 있다. '키타' 명인은 한 예에 불과하다. '마비노기' 방직술 분야의 '마뇨혜라' 명인, 방패 및 방어구 제작 분야의 '지이저' 명인, 요리 분야를 개척한 요리사협회 길드의 군주 '순이전사' 명인 등 가상세계에 이름이 알려진 전문 장인은 매우 많다고 한다.

결국 중요한 것은 오타쿠를 신인류로 읽지 않고 신인성으로 직시하는 일이다. 나와 다르거나 특별한 사람인 신인류나 새로운 인간형으로서 오타쿠를 보고 찾는 것은 이미 뒷북치는 일이다. 오타쿠라는 손가락이 가리키는 저 너머, 개념으로서 문화에 탐닉하고 생활화하는 라이프스타일이라는 실체를 찾아야 한다. 우리에게 오타쿠가 말하는 문화하는 마음이 크게 넓게 환하게 자라나고 있기 때문이다.

삼성전자와 뱅앤올룹슨의 문화합작

'500만 원짜리 핸드폰을 만들어라.' 세계 톱클래스에 오른 핸드폰 메이커들의 지상명령이다. 노키아가 금장으로 한정 생산해 특별한 고객들에게 나눠준 시가 2천만 원짜리 핸드폰을 시작으로 명품 핸드폰 경쟁이 불붙었다. 한국 브랜드들도 기를 쓰고 마땅한 방안을 찾고 있다.

먼저 눈길을 주었던 곳은 구찌, 불가리와 같은 기존의 뷰티 명품 브랜드. 70만 원쯤 하는 기존 핸드폰의 마감 치장을 세계적인 브랜드 구찌나 불가리가 맡게 되면 판매가를 500만 원대로 끌어올릴 수 있으리라는 구상이었다. 관계 실무팀은 곧바로 시장조사에 착수했다. 그렇다면 한국에서 누가 출시가 500만 원짜리 핸드폰을 구매할 수 있을까?

조사 결과 흔히 강남 룸살롱 호스티스라고 부르는 특정 집단이 가시권에 들어왔다. 자기 과시, 현시욕이 강하고 특별한 명품의 조기 수용자early adopter 성향이 뚜렷하며 구매에 따른 자금 부담이 상대적으로 덜하다는 것이 이유로 분석됐다. 이들 여성의 상당수는 자기 돈이 아니라 애인이나 스폰서와 같은 또 다른 자금 출처를 갖고 있기 때문에 고가의 신기한 물건을 구매할 용의가 되어 있다는 얘기다.

결과가 이렇게 나오자 모 핸드폰 메이커 실무진들은 퍽 당황했다고 한다. 가뜩이나 사치품 소리를 감수해야 하는 위험을 안고 있는데 다분히 불건전한 소비로 지탄받을 소지가 컸기 때문이다. 그리하여 방향 수정이 불가피하게 되었다.

그 다음으로 찾아낸 파트너는 소리 디자인의 명장인 벨기에의 뱅앤올룹슨. 삼성전자는 이 회사의 보이지 않는 매혹의 힘에서 경쟁력을 발견했다. 까르띠에, 티파니와 함께 세계 3대 보석 메이커로 불리는 불가리가 삼성의 애니콜을 불가리 로고와 다이아몬드로 치장하는 외적인 아름다움으로 명품 단장을 했다면, 뱅앤올룹슨은 그 반대였다. 소리라는 보이지 않는 공기의 떨림으로 핸드폰의 품격을 몇 단계 위로 끌어올린다는 내재적 가치를 중시한 개념이라고 할 수 있다.

이렇게 탄생한 세린serene 모바일은 희소한 소리, 따뜻한 소리, 아주 진귀한 소리로 사용자를 매혹시키고 있다. 나무가 똑딱거리는 우드 사운드, 아련하게 시골 종탑 종소리로 퍼지는 듯한 브론즈 사운드,

청아한 은쟁반 옥구슬 같은 스틸 사운드가 대표적 레퍼토리다.

삼성의 IT기술과 뱅앤올룹슨의 소리 디자인 역량의 결합으로 탄생한 세린 모바일폰은 유럽에서 대성공을 거두었다. 기기 가격은 120만 원 정도. 루이비통이 만든 휴대폰 케이스가 300여만 원, 도합 500만 원대의 가격을 실현한 그야말로 명품 핸드폰의 탄생을 알리는 새역사가 이루어졌다. LG전자의 프라다폰도 같은 맥락이다.

이처럼 성능을 중시하고 외형적 디자인을 추구해왔던 디지털 기기가 심오한 미적 디자인이라는 화려한 의상을 입고 일대 성공을 거두는 사례는 점점 더 늘어나고 있다. 미적 디자인은 영국의 창조산업 입안자들이 말한 그대로 창의성을 바탕으로 이루어지는 콘텐츠 활동의 전형적인 보기이다. 기술과 마케팅을 가장 중시했던 전자회사, 정보통신회사가 바야흐로 문화콘텐츠 능력을 중시하고 모시려 하는 추세. 이것이 바로 문화생업 러시의 살아 있는 현장이다.

이동통신사 문화보험 내역

이동통신사들은 미래를 먹고 산다. 현재는 안주해도 괜찮을 정도로 확고한 이익이 따라주고 브랜드파워도 날로 강대해지고 있지만 미래는 보장이 없다. 이를 잘 알고 있는 이통사들은 짬만 나면 과외 수업을 받곤 한다. 주로 경영혁신, 글로벌 감각, 성과관리, 자원발굴 등이 전통 고액과외 메뉴들이었다.

그러다 이들 정신무장 교육이 보장자산일 순 없다는 판단이 들어서인지 마침내 문화보험을 들기 시작했다. 문화보험이란 문화콘텐츠를 보는 안목을 우선 키우고 더 나아가서는 문화콘텐츠에서 아이디어를 길어올려 기존의 통신서비스와 접목해 새로운 상품과 서비스를 내놓는다는 개념이다.

문화보험을 생각한 통신사들은 곧장 임직원들의 콘텐츠비즈니스 체험 워크숍을 조직한다. 이를 통해 통신서비스와 문화콘텐츠가 멋지게 결합하는 복합상품이 탄생하게 된다. 기발한 예가 기프티콘gifticon 서비스다. 기프티콘은 선물을 뜻하는 기프트gift와 컴퓨터와 핸드폰 이용 시 자주 쓰는 심벌 형상 이모티콘emoticon을 결합한 신조어다. 모바일로 싸이월드의 1촌에 해당하는 가까운 친구와 지인이 네트워크 되어 있는 사람이라면 누구나 이용할 수 있는 게 기프티콘이다. 다음과 같은 상황에서 기프티콘은 딱이다.

어느 광고회사 사무실 김 과장이 득남을 했다. 김 과장은 조퇴하다시피 회사를 나와 병원 가는 택시를 잡아탄다. 택시 안에서 한숨 돌리자니 아까 회사에서 환호성을 올리고 기꺼이 축하 인사를 해준 같은 부서 동료들이 떠올라 고마운 마음을 전하고 싶어진다. 이때 핸드폰을 꺼내 부서 직원 7명 전원에게 회사 앞 패밀리 레스토랑에서 점심 한 끼 먹을 수 있는 만 원짜리 핸드폰 쿠폰을 선사한다. 이 쿠폰이 기프티콘인 셈이다.

이런 기프티콘 서비스 발상이 나오려면 몇 가지 조건이 구비되어야 한다. 먼저 회사가 문화보험에 들어야 한다. 이통사가 문화콘텐츠를 알고 배우려 워크숍을 개최하는 것과 같이 실질적인 프로그램을 투자해서 창의적으로 발상하고 문화적으로 독특한 아이템을 도출하는 훈련을 평소에 지속적으로 실시해야 한다는 애기다.

그 다음 차원으로는 개인의 관심과 노력이다. 회사가 문화보험을 드는 것을 계기로 개인적으로는 문화적 감수성과 상상력, 창의성과 감각을 한껏 끌어올릴 수 있는 탄탄한 내공을 갖추어야 한다. 현재는 자신의 직무가 이동통신 길 안내 서비스에 국한되지만 여기서 더 나아가고 응용하여 문화 컬러를 어떻게 불어넣고 어떤 서비스를 고안할 것인지 색다른 대안을 내놓을 줄 알아야 한다는 뜻이다.

이것이 바로 환경적 여건으로서 문화보험이 따라주고, 개인적 노력과 적극성을 의미하는 주관적 조건이 문화생업을 받쳐주는 생생한 본보기다.

신의 물방울과 회사인간

일본 만화 《미스터 초밥왕》과 《신의 물방울》이 대박이다. 이런 대흥행 사례를 다룰 때 보통은 잘 만든 콘텐츠에 집중한다. 이미 만화를 졸업한 성인들을 다시금 주 독자층으로 끌어들인 일본 만화 작가의 힘을 조명해보는 것이 대표적인 방식이다. 출판산업이 발달한 일본의 경우 만화 잡지와 단행본 출판이 연결되는 유통고리를 들여다보는 것도 기본적으로 '만드는 손'에 대한 관찰과 다름없다. 잘 만들었으니까 잘 팔린다고 하는 등식이 자연 성립된다.

이런 공급측 시각에 비해 상대적으로 소홀했던 것이 콘텐츠를 보는 눈, 읽는 마음, 생각하는 머리에 관한 연구와 고찰이다. 《미스터 초밥왕》이나 《신의 물방울》과 같은 콘텐츠의 대박 성공 사례를 가만히 보면 잘 만들어서 잘 팔린다는 것 이상의 뭔가가 감지된다.

이른바 '잘 만든 콘텐츠Well Made Contentss'여서 성공하였다는 등식만으로는 필요 충분하게 설명할 수 없다는 말이다. 우리네 독자들에게 잘 받아들여졌다는 차원, 즉 '아주 잘 읽혀지는 콘텐츠Highly Readable Contentss'라는 점을 정밀하게 볼 필요가 있다.

우선 얼굴 없는 회사인간의 존재를 말해야 한다. 한국의 성인 독자들이 《미스터 초밥왕》과 《신의 물방울》에 빨려 들어가게 된 사회적 맥락과 단서에 주목해보자. 어린 시절 만화를 보면서 꿈을 키웠지만 어른이 되어 사회생활을 하다 보면 꿈을 깎아가면서 살아가게 마련이다. 어른이 되면 꼭 꿈을 줄이고 움츠러들고 소망을 담보 잡히는 삶을 살아야 좋다는 절대 진리도 없건만, 많은 이들은 그저 그렇게 소시민적으로 살아가고 있다.

이런 기본 흐름 위에 경제와 사회의 굴곡이라는 파동이 올라온다. 살기가 힘들고 어려워지면 얼굴 없는 회사인간은 갈 데가 없다. 한 잔 술과 노래, 고함지르기도 너무 진부한 각성제다. 어느 날 문득 이젠 기름도 잘 묻어나지 않는 콧잔등을 쓰다듬으며 30년이 넘는다는 노후생활을 무거운 마음으로 떠올려보는 때 만화책이 눈에 들어온다. 꿈이라는 콩깍지가 씌우게 되는 순간이다.

이때 만화라는 문화콘텐츠는 위안이고 안정제이면서 동시에 모종의 탐험 대열로 이끄는 초대장 구실도 한다. 문화가 오락이었다가 자신의 생활 속으로 깊숙이 파고드는 업이 되는 구조다. 얼굴 없는 회사인간이 초밥을 탐험하고 와인을 탐험하는 모험의 나라로 가보는 4차원 환상. 이게 대박의 가장 큰 원인이다. 소니는 디즈니와 차별화하기 위해 '디지털 드림키즈^{디지털로 꿈꾸는 아이들}'를 구호로 광고했다.

이제 한국의 얼굴 없는 회사인간은 어른이 되어 뒤늦게 환상의 모험여행을 떠나는 드림 어드벤처의 대열에 속속 합류하고 있다. 열심히 일하고 어딘가로 떠나지만, 회사나 가족이나 그 누구에게도 피해를 끼치지 않는 마술과 같은 외도. 다시 활력과 생기를 불어넣어 얼굴 없는 회사인간을 꿈 많은《초밥왕》팬, 《신의 물방울》마니아로 만들어 놓는 전과정. 우리는 이것을 문화가 단순한 소비와 생활에서 이윽고 현업과 삶의 현장 속으로 들어오는 문화생업의 움직임이라고 부른다.

공연기획자가 되고픈 아이들

"의사나 변호사 교수, 교사보다 공연기획자가 되고 싶어요." 우리나라 고등학생이 선호하는 직업 순위를 물었더니 의외로 공연기획자가 압도적 1위를 차지한 적이 있다. 특히 〈비보이〉와 〈점프〉 열기가 드높았던 2006년 이후 이러한 경향이 아주 두드러지고 있다. CJ 엔터테인먼트 측이 2006년 밝힌 자료에 따르면 공연기획자는 전체 응답자의 14.2퍼센트로 1위에 올랐고, 의사가 4.0퍼센트로 2위, 공무원이 3.1퍼센트, 사업가가 2.8퍼센트, 컴퓨터 프로그래머가 2.7퍼센트, 건축설계사가 2.4퍼센트, 인테리어 디자이너가 2.2퍼센트, 유치원 교사가 2.1퍼센트의 순으로 나타났다.

1위 공연기획자와 2위 의사의 격차가 많이 벌어지고 있는 것이 무척 놀랍다. 돌이켜보면 공연기획자가 우뚝 서기 전에는 프로게이머가 단연 인기였다. 스타크래프트 최강전에서 챔피언에 등극한 임요환과 같은 프로게이머가 선망의 대상이 되던 시절이었다.

이렇듯 문화콘텐츠 관련 직종이 선망이 되고 꿈의 직업으로 당당히 자리를 굳히고 있는 현상을 보면서 그리 어렵지 않게 빛과 그림자 양면을 목도하게 된다. 우선 밝은 빛을 보면, 우리 청소년들이 누가 가르쳐주지 않는데도 공연기획자와 같은 창조적인 직업에 뜻을 품는 그 자체가 기특하다. 세칭 일류대 인기학과를 들어가서 밟아가는 사회 통념의 엘리트 코스와는 다른 신천지를 기리는 도전을 꿈꾸어본다는 것은 분명 주목할 만한 일이다.

춥고 배고픈 연극도 배워야 하고 글로벌 비즈니스에 대비해 상당한 지식과 체험을 요구하는 경영 노하우도 익혀야 하는 공연기획자가 그야말로 르네상스적 인간형과 합치한다는 것을 어찌 알았을까 생각해보면 우리 청소년들의 꿈이 신통방통하기까지 하다.

하지만 다른 한편으로 어두운 면을 보면 어떤가? 공연기획자를 꿈꾸는 아이들이 어디로 향하는가를 말하지 않을 수 없다. 꿈을 품었다가 냉혹한 현실 속에서 저당잡히고 깎아가면서 살아야 하는 아이들. 때로는 그 꿈을 보류하기도 하고 관객이 되어 무슨 고수레하듯이 무대 위로 던져버리면서 철저한 아웃사이더가 되어가는 삶의 수레바퀴가 연상된다.

이런 빛과 그림자를 의식하면서 차근히 정리해보고 싶다. 꿈을 지녔다는 것은 무얼 말하는가? 잘만 하면 문화자본을 축적하는 과정이 될 수 있다. 한때 공연기획자를 그려본 사람들이 많다면 그 사회의 장래는 밝아질 수밖에 없다. 공연을 찾는 마음, 공연에 공들이는 정성이 쉬이 달아날 수 없기 때문이다.

문화를 사랑하는 마음이 곧 사회에도 활력을 주고 자기 자신에게도 스트레스를 해소할 수 있게끔 하는 묘약을 달여주는 쓸모 많은 문화자본이기 때문이다. 공연기획자를 선호직업 순위처럼 수없이 많이 배출할 필요는 없지만, 한 번 품은 꿈을 문화자본으로 꽃피게끔 북돋워주는 사회 교양 프로그램을 구상할 때다.

문화생업 드림시티 여강 원주민

문화로 밥 먹고 사는 사람이 늘어나고 있다. 한 해 관광객만 2200만 명이 찾는다는 로마와 2천만 명 관광객을 자랑하는 파리, 1800만 명 기록을 지닌 뉴욕의 시민들이 그러하다. 하지만 로마와 파리, 뉴욕은 문화생업이라는 기준에서 볼 때 정도와 비중이 약하고 적게 배합된 구성이다. 문화뿐 아니라 금융, 유통, 뷰티산업 등 다양한 산업 포트폴리오를 갖추고 있는 메트로폴리탄이기 때문이다.

그렇다면 문화생업의 비중과 순도가 가장 높은 곳은 어디일까? 힌트가 있다. 세계문화유산으로 지정되어 있는 크지 않은 소도시. 좀더 보탠다면 세계문화유산, 세계기록유산, 세계자연유산 3관왕에 올라 있는 지역. 아울러 탄탄한 자국 내수시장을 업고 있고 글로벌 세계 시민들을 공략할 강력한 마케팅 포인트를 찾을 수 있는 곳을 보면 된다. 이러한 완벽한 조건을 갖춘 장소는 흔치 않을 터이다. 잘 알려져 있지 않을 수도 있다.

그곳이 바로 중국 운남성의 여강 고성이다. 중국어로 '리장'이라고 부르는 이 올드타운은 한마디로 문화로 시작해 문화로 지새우는 특별한 신 별천지다. 사람들은 한겨울 비수기에도 여강 고성의 한복판 명소인 사방가를 가득 메운다. 자국 중국인 내방객들로만 해도 아침저녁 밤중으로 번잡하다 못해 바글바글하다고 말할 정도다. 동방의 베니스라 부르는 이곳에 놀러 왔다가 반해 피자집이며 카페를 차려 정착한 서양인들도 심심찮게 볼 수 있다. 관광객 인구 분포만 본다면 태국의 푸켓이며 마카오에도 뒤지지 않는다.

무엇이 이 구름의 남쪽 중국 운남성의 오지 깡촌 골짜기나 다름없는 여강 고성을 살아 춤추는 문화재로 만들고 있는가? 문화생업이라는 관점에서 보면 어떻게 풀이할 수 있는가?

첫째는 사람들이 대부분 문화를 주업으로 삼고 있다는 사실이다. 주민들은 누구나 친 년을 오가는 옛집에 살며 선조들의 방식 그대로 공예를 하고 연주를 하고 옷을 만들고 글씨를 쓴다. 동파문자라고 하는 나시족의 그림언어에 심취하고 고유한 복장과 음식을 다루는 전통주의자가 있는가 하면, 현대 미술에 접목해 컨템퍼러리 아트를 추구하는 갤러리도 고성 골목 사이사이에 있다. 인공의 장소가 아니라

주민들이 하루 내내 북적거리고 살면서 문화로 업을 영위한다는 점. 이게 바로 우리 경주 쪽샘지구나 전주 한옥마을과 근본적으로 다른 면모이다.

둘째는 그윽하고 편안한 문화 체험과 이야기를 선사해주고 있다는 점이다. 성경의 동방박사를 연상케 하는 도바 또는 동파로 불리는 현인이자 지도자가 백만 불짜리 마케터 역할을 해준다. 동파는 세종대왕처럼 문자를 창안했고 부락민의 고충을 들어주는 카운슬러이기도 했다. 이웃한 샹그리라, 티벳을 넘어 넓은 세상을 여행한 산 지식인이었고 몽고군이 쳐들어왔을 때는 길을 내주고 교역을 함으로써 동맹하여 종족과 문화를 보존한 추장이자 외교관이기도 했다. 이 동파로부터 여강 고성의 문화 동심원이 커다란 울림을 갖는다.

수많은 동서양의 언어학자가 동파문자와 중국의 갑골문자, 이집트 상형문자, 바빌로니아 상형문자, 남미의 마야문자를 비교 연구하기 위해 이곳을 찾고 있다. 연구할 거리, 볼거리, 경청해야 할 거리가 굵직하게 서 있다는 얘기다. 최근에는 그림언어 픽토그램이 가지는 심벌 다양성과 커뮤니케이션 가치를 알아챈 한국 학자들도 줄을 잇고 있다.

성경과 같이 창세기로부터 시작하는 전설과 이야기, 그 속의 이미지는 깊고 풍부하다. 더구나 옛이야기로 그치는 것이 아니라 디지털 시대 각광을 받을 수도 있는 독특한 문화유산이 문화생업을 사는 주민들에 의해 고스란히 보존되어 있다.

여강 고성과 경주, 전주를 견주어보면서 많은 생각을 해본다. 한쪽은 문화로 생업을 살고 그 빛나는 가치로 인해 나날이 발전하는 구조를 갖고 있다. 다른 한쪽은 문화를 경시하고 인공으로 꾸미거나 버려놓다시피 한 장소에서 문화 없는 그냥 생업을 살고 있다. 훗날 다시 오고 싶은 곳은 어디겠는가?

문화로 하는 생업이 곧 문화생산이 되고 경제생업도 된다는 것은 믿음이 아니라 체험으로 알 수 있다. 이 실험을 주저 없이 감행하기 위해서는 몇몇 고정관념을 손보아야 한다. 첫 번째 물음이다. 문화는 놀고 경제는 일하는 것인가? 문화는 그저 여가 시간에 즐기는 콘텐츠에 지나지 않는가?

지금부터는 그렇지 않다. 문화 속에서 놀았지만 일하기 시작하는 문화생업이 들어왔기 때문이다. 문화생업은 놀면서 일하고 일하면서 놀게 해준다. 그동안 문화라는 이름 아래 심하게 느슨했던 일하는 마음을 되살리고 있다.

이미 문화가 현금보다 더 낫고 웬만한 투자처보다 더 훌륭한 수익성과를 기약해주고 있다. 산업화와 정보화에 이어 소프트파워가 강조되면서 문화를 주축으로 하는 새로운 경제와 사회 패러다임이 짜이고 있다. 단일 생활권으로 몰아가는 세계 경제체제는 언어의 장벽, 환율의 차별을 넘어설 수 있는 만국 공통화폐로서 콘텐츠 상품을 지목하고 있다. 선진국으로 갈수록 문화후생, 복지에 여념이 없다.

2부

문화로 일하고 경제로 놀아요

BUSINESS

culture business

티베트와 두바이

세이크 무함마드의 두바이와 달라이 라마의 티베트. 사람들은 티베트를 오랫동안 알고 있다. 거의 정지된 상태로. 티베트를 찾는 여행자는 비행기나 리무진 버스, 철도를 이용하더라도 티베트의 심장 포탈라 궁을 만나는 지점부터는 아주 천천히 걷고 싶어 한다. 티베트 장족의 오체투지와 같이 몸도 마음도 낮추어 우리 삶의 심언, 먼 태고적 고향을 기린다. 그곳의 지도자 달라이 라마는 현장에 없다.

반면 두바이는 급부상한 슈퍼스타다. 아랍에미리트 연방 토후국 가운데 하나인 두바이는 사막 속에 스키장을 만들고 7성 호텔, 야자수 모양 섬을 만들면서 세계 8대 불가사의라는 명성까지 얻었다. 한국에서도 삼성 이건희 회장이 '두바이 창조경영'이라고 극찬하면서 아랍의 이 조용한 항구는 일약 혁신과 마케팅의 심벌이 되어버렸다. 두바이를 갔다온 사람들은 한결같이 이 울트라 테마파크 엔터테인먼트 쇼핑몰 도시에 매료되어 홍보 전령사를 자청하곤 한다. 이렇게 두바이는 기적을 만들어가고 있다. 기적을 증폭시키고 관리하는 지도자 셰이크 무함마드는 유럽의 부호를 겨냥해 더 세련되고 더 비싸게 치장하는 프리미엄 마케팅 전략을 진두지휘하고 있다.

낡고 정지한 티베트와 화려하게 발전하는 두바이. 어느 쪽이 더 많은 사람을 지속적으로 끌어당길까? 첫방문뿐만 아니라 재방문율을 따져보고, 체험 후 만족도도 알아본다면 어느 쪽이 더 나을 텐가? 이는 마치 로마가 좋으냐 파리가 좋으냐를 묻는 어리석은 생각일 수도 있다. 그렇지만 티베트와 두바이는 워낙 특별하게도 소박함과 세련됨, 정신문명과 물질문명, 문화와 경제의 양면을 극명하게 상징하는 좋은 표본이 되고 있어서 우리의 비교 본능을 자극해준다.

여러 가지 면에서 티베트가 두바이보다 더 나을 수 있다. 문화라는 게 참 묘한 것이어서 때 묻고, 없이 살고 옛것에서 벗어나지 못하는데도 사람들을 끌리게 한다. 이에 반해 두바이에서는 그토록 화려하고 세련된 호텔 로비에 와 있는데도 공허한 울림이 목마른 영혼을 때리기도 한다. 무슨 역설인가? 티베트에 가서 쓰는 돈이 두바이의 10퍼센트도 안 된다고 해도 문화의 가치, 관광의 가치, 경제의 가치는 조롱당하지 않는다. 오히려 두바이보다 더 적게 투자하고 더 많이 거두는 높은 투자 수익률이 가능할지 모른다. 방문객들도 다른 곳에 간 것보다 더 많은 효용을 획득할 수 있다. 왜일까?

티베트는 샹그리라이기 때문이다. 샹그리라는 내 마음속 해와 달이다. 우리는 살면서 알아간다. 잊었다가도 다시 되돌아온다. 돈으로만 알 수 없는 구역이 있다는 진리. 경제와 문화를 함께 품지 않으면 우리 자신을 제대로 세울 수 없다는 것을. 마침 경제만 좇고 문화를 밀쳐왔던 경제지상주의, 경제만능주의가 저물고 있다. 두바이만 칭송하고 발전과 전진만을 독려하는 마음은 강박관념에 가깝다. 사람들이 티베트를 찾고 기리는 신비로운 마음을 바라볼 때가 되었다. 이것은 어쩌면 손해 보는 마음일 수도 있다. 힘들고 고생하는 오지 문화 체험일 수도 있다.

그럼에도 우리는 인정할 수 있다. 균형이 필요하다는 것을. 급하고 열띤 경제하는 마음과 느리고 조용한 문화하는 마음을 조화롭게 갖추는 것. 이것이 바로 우리가 본래 원하는 바가 아닌가? 티베트와 두바이를 함께 품는 일. 이것이 바로 문화의 경제화, 경제의 문화화이다.

경제인과 문화인, 둘이 아니에요

이코노믹 애니멀. 어감 좋지 않은 이 말은 1970~1980년대 일본 사람을 지칭하는 말이었다. 눈부신 고도성장을 이룩한 일본 사람을 두고 돈만 밝히는 동물과 같다고 시샘하는 지구촌 사람들의 탄성이기도 했다. 한편으로는 독일 사람을 시계와 같이 정확하다고 은유하는 것처럼 일본 사람은 아주 합리적이고 목적적인 경제관념을 지니고 있다는 묘사가 되어주기도 하였다.

일본 사람들이 철저하게 경제적이라는 증빙은 곳곳에서 손쉽게 구할 수 있다. 세계 최고의 저축률을 기록해왔던 것부터가 그렇다. 저금을 많이 한다는 것은 곧 소득 대비 소비를 계획하고 관리하며 미래를 대비하는 이성적 활동을 의미한다. 위험은 피하고 안정된 자산을 축적해나가는 저금 위주의 경제활동은 개인의 라이프사이클에서 아주 중요한 의사결정이기도 한다. 우리에게도 저축은 거의 절대적인 미덕으로 군림해왔다. 일본 사람들 때문에.

그러다 세상이 바뀌더니 기묘한 역설이 빚어졌다. 저축을 많이 한 일본은 잃어버린 10년, 극단적인 불경기를 겪고 말았다. 반면 투자를 많이 한 미국이나 핀란드, 아일랜드와 같은 나라는 온갖 부침에도 불구하고 장기 불황 없이 승승장구하고 있다. 저축과 투자. 어째서 그 약발이 다른가? 좀 단순화시키면 저축은 전형적인 경제인의 행동 지침이다. 반면 투자는 문화인의 마음으로 경제활동을 하는 상당히 뒤섞인 복합적 활동에 가깝다. 야수의 마음으로 자신의 명운을 배팅한다고 할까. 거의 감에 의존해 고독한 결정을 해야 하는 도박이나 카지노 타짜와 같은 어둠의 세계, 달빛이 연상되기도 하는 블랙박스 속 긴장의 게임이 투자라고 볼 수 있지 않을까?

기본적으로 경제인은 모든 사람들이 합리적이고 이기적이라고 전제한다. 자기 자신뿐만 아니라 사람이라면 모름지기 높은 확률이 보장되는 안정된 길을 선택한다고 믿는다. 여기서 매사를 일반화시키는 경향이 나타난다. 경제인은 또 사람들이 남을 위하기보다는 자신만을 생각하고, 경우에 따라서는 남을 짓밟아가면서까지 경쟁에서 이기려 한다고 본다. 그래서 으레 투쟁심을 최고의 덕목으로 치기까지 한다. 정글의 법칙과 프로 정신을 힘줘 말하는 것은 죄다 경제인의 목소리다. 적자생존 진화론이 그들의 생활백서이기도 하다. 실제로 오늘날 경쟁력과 혁신, 생산성, 성과를 강조하는 논리가 모두 이러한 경제인 사상에 기인한다. 자본주의 종주국 미국은 갈수록 남을 무찔러 이기는 전략의 경영학을 강조하고 있다.

이러한 경제인의 확신은 거의 200년이 넘도록 우리가 살고 있는 사회의 주류 사상으로 많은 사람들의 머릿속을 지배해왔다. 경쟁은 더욱 치열해지고 부와 명예, 성공의 문이 더욱 좁아지자 조급해진 사람들의 마음은 한껏 극단으로 치달았다. 셈에 빨라야 하고 돈을 모아둬야만 든든하다는 철칙 때문에 반칙과 속임수도 횡행하기에 이르렀다. 이래저래 무한경쟁과 경제논리에 지친 사람들은 한없이 떠밀리기 시작했다. 그러면서 이윽고 21세기에 들어서서 경제가 아닌 문화, 이성이 아닌 야성, 경쟁이 아닌 공생과 동화를 맛보게 되었다. 비쌌던 문화, 까칠했던 문화를 디지털기술의 매개로 부담없이 손에 쥘 수 있게 되었기 때문이다.

문화의 대중화는 문화경제, 문화산업, 문화경영이 먼저 이끌었다. 고급 명품문화에서 통속 엔터테인먼트 문화에 이르기까지 기왕에 존재하던 다양한 문화, 예술 작품과 상품들이 1990년대 말부터 전 세계적으로 단일한 화폐 단위와 이를 관장하는 공동체 기구 UN을 갖추면서부터였다.

그 어렵고 복잡한 문화의 가치 평가와 거래를 표준화한 공통 화폐 단위는 바로 '콘텐츠'다. 다양성 가득한 문화를 유럽연합이나 UN처럼 묶어세운 국제기구는 야후와 아마존, 애플과 구글, 유튜브, 네이버, 다음, 싸이월드와 같은 슈퍼 닷컴들이다. 이들 인터넷 업체들은 날마다 문화콘텐츠 올림픽, 칸 영상물 견본 시장을 포털 사이트와 가상공간에 개장하면서 흩어졌던 문화를 모이게 하였다. 그러니 자연히 물 설고 낯설었던 영국의 게임과 미국의 힙합, 일본의 만화, 한국의 드라마가 한 자리에 모여 교류하고 교환될 수 있었다.

이처럼 문화가 교류되고 교역될 수 있는 여건이 조성되면서 문화의 경제화가 급물살을 타게 되었다. 인터넷 이전부터 문화 대중화를 촉진해오던 매스미디어들은 대중문화 상업주의의 첨병이라는 호된 비판으로부터 비로소 벗어날 수 있게 되었다. 할리우드가 문화를 산업화하여 병든 사회를 만들고 폭력과 선정성에 곪은 악성문화를 재생산한다는 추상 같은 소리도 조금은 잦아들게 되었다. 문화 권력의 독점 구도가 깨졌기 때문이다.

문화의 경제화는 날로 가속화되고 있다. 대체로 문화, 예술의 갇혔던 영토를 발달한 경제 기법으로 재발견하는 과정으로 진행되는 측면이 강하다. 경제인이 문화를 다루는 격이다. 이제는 문화인이 경제와 경영을 건드릴 차례다. 딱딱한 경제, 왜곡된 경영을 문화인이 매만져 순화하는 일부터가 첫걸음이 될 것 같다. 이런 양쪽 노력이 서로 통하면 경제인과 문화인의 구분이 없어지지 않을까 예상해 본다. 문화노동과 경제놀이가 이런 생각에서 나온 개념이다.

궁극에는 경제인과 문화인이 하나가 되는 완성. 바로 내 안에서 합하는 완결. 이 지점이 바로 문화생업이 일어나는 신대륙이 된다.

어떤 유치원 아이가 말했단다. "나는 선장이 되고 싶은데 엄마는 날 보고 개그맨이 되라고 하세요. 그래서 생각하다가 결심했어요. 웃기는 선장이 될 거예요."

산업화, 정보화에 이은 문화·소프트 시대

우리 사회는 지금 뚜렷하면서도 거대한 전환기를 맞고 있다. 이는 산업화, 정보화에 이은 문화·소프트 시대의 도래로 요약할 수 있다. 200년을 지속해온 산업화가 인류의 최근세사를 대표했고, 뒤이어 20여 년 전부터는 정보화가 시대를 풍미해왔다. 하지만 정보화는 속도로 승부하는 본성만큼이나 빠르게 새로운 시대징신에게 주인자리를 물러주고 있다.

오늘날 현대인은 문화·소프트 시대로 사조가 교체되는 전환기를 살고 있다. 때문에 과거를 승계하고 미래를 정복하여야 하며 이를 위해서는 어떠한 방향을 좇아야 할 것인지가 커다란 관심사가 될 수밖에 없다.

이에 대해 보는 시각은 다르겠지만 대체로 문화의 힘을 통하여 창의적인 국가, 창의적인 국민으로 발전해 나가자는 것이 한 가지 굵은 방향이 아닌가 한다. 이는 정보화를 딛고 넘어서고자 하는 과업, 즉 하드웨어와 소프트웨어에 모두 강한 사회에 대한 열망이기도 하다. 사실 정보화, IT, 디지털이 충만한 시대를 넘어 과잉으로 비치기 시작하는 찰나부터 이러한 조화와 균형에 대한 구조 신호가 날아왔다.

포스트 디지털 시대. 이 시대를 살아가는 법을 문화의 힘에서 찾아야 한다는 것은 이제 의심의 여지가 없다. 관련해서 미국과 중국에 비해 크기는 작지만 강한 최고 선진국, 스웨덴과 핀란드가 추구하고 있고 현재 빠르게 전 세계로 확산되고 있는 T.I.M.E. 전략IT+Media Entertainment을 보면 디지털을 넘어서도록 인도해주는 문화의 힘을 확인할 수 있다.

스웨덴 시스타는 '게임에서 텔레매틱스까지!'를 슬로건으로 삼아 IT산업의 한계를 넘어서는 혁신적 클러스터 운용에 역점을 두고 있다. 클러스터 운영주체이자 공개된 기업인 일렉트룸이 기업, 지자체, 학교, 투자자 등 이해관계 당사자들의 이해를 조율하여 혁신전략을 제시하는 센터 역할을 맡고 있다. 이 시스타 사이언스시티는 IT라는 단일 업종, 분야만으로 지속적인 부를 창출하기가 어려우며 이를 보충하고 새로운 시장을 창출할 수 있는 방안이자 신개념으로서 T.I.M.E. 클러스터를 상정하고 매달 'T.I.M.E. 위크'를 정해 공동 포럼을 개최하면서 새로운 문화콘텐츠 시장을 공략할 혁신전략을 개발 중이다. 이러한 움직임은 이른바 하드와 소프트에 모두 강한 나라와 기업, 개인을 추구하는 극히 최근의 두드러진 흐름이다.

이런 맥락에서 자칫 컴퓨터라는 기계가 상징하는 하이테크에 예속될 뻔했던 인간을 구제하고 새로운 휴먼터치, 즉 하이터치로 이행하는 궤적에서는 문화의 힘을 발신하기 위한 기초 체력 정비가 관건이 되고 있다. 특히 우리 문화 재발견, 재구축은 곧 우리에겐 기본에 충실하도록 만드는 주요한 실천 프로그램이다. 순수, 전통, 고유문화의 현대화에 주력하고 지역 문화자원 지형도 및 산업화 방향을 제시하고 풀뿌리 문화자본 축적 움직임을 가속화하는 등 사회 전반의 노력이 요구되는 시점이다.

이미 화려한 국가 이미지로 기염을 토한 한류나 디지털콘텐츠도 실상은 연약한 문화자본 지층이라는 부실한 기반 위에 서 있다는 비판에서 자유로울 수 없기 때문이다. 만개한 인터넷 문화, 모바일 문화, 사이버 문화도 옥석을 가려 조절하고 지엄하게 관리해야 할 시기가 되었다.

이처럼 대대적인 정비를 통해서만이 우리는 문화선진국 대한민국을 건설할 수 있다. 정신문명이 충만한 한국인이 될 수 있다.

문화노동과 경제놀이

흔히 문화는 일로 보지 않는다. 놀이나 여가로 생각하는 것이 보통이다. 어떤 이는 일과 놀이 이상의 월등한 인생의 경지 혹은 자연의 비밀 처소라고 설명할 때도 있다. 이런 생각은 문화를 놀이로 보고 경제를 일로 보는 이분법 속에서는 문제가 없다. 그러나 경제인과 문화인이 앞서 꼬마가 말한 '웃기는 선장'처럼 하나로 녹아드는 총체적 세계관 속에서는 개념의 재정립이 필요하다.

우선 가장 먼저 손대야 할 부분은 문화 속에 이미 경제가 들어와 있음을 자각하도록 하는 조치이다. 문화에도 자원이 유입되어야 질 좋은 작품을 창조할 수 있다. 원료 구입과 산출물 시장 거래를 주로 다루는 경제 논리의 지원이 엄연히 요구된다. 이렇듯 실제에 맞게끔 이해를 하면 아무 무리가 없다. 표현은 아주 경제학적이지만 실제 문화마당에서 빈번해지고 있는 현상을 제대로 설명해주는 예가 있다. 문화콘텐츠가 다른 산업의 중간 재료로 활용되고 있는 사례이다. 삼성에서 신라 경주의 포석정 곡선을 되살려 전자레인지 문을 디자인했다 하여 화제를 모은 적이 있다. 이 경우 전자제품 공정에 디자인 요소가 들어오게 되었고, 이 디자인 요소에는 원천적으로 문화재 형상이 도입되는 연결 고리를 갖게 된다.

더 나아가 그 전자레인지 디자이너를 생각해보면 조금 후, 문화 속의 경제 요소를 알아차릴 수 있다. 콘셉트 빌딩을 생명으로 삼는 디자인 진영에서 문화 자원에 관심을 갖고 문화에서 착상을 가져오는 방식으로 이루어낸 쾌거가 바로 포석정 디자인이니까 그렇다.

수요와 공급만 노상 말할 줄 알면 경제학자가 다 된 것이라는 우스갯소리가 있다. 그만큼 기본적인 원리라는 뜻이다. 이 수급의 시장원리가 웬만한 문화, 예술 활동에 두루두루 절묘하게 맞아떨어진다. 본디 시장은 어떤 물건이나 서비스를 사려는 사람과 팔려는 사람을 연결시켜 주는 상황, 상태를 포괄적으로 일컫는다.

영화가 개봉되어서 국내외 경쟁작과 맞서고 관객의 냉혹한 평을 받는 과정의 80퍼센트 정도는 시장 원리로 설명할 수 있다. 동성애나 민족주의와 같은 사회문화적 이슈가 강할 경우에는 물론 경제외적인 측면들을 가리키는 문화적 원리, 초시장적 원리가 작용할 수도 있다.

하지만 이런 예외적 경우는 크게 보아도 20퍼센트 미만이 되지 않을까 한다. 그만큼 상업영화 시장에서는 시장원리가 가히 절대적이라는 뜻이다.

영화, 드라마와 같은 문화 상품의 시장, 문화콘텐츠 시장에서도 경제학의 일반 모델에서 사용하는 수요결정인자와 공급결정인자가 똑같이 적용된다. 수요결정인자는 제품 및 서비스의 가격, 다른 상품 가격, 기호, 인구, 소득수준, 소득분배 등을 포함한다. 공급결정인자는 상품 자신 가격, 기술 수준, 다른 상품 가격, 원료 가격, 자원 부존 상태 같은 요소들이다. 이 말은 결국 영화사업을 하는 사람, 방송국에서 드라마를 편성해 광고 매출을 높이려는 사람이라면 챙겨야 할 체크리스트가 분명 존재한다는 얘기다. 문화, 예술 종사자가 경제인의 지식과 지혜를 차용해야 함을 의미한다.

구체적으로 들어가 가격의 결정을 보자. 창작 뮤지컬을 어렵사리 만들어 선보이는데 입장권 가격을 어떻게 정할 것인지를 고민하지 않을 수 없다. 만약 제작자가 자신이 만든 공연의 예술성이나 심미성과 같은 문화적 가치, 경제외적 가치에만 집착한다면 수백만 원짜리 티켓을 팔 궁리를 할 수도 있다. 아니면 아예 길거리 악사처럼 무료로 공연을 제공하고픈 마음이 피어날지도 모르겠다. 그러나 이렇게 극단으로 치우치다가는 이 고답적 예술 사업자는 공연 서비스 산업에서 이내 설 자리를 잃어버리게 될 테다.

현명한 제작자라면 당연히 생산량과 수요량이 일치하는 지점의 시장 청산 가격을 생각해봐야 한다. 경제 효율성을 달성하기 위해 무대 세트 등 미술 부문에 들어가는 예산을 제어하여 단위당 최저 비용 생산을 실현해내는 사전적이고 원천적인 노력을 기울여야 한다. 미리미리 비용을 줄이고 예산을 절약해두어야 한다는 말이다. 마침내 공연 개시일에 와서 섣불리 대박을 꿈꾸고 초과 이윤을 얻겠다는 마음을 지우고 적정 가격에 적정 이윤을 획득하겠다는 안정되고 실현 가능한 전략을 선택할 일이다.

뿐만 아니라 현명한 공연 제작자라면 경제학의 백미, 탄력성이라는 개념도 숙지했을 터이다. 세계 정상급 클래식 연주회를 서울 강남에서 선보인다면 이른바 수요의 가격탄력성은 낮게 형성될 것이 짐작된다. 한 장에 30~40만 원 해도 객석은 비좁아질 수 있다. 그런데 이 같은 고가 연주회도 공교롭게 비슷한 시간 다른 장소에 강적이 있다면 가격인하를 고려해야 할 상황이 생길 수도 있다. 관객 한 사람 한 사람이 한정된 주말 시간에 꽤나 거금을 들여 연주회도 가고 브로드웨이 브랜드 뮤지컬에도 가기가 쉽지 않은 까닭이다. 돈도 시간도 문제다. 이를 두고 교차탄력성으로 정확하게 이해하는 문화기획사 대표는 응낭 공연시장 조사에 더 많은 정력을 쏟아붓게 되어 있다.

이 밖에도 한계효용이나 합리성, 고유가치, 기회비용, 소비자주권주의, 공공재, 외부성, 사치재, 팔길이원칙과 같은 경제학 관련 개념과 용어들이 즐비하다. 그동안은 이들 개념이 경제인의 전유물이었지만 이제는 문화인도 좀 미숙할지는 몰라도 응용하는 데 익숙해지하고 있다.

예를 들어 다음과 같은 상황에서는 '공공재'라는 경제학적 개념을 끄집어내면 제대로 해석할 수 있다. 주어진 상황은 뮤지컬 〈라이온킹〉이 서울 잠실에 들어선 한국 최초 뮤지컬 전용관 샤롯데 무대에 처음 오르는 시점에 맞춰져 있다. '문화와 경제의 이해' 과목을 가르치는 강의 시간에 가상으로 만들어 사용해본 지문이다.

공공재의 관점에서 보면, 〈라이온킹〉과 같은 저명한 공연콘텐츠는 한국 사람이라면 교양의 차원에서 누구나 한 번쯤 볼 수 있을 만한 보편적 서비스라고 간주해도 좋을 듯하다. 그럼에도 판권을 가진 일본 극단이 지나치게 상업주의적 의도만으로 한국 사람들이 한국 사회에서 좀더 친밀하게 〈라이온킹〉에 접근해서 볼 수 있는 공공적 권리, 또는 사용할 능력을 외면한 채 비즈니스를 전개할 경우에는 문제가 생길 수 있다. 자칫 공연 흥행에는 성공하지만 문화적 위화감을 조성시키는 부작용을 낳을 수도 있다는 지적이다.

하나의 문화 행사, 활동을 두고 경제적 개념으로 찬찬히 바라볼 수 있다는 것을 보여주는 분석의 내용이다. 이처럼 문화, 예술이나 문화콘텐츠 안에 스며들어 있는 경제적 요소를 제대로 보고 주어진 상황에서 경제적, 경제외적 가치를 극대화할 수 있도록 노력하는 것을 '문화노동'으로 부르면 어떨까 한다. 문화로 일한다는 뜻도 되고 문화인이 스스로 일하는 경제인임을 새삼스럽게 자각한다는 의미를 담을 수도 있다.

이와 대칭해서 경제인은 문화의 효용을 뒤늦게 알게 된 셈이다. 특히 문화인이 경제적 가치와 소득 이외에도 심리적 소득과 경제외적 가치를 매우 중시하고 있음을 확인하게 되면서 경제인들은 새로운 지평을 맞게 되었다. 세상에는 경제원리로 일반화할 수 없는 특수한 영역, 다양한 부문들이 실제로 많이 있다는 쉬운 진리를 예전엔 미처 몰랐다는 고백이 들려온다.

여기에는 사람들이 모두 합리적이고 이기적이라고 단순화한 경제인의 가치관이 더 이상 지탱할 수 없게 만든 외부의 압박도 있었다. 묘하게도 문화를 가져올수록 더 많은 돈을 버는 사례가 빈번해지기 때문이다. 어느새 창의성 없는 제품과 서비스는 통하지 않는 현실이 되어버렸다.

문화로 수익을 늘리는 비법은 경제를 말랑말랑하게 하는 소프트파워에 있었다. 딱딱해진 말투와 스타일을 풀어헤치고 노는 듯 유쾌하게 해나가는 회의가 열 배 더 재미있고 효과적이라는 사실도 알게 되었다. 놀면서 일하고, 일하면시 노는 '경제놀이'를 해보니 획기적인 아이디어가 샘솟았다. 이는 다시 굽이쳐 더 많은 매출과 더 높은 수익성을 가져다준다는 것도 확인할 수 있었다. 이 '경제놀이'는 경제의 문화화요, 문화경제, 문화경영에 이은 경제문화, 경영문화의 범주로 넘어가는 개념이기도 하다.

문화노동과 경제놀이. 문화인과 경제인의 경계가 사라지고 놀듯 일하고 일하듯 노는 희한한 세상이 성큼 찾아오고 있다. 이는 옛날 우리나라 예비군이 '일하면서 지킨다'고 가슴에 아로새긴 대로 공동체 사회가 다시 복원될 수 있음을 알리는 서곡이 될 수도 있다. 일로 경쟁하고 이기적인 성공만 추구하는 경제노동이 경제놀이로 순화되어 전환한다면 사람들은 그야말로 운명의 주인이 될 수 있기 때문이다. 또한 노는 것이 눈치 보이던 시절이 가고, 문화놀이로 돈도 벌고 상도 타는 문화노동이 널리 확산되기 시작했다. 이제 일과 노동의 노예였던 사람이 경제노동과 문화놀이를 박차고 나와 문화노동과 경제놀이를 만남으로써 살아가는 내내 흔들리지 않는 자기 삶의 주인이 된다.

문화를 갈망하는 사회

문화를 모셔오라. 기업들에 떨어진 엄명이다. 자금줄을 쥐고 있는 기업들이 언제부터인가 문화를 향해 달려가고 있다. 그야말로 러시를 이루는 기업의 문화 프러포즈로 말미암은 역동적인 분위기가 문화, 예술의 저변에서 나타나기 시작했다.

기업들이 먼저 알아차린 것은 고객의 문화에 대한 욕구 증대였다. 고객의 소비 패턴이 '품질중심quality centric'에서 '품격중심dignity centric'으로 이행하고 있음을 선명하게 볼 수 있었다. 특히 IT기술과 생산성의 향상에 따라 공급과잉이 나타나 더 이상 싸고 편리한 제품과 서비스만으로는 고객을 만족시킬 수 없게 되었기 때문에 뭔가 특별한 전략,

마케팅의 필요성이 높아가고 있다는 분석이다. 이러한 맥락에서 많은 기업들은 문화를 매개로 한 소비의 소구, 즉 '문화마케팅'을 강화해 제품의 차별화, 고급화와 신규 수요를 실현하는 전략을 채택하고 있다.

아울러 시장통합과 정보과잉으로 기업 간 마케팅 전쟁이 더욱더 격화되면서 기업들은 제품의 가치를 고취시키기 위해 문화이미지를 접목하는 데 눈을 뜨기 시작했다. 제품의 세계적인 상향평준화로 인해 독특한 문화이미지를 확보하지 못한 기업은 경쟁력을 상실하고 시장에서 도태되고 만다는 새로운 경쟁의 룰을 직시하게 된 셈이다.

실제로 세계 초일류 기업일수록 문화마케팅 활동을 더욱 강화하고 있다. 초일류 기업들은 시장 지배자로서 위치와 기존 고객을 유지하기 위해서 문화마케팅 투자를 늘리는 등 문화, 예술 관련 활동을 강화하고 있다. 이 같은 기업의 노력은 문화적 이미지의 제고가 기존 브랜드의 매출 및 수익 향상에 기여한다는 확신에서 비롯되었다. 한 조사에 따르면 개별 기업의 브랜드 가치를 100억 달러로 만들기 위해서는 매년 20억 달러의 마케팅 비용이 필요한 것으로 분석되고 있다. 그러다 보니 기업들로서는 마케팅 비용 절감 차원에서 실효성이 높은 문화마케팅을 선호할 수밖에 없는 노릇이다.

거시적인 사회의 흐름을 봐도 점점 부드럽고 감성적인 힘을 강조하는 문화의 시대가 우리 곁에 성큼 와 있다. 많은 전문가들이 기업이나 국가, 지역, 사회, 개인의 경쟁력 척도가 점차 물질적, 기술적 힘에서 감성적, 문화적 힘으로 바뀌고 있다고 지적하고 있다.

경제, 산업사적 흐름에서도 기술과 지식이 우위를 점했던 정보화의 시대가 끝자락에 위치해 있음을 알 수 있다. 산업화, 정보화의 시대에 이어 소프트한 꿈과 감성의 시대 또는 문화와 예술의 전성시대가 개막될 것이라는 예측이 점점 더 많은 힘을 얻고 있다.

코펜하겐 미래학 연구소장 롤프 예센은 "이제 정보사회 시대는 지나갔으며 앞으로는 소비자에게 꿈과 감성을 제공해주는 것이 차별화의 핵심이 되는 드림 소사이어티의 시대가 온다"고 전망하고 있기도 하다. 또 프랑스의 문화비평가이자 경제학자인 기 소르망은 한국이 외환위기에 처하자 "한국이 겪는 위기는 단순한 경제문제가 아니라 세계에 내세울 만한 한국의 문화적 이미지 상품이 없다는 데서 비롯됐다"고 평가하면서 문화의 시대가 곧 찾아올 것이라고 일찍이 내다본 바 있다.

앞으로는 생산과 노동이 거머쥐었던 문화권력은 소비와 유희의 주체인 문화콘텐츠 향유자에게로 이행될 것으로 전망된다. 경제사회의 기본적인 구도가 생산자 중심에서 소비자 중심으로 이동함에 따라 문화콘텐츠 부문 역시 창작자와 사업자, 정책당국자 중심에서 점차 소비자 및 향유 공간 쪽으로 넘어가는 권력 이동power shift이 일어나게 될 것이다.

이는 소비자의 권력이 강화되는 것은 문화콘텐츠 생산자의 수와 작품의 양이 다품종 대량생산됨에 따라 공급의 희소성이 줄어들기 때문이기도 하다. 또한 소비자가 사이버 커뮤니티 활동을 강화하면서 관련 고급정보를 생성, 공유하게 되어 점차 발언권을 높여나가게 된다는 점도 작용한다. 아울러 컴퓨터와 디지털미디어의 비약적인 발전은 일종의 수동적인 관계를 강요당해야 했던 소비자의 자기권리를 회복시키고 기술과 지식보다는 예술과 감성이 강조되는 메가트렌드를 구체화하는 동력이 될 것이다.

때문에 문화를 중시하고 문화에 투자하는 나라와 도시, 기업, 학교에 돈과 사람이 몰려드는 것은 이제 서서히 자연스러운 현상이 되고 있다. 실제로 한국을 바라보는 외부의 시각도 문화와 소프트 분야로 모이고 있다. 기 소르망, 존 나이스빗과 같은 학자들은 세계적으로도 디지털 문화콘텐츠와 같은 첨단 분야를 포괄하는 새로운 개념의 문화산업에 대한 기대와 필요성이 확인되고 있다고 전제하고 있다. 한국의 행보를 하드웨어와 소프트웨어, 휴먼웨어가 고루 발전하도록 하는 문화적 국가전략을 통해 찾아야 한다는 것이 이들 미래학자들의 일치된 견해이다.

문화는 소비가 아니다

사람들은 문화와 예술을 소비하고 향유하는 대상으로 보아왔다. 특정 집단에서 예술품을 만들고 문화를 공급하면 사들이거나 즐김으로써 문화생활을 체험한다는 오랜 인식이 거의 바뀌지 않고 있다. 사실 문화, 예술만큼 일반인의 참여와 진입을 차단해온 독과점 영역도 찾기 어려울 정도다. 관객은 구경하고 시청자는 즐기면 되는 문화 수급의 역할 분담이 명백하게 나뉘어져 있었다.

하지만 문화를 즐기고 소비하던 사람들이 문화를 만들고 서비스하는 역전이 시작되었다. 2006년 《타임》지의 올해의 인물이 '당신You'으로 선정된 것은 소비적 소비가 생산적 소비로 발전하고 다시 생산이자 소비로 일체화하는 큰 흐름을 시사해주고 있다. 이용자는 소비자로서만 있었다가 이제 좀더 생산적 의미를 가지는 소비 활동으로 반경을 넓혀나가고 있다. 더 나아가 소비하는 활동 자체가 생산적 의미를 지니게 되어 문화를 즐기면서 만들고, 만들어 나누며 다시 즐겨 사용하는 복합적 활동이 일어나게 되었다.

문화를 이용하는 것이 그냥 쓰고 마는 소비로 쪼그라들지 않는다는 것은 문화경제학 선배들이 이미 지적한 바 있다. 《제3의 물결》, 《부의 미래》의 저명한 미래학자 앨빈 토플러는 일찍이 1964년에 내놓은 문화소비자론 저서인 《문화의 소비자》를 통해 소비자가 곧 생산자가 되는 프로슈머^{producer+consumer} 개념을 설명하고 있다. 문화상품을 소비하는 행위의 동기와 목적, 스타일 자체가 일반적인 공산품 재화 소비와는 근본적으로 다른 성향을 지닌다는 얘기다. 문화는 소비할수록 창조와 참여 욕구를 키우게 된다. 문화소비 자체가 체험 중심이므로 간접 체험을 경유하는 직접 체험의 경로가 훤히 열려 있다.

문화소비가 문화생산으로, 다시 문화생업으로 전환하도록 촉진하는 힘은 문화콘텐츠 상품이 갖는 경험재로서 본성 때문이기도 하다. 경험재라는 것은 어찌 보면 개인 기호의 축적이다. 영화가 나왔을 때 잡지 기사를 보고 포스터를 접한 상태에서 대략 감을 잡을 수 있다. 하지만 정작 영화 소비의 성패는 경험한 후에 갈라지게 마련이다. 경험하지 않고는 영화나 만화나 드라마가 만족스러운지를 알 수 없는 성질을 갖고 있기 때문에 문화콘텐츠 상품은 이용자를 서서히 자극

한다. 소비의 반복이 곧 경험 자본의 축적으로 가고 어느 순간 결정
적 임계치에 다다르면 폭발한다. 이때부터가 하얗게 밀가루 뒤집어
쓴 아인슈타인 박사 모양으로 누구나 문화, 예술 생산으로 몰입하게
되는 역사적 순간이다.

문화는 창조하지 않아도 된다

보통 문화, 예술은 창의적인 사람들의 창작물이라고 말한다. 때문에 미국과 같이 문화산업을 중시하는 나라에서는 엔터테인먼트 비즈니스 자체를 '카피라이트 비즈니스copyright business'라 부르기에 이르렀다. 만든 사람의 저작 권리를 강조하는 의미에서 굳이 딱딱한 법적 개념을 산업 명칭으로 부르는 관행이 생겨난 경우다.

영국도 마찬가지다. 만드는 손의 독립을 중요시하고 고급문화를 리드하는 귀족적 천재 집단의 특권을 추앙하는 정서가 강하다 보니 급기야 '창조산업creative business'이라는 공식 용어가 제정되었을 정도다.

토니 블레어 정부가 내세운 쿨 브리태니커cool britannica 국가전략의 일환으로 부각된 이 창조산업이라는 기치는 다분히 창작자의 자존과 권위를 내세우는 위압적인 프로그램이기도 하다. 하기야《해리포터》와《반지의 제왕》, 비틀즈의 조국인 영국이다 보니 유독 문화, 예술의 창조와 창의성을 강조하는 것이 당연하다고 볼 수도 있다. 그러나 문화에는 창작자의 지문을 명확하게 가려내지 못하는 경우가 더 많다.

존 레넌의 노래 '이매진'을 읊조려 보자. 분명 저작권상으로는 존 레넌 것이지만 노래의 정신과 메시지, 언어와 아우라는 딱히 누구 한 사람의 것이라고 할 수 없다. 레넌이 히피에게서 배웠고 인도에 가서 익힌 주체할 수 없는 바람 한 점 한 점이 돌고 돌아 무당 레넌으로 하여금 노래 부르게 했다고 설명할 수도 있다. 그렇게 본다면 1970년대 청년 민중들이 참된 창조자였고 레넌은 재주 많은 엑소시스트 또는 대행자에 다름 아니었다는 풀이도 가능해진다.

존 레넌의 일화 하나 더. 그가 영국의 한 라디오 생방송에 나가 자신의 창작곡을 발표한 일이 있다. 방송국은 감격해서 5분인가 되는 이 곡을 내보냈는데 결과는 방송 사고였다. 5분 동안 아무도 이 음악을 듣지 못했다. 전화 문의가 빗발쳤다. 꾹 참았던 방송 진행자가 영문을 묻자, 레넌은 사람이 듣는 음악이 아니라 방송을 들을 수 있는 개들에게 바치는 음악이었다고 항변했다. 청각이 아주 발달한 동물은 사람이 듣지 못하는 음역대를 오갈 수 있고 그런 동물들도 한 번쯤은 인간의 라디오로 자신들을 위한 음악을 들을 권리가 있다는 주장이었다.

이게 창작의 세계다. 창조와 창의를 지나치게 강조하면 엘리트 스포츠 꼴이 될 수도 있다. 몇몇 극소수 천재들만의 리그. 그들만의 창작 예술로 문화가 지탱할 수는 없는 노릇이다. 창조성에 대한 엄격한 규정을 풀고 좀더 유연하고 개방적으로 문화생산을 바라볼 필요가 있다. 공동으로 집단으로 모여 상호보완적으로 창조하는 사례도 얼마든지 있다. 아니면 재창조와 같이 이미 존재했던 작품에서 출발하여 새로운 느낌으로 재구성하고 리메이크 하는 수도 있다. 자신은 큰 얼개를 잡고 군데군데 남의 좋은 콘텐츠를 인용함으로써 전체적으로 조화를 이루는 멋진 작품을 만들어보일 수 있다.

문화에서 창조 스트레스를 걷어내는 일. 문화생업이 확산되는 이 시기에 본격적으로 저질러볼 일이다.

문화하는 마음과 경제하는 마음은 섞인다

젊은 미술가는 대부분 가난하다. 소박한 낙관주의를 숭상하기도 하는 예술가들은 돈을 잘 모르고 경제를 어려워하거나 싫어하기도 한다. 경제는 논리적이고 계산적이기 때문이다. 반면 문화, 예술은 순수하고 격정적이고 인간적이라고 말한다. '문화를 콜라나 햄버거처럼 팔 수 있는가?'라는 반문은 십 년 전에노 오늘날에도 작가들의 단골 화법으로 애용되어 왔다. 순수와 참여 논쟁도 정말 불량 없는 착화탄이다. 언제나 지피면 활활 잘 타오르게 되어 있다.

하지만 문화경제학은 말한다. 문화, 예술작품이 고유가치를 지니게 되는 순간 경제의 영토로 들어서게 된다. 경영의 방으로도 초대받게 된다. 이때 고유가치란 문화, 예술이 스스로 자체의 힘과 완결성으로 지니게 되는 심미적 작품성을 의미하는 게 아니다. 인간의 생명과 생활, 인류의 발전에 기여하는 바를 의미하는 생산적이며 건설적인 가치를 뜻하는 개념이다.

이러한 고유가치가 있는 문화, 예술 작품이 나오는 순간 이 작품은 상품이기도 하고 서비스가 되기도 하는 경제적 재화로 사람들에게 비치게 되는 운명을 안게 된다. 이러한 경로 위에는 문화하는 마음과 경제하는 마음이 둘일 수 없다. 공급자에게는 끝끝내 문화하는 마음만 남을지라도 이미 세상 속으로 나온 작품은 경제하는 마음을 한껏 일으키고 말기 때문이다.

어떻게 보면 영혼이 자유로운 진짜 예술가에게도 경제 본능은 처음부터 자리 잡고 있었는지도 모른다. 관련해서 하버드 대학의 저명한 경제학자 리처드 케이브스는 현대 문화경제학의 불후의 명저가 된 그의 책《창조산업, 아트와 커머스 간의 계약》을 통해 이런 발언을 한 적이 있다. "굶어죽겠다고 아우성치는 예술가는 많다. 하지만 실제로 굶어죽는 예술가는 없다"라고. 이 말은 우리 속담식으로 둘러치면, '모든 예술가는 제 먹을 것을 타고난다' 쯤 되지 않을까?

이처럼 문화하는 마음, 예술하는 사람에게 경제하는 마음은 피어나고 있다. 이제부터는 좀더 체계적으로, 과학적으로 경제하는 마음을 문화하는 마음과 섞는 꾀를 부릴 때다. 그래야만 '배고파 죽겠다'는 우울한 괴성을 더 이상 안 들을 수 있으니까…….

만국 공통화폐가 된 문화콘텐츠

문화콘텐츠가 문화의 지폐가 된다. 우리 사회는 문화콘텐츠라는 말과 개념을 묵직하고 녹슨 자물통을 여는 황금 열쇠와 같은 의미로 종종 사용하곤 한다. 인문학의 위기를 논할 때 낡고 정체된 기초학문으로써 인문학을 다시 활성화시키고, 넓은 미래 지평으로 안내해줄 구체적인 해법으로 문화콘텐츠와 같은 신생 퓨전 부문을 제시하는 것이 좋은 예다. 순수예술도 마찬가지다. 문화콘텐츠라는 대중화되고 상업화하는 영역으로 진입하는 것이 경제적인 자립의 기반이 될 수 있음이 실제로 입증되기 때문이다.

같은 맥락에서 피에르 부르디외와 장 클로드 파스롱이 그들의 공저인 《교육, 사회, 문화에서 재생산*Reproduction in Education, Society and Culture*》에서 처음으로 사용한 문화자본*cultural capital*이라는 용어도 문화실용주의자들, 즉 문화콘텐츠를 옹호하는 견해에서 매우 다양하고도 편리하게 통용되고 있다.

본래 부르디외 쪽에서 얘기한 문화자본이라는 개념은 언어나 기호와 같은 상징적 표현이 화폐·재산과 같이 사회의 지배계급에 의하여 결정된 교환가치라는 주장에 근거하여 성립된 개념이다. 즉, 어떤 사회의 구성원은 그 사회의 지배계급에 의해 가장 높이 평가되는 언어를 이해하고 활용하는 능력이 많으면 많을수록 문화자본을 많이 소유할 수 있을 뿐만 아니라, 문화자본의 분배와 전수방법 역시 많이 통제할 수 있다는 것이다.

이 문화자본 개념은 이후 확장되고 변이되어 리처드 플로리다의 '창조계급', 데이비드 브룩스의 '보보스' 등으로 이어졌다. 뿐만 아니라 정치학 진영의 조셉 나이가 말한 소프트파워*soft power*와도 맞닿아 있다. 이때 보보스는 부르주아와 보헤미안의 합성어로서 부르주아의 물질적 실리와 보헤미안의 정신적 풍요를 동시에 누리는 미국의 새로운 상류계급을 가리키는 용어다.

이 말은 미국의 저널리스트 브룩스가 저서 《보보스 인 파라다이스*BOBOS in Paradise*》에서 등장한 이후 히피·여피족 등에 이어 디지털 시대의 새로운 엘리트로 부상한 계층을 설명하는 주요한 개념으로 사용되고 있기도 하다.

보보스족이라는 이 생경한 표현이 의미를 갖는 것은 이 신인류가 기존의 자본주의 사회의 맹주이자 신귀족으로 군림해온 전통적인 부르주아와 다른 특성을 지니고 있기 때문이다. 보보스는 경제적으로 많은 소득을 올리면서도 과거의 여피들처럼 자신을 드러내기 위해 사치를 부리지 않고, 오히려 1960년대의 히피나 보헤미안처럼 자유로운 정신을 유지하면서 예술적 고상함을 향유하는 데 힘쓴다.

대표적인 특징은 정보에 강하고, 자신만의 독특한 소비 감각이 있으며, 자유롭게 사고하고, 유행에 개의치 않으며, 엉뚱하고 기발하며, 일을 즐기고, 여유가 있으며, 적극적이고 그리고 돈이 많더라도 낭비하지 않는다는 점 등이다. 이 모든 점 외에도 가장 결정적인 보보스의 특징은 정치 문제에 관심을 갖지 않는다는 데 있다.

미국의 정치 명문가인 조지 부시 가족과 같은 경우는 대대로 미국을 수호하겠다는 정치적 이념에 복무하는 최상류층으로 자신들의 정체성을 흩트리지 않고 있다는 점에서 전형적인 부르주아 그룹이라고 할 수 있다. 반면 인기 드라마 〈섹스 앤 더 시티〉에서 배우 사라 제시카 파커가 열연한 뉴욕의 자유분방하고 이지적인 칼럼니스트 주인공 역은 자유민주주의를 지켜내겠다는 지배계층의 신념과는 거리가 먼 스타일을 묘사하고 있다. 오로지 자신의 멋과 스타일, 자유와 해방에 더 큰 공을 들이고 다채로운 사람들의 다양한 목소리를 왈가왈부하지 않는 식이다.

이밖에 소프트파워를 보자. 이는 문화는 물론 보편적인 커뮤니케이선 파워까지를 통칭하는 총체적인 개념이다. 최근에는 저널리스트들이 자주 사용하는 '문화권력'이라는 표현으로도 변형되면서 적용 범위를 확장하고 있다.

이처럼 문화 또는 문화콘텐츠에 대해 관심이 높아가고 신조어가 양산되는 현상의 뿌리에는 자본주의 경제 초창기에 이른바 경제와 문화, 문화와 경제의 불균형을 시정하려는 추상 같은 사회비판이 놓여 있다. 19세기 영국의 레오나르도 다 빈치, 다산 정약용에 비견할 수 있는 존 러스킨이 그 이름이다.

러스킨은 인간 위주 경제학을 주장했다. 그는 금전적 평가를 기준으로 인간이나 산업을 평가하는 방법을 반대하면서 만약 경제적인 발전이 인간의 생명이나 자연미, 역사적인 문화재를 파괴하고 인간의 품위와 살아가는 가치를 박탈한다면 전혀 가치가 없다고 일갈했다. 그러면서 러스킨은 비판과 대안을 함께 내놓는다. 부의 원천을 재화의 내재적인 성질에서 찾았고 이를 이름하여 고유가치라고 불렀다.

고유가치는 인간의 생활과 생명에 얼마나 공헌할 수 있는가를 나타내는 일종의 지수 개념이다. 러스킨에 따르면 예술, 문화성이 없고 인간의 생명과 생활을 방해하는 재화들은 무가치하다. 그러면서 이른바 문화와 경제가 균형잡힌 존경받는 부가 존재하려면 두 가지 요소가 필요하다는 결론을 제시한다.

첫 번째는 본질적으로 고유가치가 있는 것을 생산할 것이며, 두 번째는 그것을 사용할 능력을 형성하는 일이다. 특히 러스킨의 두 번째

견해는 "생활 없이는 부도 없다 There is no wealth but life."라는 말로 축약되어
후대 학자들에 의해서 위대한 선각이라는 평가를 이끌어냈다. 러스
킨은 그야말로 생명과 생활이 있는 경제학을 주창했다. 인간의 지적
재산권과 문화 인프라, 교육시스템 정비의 기초를 닦았고 비영리 조
직 실천 운동 선구자이기도 하다는 평이다.

이를테면 고유가치가 있도록 문화의 향기가 깃든 제품과 서비스를
공급해야 하고 다시 이를 제대로 알고 즐기고 누릴 수 있도록 수용자
를 교육하고 적절한 사회 인프라를 만들어야 한다는, 시대를 앞서 나
간 탁견이라고 할 만하다.

러스킨의 사상이나 그 후에 이어진 문화와 경제에 관한 담론들은
오늘날 우리 사회가 왜 문화콘텐츠 부문을 중시하고 희망의 주문을
읊고 있는지에 대한 의문을 씻어주고 있다. 고유가치와 문화인프라,
문화자본, 문화권력, 창조계급, 보보스 등과 같이 100여 년을 넘어서
계보처럼 이어지는 식견에서 우리가 고민해야 할 바, 할 일을 찾을
수 있다는 뜻이다.

문화산업으로는 돈 못 번다

문화가 경제와 만나는 영역을 문화산업이라고 편의상 부르고 있다. 쉽게 말해 거대한 문화, 예술 영역 가운데 유독 상업주의와 결탁해 돈을 좇아가는 부문을 따로 떼어 문화산업으로 보는 시각이 지배적이라는 말이다. 이런 관점 때문에 문화산업은 순수한 문화를 대량생산으로 내몰아 산업화하므로 창의성을 말살한다는 혹독한 비판을 얻기도 했다.

이런 순수 진영의 공세가 거세질수록 참여 요새의 인사들은 경제적 가치를 들어 반격에 나서곤 했다. 1990년대 초 할리우드 영화 〈쥐라기 공원〉 한 편이 현대자동차 소나타 150만 대와 맞먹는 경제적 가치를 창출했다고 떠든 사례가 대표적이다. 1994년 5월 17일, 국가 과학기술자문회가 당시 김영삼 대통령 앞에 올린 보고서는 이후 한국이라는 레스토랑에 문화산업이라는 특별 메뉴를 올린 결정적인 계기를 제공했다.

6천500만 달러의 제작비를 들인 영화 〈쥬라기 공원〉 한 편이 1년간 벌어들인 흥행 수익이 한국 자동차를 150만 대 수출해 벌어들인 수익인 약 8억6천만 달러와 맞먹는 수준이라는 분석이었다. 한국의 자동차산업은 수출 1위, 무역흑자 1위, 고용창출 1위의 효자산업임에도 불구하고 1993년에, 자동차업계가 수출한 물량은 150만 대의 절반에도 미치지 못하는 64만 대 수준이었다. 반면 1997년 5월 30일자 《LA타임스》가 업계 관계자를 정보원으로 공개한 〈쥬라기 공원〉의 총수익 추정치는 테마 파크 수익을 제외하고 약 25억6천만 달러, 현재 환율로 약 2조5천6백억 원에 이르렀다. 〈쥬라기 공원〉의 생산원가는 650억 원에 불과했고……

이 숫자 놀음으로 인해 한국에서 문화산업을 한다는 것은 곧 돈사냥에 나선다는 것을 의미하게 되었다. 돈 놓고 돈 먹는 단타 투기방식도 횡행하기 일쑤였다. 결국 문화산업 진흥 10여 년 만에 사행성 게임 '바다이야기'와 같은 뼈아픈 정책 실패도 자초하게 되었다. 정녕 문화산업에서 돈만 보고 뽑아먹는 한탕주의는 문화로 경제하는 문화산업 축에 끼워넣어서는 안 된다. 정신문명이라는 고유가치를 빼놓고 돈타령만 하는 껍데기는 버릴 때가 되었다.

　중요한 것은 매머드 거시경제로서 문화산업은 실로 많은 허와 실을 가지고 있어서 우리를 착시에 빠트릴 수 있다는 현실을 개인이 직시하는 일이다. 문화산업이 아무리 잘 되어도 우리가 손에 쥘 수 있는 과실이 없다면 곤란하다. 상대적 허탈감을 더 키울지도 모른다. 지금 이 순간 바로 찾아야 하는 것은 문화산업의 알갱이, 나의 문화 생업이다. 이것만이 내 돈으로 떨어지는 살아있는 그 현장이다.

한국적인 것이 곧 세계적일 순 없다

문화적 장벽이라거나 할인율이라는 말이 부담을 주고 있다. 물론 당연히 나라마다, 지역마다 언어나 풍습 차이가 있게 마련이다. 그러다 보니 문화에 투자하고 문화로 승부하고자 하는 사람들은 대부분 규격화되고 표준화된 보편적 스타일을 선호한다. 클래식 음악을 연주하는 예술가들이 그러하고 뮤지컬 공연 연출자들도 비슷하다.

만국 공통의 정서와 양식을 통해 다가갈수록 더 넓은 시장에 들어갈 수가 있고 더 많은 실익을 거둘 수 있다고 보기 때문이다. 그러나 이 보편성의 신화는 비뚤어진 세계화라는 암흑기를 강요하고 있다. 보편성은 항상 검증된 소수, 리드하는 지배자를 위해 복무한다. 20대

80으로 나눠 20에 해당하는 선두 그룹이 모든 것을 결정한다고 보는 파레토법칙이 이를 대변하는 이론 장치이다. 문제는 이 파레토법칙이 우리를 옭아매고 있다는 데 있다. 기업에서도 학교에서도 가정에서도 뒤바뀌지 않는 리더 혈통이 노상 다수를 이끌어가고 나머지 그룹은 질질 끌려가게 마련이라는 인식을 몰래몰래 주입시키고 있다. 자연 낙오와 도태를 당연시하는 패배의식이 자라기 마련이다. 그래서인지 이에 항거하는 롱테일법칙 long tail theory 이 소개되기도 했다.

20 대 80 구도에서 소홀히 생각했던 80에 해당하는 사소한 알갱이들이 묵묵히 제 할 일을 다하고 전체 발전에도 적지 않은 실질적 기여를 해낸다는 관점이다. 하지만 불운하게도 이 긴꼬리법칙은 어찌 보면 파레토법칙의 하위 개념으로 부속되는 측면도 있다. 20 대 80에서 80에 해당하는 긴 꼬리들이 주목받게 되지만, 결국 80이라는 틀 안에서 20 대 80이 다시 갈리는 파레토의 악령이 침투되고 마는 시나리오를 잉태하고 있기 때문이다.

이런 맥락에서 아예 별난 시각으로 문화 고유성과 정체성의 한계를 다뤄볼 수 있다. 개미의 집짓기 문화를 보자. 사람이 건축 문화를 갖고 있듯 개미도 건축 문화를 고유하게 지니고 있다. 아주 더운 사막 한복판에 서식하는 개미는 고유한 흙집 짓기를 한다.

이때 가장 특징적인 면은 공기가 시원하게 잘 통하도록 하는 공조 시스템이라고 한다. 개미를 관찰하는 생물학자는 이 사실을 소상하게 잘 알고 있다. 어느 날 우연치 않게 이 생물학자가 한 건축가를 만나 개미 건축문화를 말하게 되었다. 설명을 들은 건축가는 번득이는 아이디어를 얻어 새로 짓는 도심 고층 빌딩의 에어컨 시스템을 개미집 공조와 같은 방식으로 응용해서 개발하게 된다.

이 과정은 사람도 아닌 개미의 고유한 문화가 지역이나 국경보다 더 견고하게 보이는 생물종의 장벽을 넘어 전파되어 활용될 수 있음을 보여주는 사례다. 이런 원리로 본다면 인류가 지닌 다양한 문화적 전통, 고유성, 정체성, 특수성은 적절한 매개와 연구 과정을 통해 보편적인 고유가치를 지니는 또 다른 문화로 승화될 수 있음을 알 수 있다. 개미의 문화도 사람이 빌려 쓰는 판인데…….

결국 한국적인 것이 곧장 그대로 세계화되기보다는 '또 다른 문화'로 승화될 수 있어야 한다. 개미집이 에어컨 시스템으로 응용되듯이 말이다.

문화다양성으로는 문화제국주의를 막지 못한다

문화다양성으로 뭔가 높고 긴 성을 쌓는다? 전 세계 164개 국가는 2001년 프랑스 파리에서 열린 제31차 유네스코 정기총회에서 미국 주도의 세계화로 인해 위협받고 있는 각 나라, 각 지역의 문화적 고유성과 다양성을 보호하고 증진하기 위해 '유네스코 문화다양성 선언'을 채택하였다. 이 문화다양성 선언은 이후 시청각서비스와 같은 문화 부문을 포함한 WTO 자유무역협상 국면에서 빛을 발한 적이 있다. 이후 한미FTA 협상이 개시된 이후 한국 내 반대론자를 비롯한 여러 계층의 사람들에게 다시 한 번 매우 중요한 개념적 장치로 급부상하였다.

특히나 한국에서는 스크린쿼터라는 상징적인 문화보호시책이 커다란 이슈가 되어왔기 때문에 문화다양성 이념이 그야말로 긴요한 갑옷이 되어준 셈이었다. 하지만 이 갑옷이 그다지 믿을 만한 소품이 되질 못한다는 엄혹한 현실을 직시하고 있는 사람은 그리 많지 않은 듯하다. 문화적 다양성이 이념화되는 순간 그 본질 자체는 소박한 낙관주의로 피어난 신기루로 끝날 수 있다. 가만히 사방을 둘러보자. 이 협약을 주도한 프랑스가 미국 문화 침투와 지배를 막기 위해 중소 약소 국가들을 규합한 의도가 무엇인지 생각해본 적이 있는가?

프랑스가 한국의 자랑스러운 문화자산인 외규장각 반환을 거부하고 있는 비문화적 태도를 고치지 못하고 있는 엄연한 사실을 상기해보아야 할 때다. 문화적 다양성을 말하면서 문화적 패권주의에 빠져 있다고 말해도 어찌 항변하기가 쉽지 않아 보인다. 이런저런 상황을 총체적으로 파악한 다음 국제무대에서 문화적 다양성이라는 구호가 얼마나 효력을 발휘할 수 있을지에 관해 곰곰이 따져볼 일이다.

문화다양성이라는 이상계가 과연 현실의 개방과 교역이라는 파도를 잘 차단할 수 있을까? 아니 더 근본으로 돌아가서 문화교류와 교역을 꼭 막아야만 하는 것인가? 문화다양성만 보존할 수 있으면 되는 것인가? 예를 들어 중국의 서부대개발, 서남공정에 얽힌 소수민족의 현실을 살펴보자. 몽골족, 티베트 장족, 회족, 이족, 백족 등등. 이들 소수민족은 문화다양성은 보호받고 있을지 몰라도 문화생업으로 나아갈 수 있는 거대한 디지털 물결, 새로운 기술의 물결에는 철저히 소외되어 있다. 소수민족으로 태어난 아이들은 학교도 잘 보내지 않는다고 한다. 문화다양성이 경제적 가치를 제대로 발현하지 못하고 TV 다큐멘터리 쇼윈도에 전시되는 박물관 화석처럼 생기 잃은 문화로 전락하고 있는지도 모른다. 문화가 경제와 만나는 길을 차단한 결과이다.

문화하는 마음과 논리만으로 문화다양성에 기대서는 안될 일이다. 경제하는 마음과 함께 가야 문화도 살고 진짜 문화다양성이 지속가능하게 되어 미래에도 창창하게 빛날 수 있지 않을까?

문화생활할 필요 없다

문화생활을 한다는 말 속에는 숨길 수 없는 자괴감이 있지 않나 싶다. 문화 속으로 들어가 내내 살지 못하기 때문에 짬을 내고 준비를 해서 문화생활을 한다는 말이 생겨났다고 본다. 문화생활을 많이 하면 할수록 카타르시스를 느끼고 엔돌핀을 많이 얻어 자유롭고 행복해진다고 믿는 것도 이상하다. 기본적으로 문화를 따로 떼어놓고 관조하며 즐기려고 하는 소비자로서의 자세는 아웃사이더로서의 마음을 꺾지 않는 이상 이처럼 겉도는 문화 짝사랑의 공허함을 털어내기 힘들다.

자연생활을 실천하고 기록한 스콧 니어링, 헬렌 니어링 부부는 우리가 사는 집에 관해 이렇게 말했다.

"한 사람이 인생을 살면서 느낄 수 있는 가장 큰 기쁨으로 손수 집을 짓는 것을 들 수 있다. 대부분 사람들은 자기가 사는 집을 짓지 않고 사들이거나 빌릴 뿐이다. 그렇지 않고 직접 숲 속에서 돌을 모으고 나무를 깎아 집을 공들여 지어본다면 다른 어떤 작업에서 체험할 수 없는 희열을 느낄 수 있다".

내 손으로 집짓기는 문화로 보자면 문화생활이 아닐 터이다. 문화 향유라는 뉘앙스를 짙게 바르고 있는 우리네 문화생활이라기보다는 문화생산이나 문화생업에 더 가까운 과업이 된다. 문화생활은 그림의 떡을 보고 즐기는 관음증의 한 변종일 뿐 창조하는 문화생산이 아니라고 한다면 좀 까칠한 말이 될런가?

관련해서 문화관광부가 해마다 조사하는 문화향수 실태조사 결과를 찾아보면 사뭇 충격적이다. 한국인들은 소득증가에도 불구하고 영화 관람을 제외하고는 문화예술을 즐기는 횟수는 오히려 줄어든 것으로 나타났다. 생활수준은 높아졌음에도 여전히 생활에 쫓긴 채 예술작품 한 편 편안하게 감상하는 여유를 찾지 못하고 있다는 분석이다.

문화관광부의 〈문화향수 실태조사〉를 보면 연간 2006년 기준 전체 예술 행사 관람률은 65.8퍼센트로 2003년의 62.4퍼센트보다 증가했다. 그러나 이는 영화의 관람률이 2003년 53.3퍼센트에서 2006년 58.9퍼센트로 상승한데 따른 것일 뿐 영화를 제외한 다른 분야는 모두 관람률이 감소했다. 특히 1997년과 비교해서는 하락세가 더욱 두드러졌음을 알 수 있다. 영화 다음으로 관람률이 높은 대중가요 콘서트는 관람률이 10퍼센트에 그쳐 1997년의 15.3퍼센트보다 5.3퍼센트포인트나 하락했고, 연극·뮤지컬도 1997년의 20.2퍼센트에서 8.1퍼센트로 급락했다. 또 미술전시회27.3퍼센트→6.8퍼센트, 클래식공연13.3퍼센트→3.6퍼센트, 문학행사13.5퍼센트→4.4퍼센트, 무용공연4.1퍼센트→0.7퍼센트 등도 급격한 하락세를 보였다. 연평균 관람횟수 역시 영화를 제외하고는 모두 감소세를 면치 못했다.

영화의 연평균 관람 횟수는 1997년 3.1회에서 2006년 3.9회로 증가했지만, 1997년 영화 다음으로 관람횟수가 많았던 미술전시회0.6회는 올해 0.2회로 3분의 1로 줄었다. 또 대중가요콘서트0.3회→0.2회, 연극·뮤지컬0.4회→0.2회, 클래식 공연0.2회→0.1회, 문학행사0.3회→0.1회도 크게 감소했고, 무용공연은 0.1회에서 0.01회로 무려 10분의 1 수준으로 감소했다.

이런 문화부 자료가 보도되자 어떤 언론은 "술과 트로트, 잠, TV밖에 없는 가난한 문화생활"이라거나 "문화 황폐"라는 표현까지 써가며 문화생활 박약한 우리 사회를 부각했다. 이런 분위기 속에서 보면 일단은 문화생활 횟수와 기회를 늘려야 할 것이라는 생각이 들긴 든다. 하지만 좀더 근본적인 원인 처방을 찾아야 할 것 같다.

근본적으로는 사람들이 문화를 남의 일로 알거나 부담스럽고 경멸스러운 사치로 여기게끔 만드는 사회 분위기를 꿰뚫어볼 필요가 있다. 뭔가 작전 세력이 문화의 생산, 공급과 소비, 이용을 분리하는 조작을 하고 있지 않나 하는 심증을 느낄 정도로 왜곡되어 있는 문화시장 유통의 현황도 뜯어봐야 한다. 그래서 뭔가 문화생활, 문화소비를 넉넉히 하면 문화시민으로서 공증을 받는 것으로 아는 이상한 습성을 깨뜨려야 하지 않을까?

문화생활을 많이 하는 사람은 좀 이상한 사람이다. 문화, 예술 체험이 무슨 목욕탕도 아닌데 많이 간다고 해서 문화인이 될 수 있겠는가? 오로지 문화를 내 생활 한복판에 가져와서 생활이 곧 문화인 경지를 권하고 싶다. 문화생활에서 문화생업으로 가자는 게 바로 이런 이유다.

문화가 현금보다 좋다

문화로 승부하는 문화투자는 여전히 의심의 눈초리를 받고 있다. 어디 가서 문화투자를 대비하자는 말을 할라치면 "문화가 밥 먹여 주냐", "문화가 돈 되냐"라고 맞받아치는 직격탄이 날아들곤 한다. 왜 돈 벌 곳도 돈 쓸 곳도 많은데 불요불급한 문화타령을 늘어놓느냐는 비아냥거림도 차고 넘친다.

이런 오래 묵은 문화에 대한 불신과 수도 없이 갈아치웠음직한 피딱지 같은 문화 홀대가 여전히 기승을 부리고 있는 이유는 무엇일까? 가장 큰 부분은 문화가 얼마나 좋은지를 모르기 때문이라고 할 수 있다. 그 맛을 모르니까 쳐다보지도 않는다는 얘기다. 예전에 장관을 지낸 사람이 그랬단다. "장관이 얼마나 좋은 줄은 해보지 않고는 모르는 거야. 나도 글쎄 해보기 전까지는 긴가민가했다니까." 내 손으로 해보고 내 몸으로 느껴보기까지는 그 진면목을 알 수 없다는 진리다.

문화도 마찬가지여서 문화라는 약초가 얼마나 달기도 하고 몸에 좋은지를 직접 온몸으로 복용하여 느껴보지 못한 사람들은 문화로 승부하는 문화투자라는 게 뭘 말하는지 알 턱이 없다. 달리 말해 문화체험 기회를 많이 갖지 못한 사람들일수록 문화콘텐츠보다는 주식, 채권, 아파트, 땅에 더 집착하게 되어 있다는 지적이다.

문화를 접해본 사람과 기업, 사회와 국가는 한결같이 말한다. 문화투자는 할 만하다고. 현금보다 더 실하게 뿌듯하다고. 구체적으로 문화가 왜 현금보다 좋은가? 문화는 우선 실로 다양하고 풍성한 6만 가지 꽃송이다. 그 다음 문화는 시간과 공간, 인간, '3간'에서 두루 성공하는 묘약이기도 하니까 그렇다. 언제나 찾기 어려운 매혹을 선사해주기 때문이다. 왜 그런지 하나씩 찬찬히 점검해보자.

참기 어려운 콘텐츠의 매혹

21세기 들어 문화콘텐츠 부문이 미래 유망산업이 아닌 현세대 주력 산업으로서 진가를 인정받기 시작한 것은 비단 한국만이 아니라 전 세계적인 현상이다. 크게 보아 세계사적 흐름이 산업화 정보화를 거쳐 21세기에는 정신, 문화, 예술을 강조하는 쪽으로 넘어왔다고 볼 수 있다.

　세계를 리드한 최강대국의 경쟁력 원천이 무역에서 산업으로, 산업에서 문화와 커뮤니케이션으로 진화, 발전해왔음을 알 수 있다. 이러한 세계사적 파동의 흐름에 따라 인류는 보이지 않는 무형자산, 소프트상품을 캐내기 시작하였다. 지식기반경제에서는 산업 패러다임이 산업생산industrial production에서 문화생산cultural production으로 전환되고 있어 선진국을 비롯한 세계 여러 나라들은 문화산업을 국가전략산업으로 설정하고 있다.

문화산업은 21세기 지식경제의 핵심산업으로서 고성장 산업이며, 특히 문화콘텐츠 상품의 개발, 제작, 생산, 유통 소비 등과 관련된 서비스산업으로 인간의 창의력과 지식이 집약된 분야이기 때문에 새로운 성장동력이자 차세대 핵심산업으로 기능할 수 있을 것으로 예측되고 있다.

또한 문화산업은 창의력과 아이디어, 노하우 등을 필요로 하기 때문에 벤처기업으로서의 특성을 지니고 있어 새로운 일자리 창출에도 일정한 몫을 다하고 있다. 뿐만 아니라 문화산업은 국민, 소비자들이 먼저 요구하고 있다. 실제로 디지털 시대의 미디어 융합이 급격히 진행되고 여가시간 증대 및 문화소비 확대로 멀티미디어 콘텐츠 수요가 폭발적으로 증가하고 있다.

이미 정보산업에서 기기생산의 비중이 줄어들고 콘텐츠 창출이 높아지고 있다. 예를 들어 국내 방송영상 콘텐츠 수요는 2001년 45만 시간에서 2002년 88만 시간으로 늘어났으며, 2005년에는 180만 시간으로 급증하는 추세다. 이같이 이미 우리 사회는 문화예술, 이미지, 창의력이 기반이 되는 문화콘텐츠를 지식정보사회의 핵심영역으로 인식하기 시작하였다.

이러한 인식 아래 글로벌 경쟁체제에서 각국은 콘텐츠 시장 석권을 위해 치열하게 경쟁하고 있어 우리로서는 창의적 콘텐츠 개발이 시급한 실정이다. 문화산업은 또한 수익성이 아주 높은 분야이다. 문화 창의적 아이디어만 있으면 적은 비용을 투입하고도 높은 이익 창출을 기대할 수 있다. 부가가치 유발효과 면에서 문화산업은 0.91로 국내 제조업평균 0.64를 웃돌고 있다는 자료도 나왔다. 이는 하나의 성공한 원작이 여러 장르로 활용되고, 저비용으로 무한 복제 및 재창조가 가능 One-Source Multi-Use 하기 때문이다.

캐릭터 '마시마로'의 경우 무려 2천700여 가지 상품으로 활용되어 매년 35억 이상 로열티를 벌어들이고 있다. 문화산업 부문의 세계 시장규모도 일부 제조업 분야보다 커지고 있으며, 영업이익률도 점차 높아지고 있다. 세계 애니메이션 시장의 규모는 750억 달러를 기록하면서 디지털가전의 461억 달러를 이미 2002년부터 추월해오고 있다는 분석이다. 영업이익률 면에서는 게임업체인 엔씨소프트가 34.3퍼센트를 기록하여 세계 초우량기업인 삼성전자 17.4퍼센트를 따돌린 바도 있다. 이제 문화콘텐츠는 더 이상 산업을 치장하는 액세서리가 아니라 스스로 우뚝 서서 성과를 올리는 매혹 덩어리가 되어가고 있다.

문화는 6만 가지 꽃송이

문화를 설명하고 정의하는 개념이 6만 개에 이른다고 한다. 때문인지 문화인류학자와 같이 문화를 정통으로 연구하는 이들은 문화라는 말에 외경심마저 지니고 있는 듯하다. 반면 문화산업을 연구하거나 사업하고 정책을 펴는 사람들은 도리어 겁이 없다. 이쪽 실용주의자들은 부쩍 서두르기도 하고 매사 몰아붙이는 데 아주 이골이 나 있다. 때문에 오히려 문화의 본뜻, 문물교화로 다시 돌아갈 것을 엄중히 요구받는 시점이 바로 지금이다. 6만 가지 다른 문화가 있다는 지엄한 현실을 다시 떠올려 천천히 두드리고 돌아가는 길을 택할 때다.

오늘날 세계화 진전에 따라 다양한 문물교화 필요성이 급격하게 증대되고 있다. 대부분의 세계 시민들은 자연스럽고도 필요한 상호 교류를 꺼려하지 않고 일상적인 생활양식 일부로써 편안하게 받아들이고 있는 듯하다. 이는 경제적인 물자, 서비스 이동을 뜻하는 교역과 달리 사회·문화 교류가 기본적으로 금방 드러나지 않게 사람들의 라이프스타일에 스며들게 되는 특성 때문이 아닌가 한다.

이런 관점에서 물질적인 교역과 정신적인 교류를 구분하고 전 지구적인 교류를 더욱 권장하는 분위기가 확산되어왔던 것도 사실이다. 그렇지만 최근 들어 사회·문화 교류에 정치, 경제적 논리가 강하게 개입되면서 교류라는 순수한 단일 표현보다는 침투나 동화와 같은 변형된 개념이 자주 동원되고 있다. 이는 한 국가나 사회, 지역이 사회·문화 교류를 실행한다는 것은 매우 중층적인 의미를 갖는다는 점을 사람들이 자각하기 시작했다는 뜻이 되기도 한다. 간단하게 보아 문화적 보편성 및 경제논리와 문화적 다양성 및 정체성을 강조하는 논리가 실제로 펼쳐지는 사회·문화 교류 현장에서 충돌하고 있다.

사실 문화를 서로 맛보고 나눠가지는 교류와 배우고 익히는 교화로 풀어보자는 시각은 개인 한 사람에게 보면 조금 부담스럽다. 문화에 무슨 목표와 과업이 있는 듯 여겨지기 때문이다. 사람은 오히려 자연스러운 삶의 한복판에서 문화를 마주한다. 어떻게?

인간은 정신분석학자 프로이트가 말한 '억압의 질서로부터 자유롭게 되기'를 갈망한다. 하지만 현실의 굴레는 워낙 강하고 지독해서 인간이 빠져나온다는 것은 거의 불가능해보일 때도 많다. 원래 프로이트는 오이디푸스콤플렉스와 같은 인간의 심리적 제약으로 억압을 설명했다. 네오마르크시즘 흐름에서 문화를 연구한 허버트 마르쿠제는 이처럼 인간을 억압하는 실체는 지배체제라고 보았다.

신의 율법이나 사회의 도덕, 신념체계, 가부장의 권위와 같은 보이지 않는 철창과 눈금들이 바로 억압이요, 때로는 착취와 지배의 화신이 되기도 한다. 국내 미학의 거장 김우창 교수는 이러한 억압 질서에 항거하여 자발적 질서를 만들어나가는 것이 문화라고 설명해준다.

법과 제약이 강한 억압적, 폭력적 질서라는 불편함을 그대로 받아들일 수 없는 인간은 뭔가 의미 있는 몸부림을 치고 투쟁도 해가며 맞서게 되는데 이러한 과정이 곧 문화, 예술의 생성을 촉발하게 된다는 시각이다. 결국 문화는 억압과 지배라는 불편함과 충격을 이겨내기 위해 인간이 대응하는 자발적 질서를 가리키는 개념이 된다.

예컨대 남녀칠세부동석이라는 사회의 철칙이 과잉억압으로 다가오는 상황이라면 이에 순응하거나 이를 순화시키며 벗어나는 두 가지의 행동양식이 가능하다고 볼 수 있다. 문화는 이 두 가지 행동양식 모두에 내재해 발생한다. 남녀칠세부동석이라는 보수적이고 전통적인 가치관을 온존하고 이어져가게 만드는 노력은 더욱 견고해지는 그 사회, 그 마을 사람들의 마음가짐이자 정신문명, 의식체계, 즉 마인드셋^{mindset}이 된다.

이 마인드셋이 곧 문화다. 한편 남녀칠세부동석이라는 규범에 억눌려 벗어나고자 하는 사람이 고안하고 전파하는 탈춤이나 마당극

놀이, 음화 그리기, 몰래 놀기, 소설 짓기와 같은 대안적 활동들은 좀 더 창조적인 결과물을 낳게 된다. 이 또한 억압을 순화시키고 자유롭고자 하고 해방감을 느끼고자 하는 인간의 몸짓에 다름 아니다. 이게 바로 문화라는 말이다. 억압을 순화시키고자 하는 인간의 몸짓에 미적 감각이 좀더 많이 보태져 발현하게 된다면 그게 바로 예술의 등급으로 오르게 된다.

관련해서 '논다', '놀이 한다'는 표현을 생각해보면 좋겠다. 왜 노는가? 놀아야 하는가? 억압을 피하고 누그러뜨리고 잊으려 논다고 말할 수 있다. 본디 논다는 말은 '물건이 어딘가에 꽉 끼어 있지 않은 상태'를 뜻한다. 나무를 이어 놓은 못이 헐거워져서 나무가 흔들거리는 것을 보고 '못이 논다'고 하는 말이 딱 그 뜻이다.

그러니 인간이 논다는 것은 규범과 경직된 억압, 삶 자체에서 강요하는 억압으로부터 조금 풀려나와서 어디 심각함에 구애받지 않고 움직인다는 것을 의미한다. 이게 바로 가다머나 쉴러와 같은 미학자가 말한 자연과 조화하고 자연을 닮고 재현하고자 하는 문화, 예술 본성이기도 하다. 자연처럼 억압 없이 자유롭게 해방되고자 하는 인간의 욕구가 자연과 조화를 추구하도록 문화를 이끌게 된다.

인간은 유희하는 인간, 호모 루덴스라고 말한 하위징아도 같은 맥락에 서 있다. 놀이를 통해서 인간은 형식을 궁리하게 되고 놀이를 통해 만든 자발적 질서를 통해 문화체험을 하게 된다. 이와 같이 문화를 억압으로부터 자유, 해방으로 보는 서양 미학, 철학 사상에 대해 좀더 건설적인 비판을 내놓을 수도 있다. 기본적으로 주어진 것에서 최선을 다한다고 하는 고대그리스 아리스토텔레스의 명제 안에서 맴돌고 있기 때문이다.

서양에서는 문화를 그와 같이 억압과 대치하는 자발적 질서라고 보았지만 동양은 좀 다르지 않나 싶다. 주어진 것, 억압과 현실조차도 초월하고자 하는 또 다른 세계관이 아시아적 가치로 이어지고 있다.

드라마 〈겨울연가〉를 보면 답이 나온다. 〈겨울연가〉가 아름답게 간직되는 이유는 주어진 현실 속 억압과 타협하는 데 있지 않다. 이루어질 수 없는 사랑이지만 그 복잡하게 꼬인 현실 전체를 넘어서 마음껏 사랑하고 자유롭게 다닐 수 있는 판타지를 극화해서 보여준다. 이 때문에 현실 억압 속에 갇혀 상세하고 세련된 과대망상을 못해오던 평범한 일본 주부와 같은 사람들이 급기야 봇물 터지는 대리만족을 얻게 되었다는 분석이다.

이렇게 보면 동양에서 통하는 문화는 주어진 것에서 최선을 다한다는 서양의 전통과 달리 주어진 것을 마치 도술적으로 초월해버리고자 하는 독특한 패턴을 지니고 있다고 말할 수 있다. 아무튼 문화는 물건 하나 구입하는 것에서는 도저히 획득할 수 없는 마술을 선사해준다. 짓누르는 억압에 대한 타협과 순화를 가능하게 해주는 마성적인 힘을 지니고 있다.

문화로 시간, 공간, 인간을 누린다

모두 '사이 간' 자가 붙은 시간, 공간, 인간. 이 세 단어와 사이가 좋은 사람이 행복한 사람이라고 한다. 이 '3간'에서 두루 성공하게 만드는 마성적인 힘이 문화에는 있다. 잿빛 슬럼가, 공장 폐지를 눈부신 테마파크로 만든다. 사막 한가운데에 스키장 돔을 들여온다. 옷 벗고 스트립쇼 하고 공놀이 말고는 할 일도 없던 퇴락한 도시를 다시 일으킨나. 시간, 공간, 인간, '3간'의 재활성화를 우직하게 밀어붙이는 영국의 문화생업 전략, 창조산업 쿨 브리태니커 마법 학교로 떠나보자.

영국 셰필드 시는 한국으로 치면 청주와 같은 고즈넉함과 포항과 같은 활력이 교차하는 곳이다. 과거 전 세계 스테인리스 철강 산업의 종가로서 명성을 높일 때는 포항과 같은 활력과 풍요로움을 자랑했다. 그런가 하면 청주와 같이 편안한 느낌을 주는 목가적인 분위기도 지녔었다. 그러다 1920~1930년 이후 계속적으로 산업 주도권을 미국에 뺏기게 되면서 이 도시는 몰락의 길을 걷게 된다. 남성 스트립쇼를 보여준 영국 코미디 영화 〈풀몬티〉가 바로 이 셰필드를 배경으로 삼고 있다. 영화에도 나오지만 번영하던 한 도시의 모든 공장이 문을 닫게 되자 시민들은 대책 없이 천덕꾸러기가 되고 만다.

우울한 잿빛 도시는 그대로 생기를 잃을 것만 같아 보였다. 그러다 창조산업이라는 햇살이 셰필드를 두드리면서 모든 것이 달라졌다. 창의성을 핵심으로 삼는 문화산업을 일으켜 영국 전체를 재기시키겠다는 토니 블레어의 쿨 브리태니커 국가전략이 셰필드에서 발진하게 된 것. 문화산업을 뜻하는 창조산업을 통해 셰필드를 재활성화하겠다고 하자 주민들은 선뜻 이해를 하지 못했다.

사실 평생 제철소에서 노동을 해오던 사람이 디자인이나 영상, 음악, 애니메이션으로 새단장을 한다고 하는 소식에 긴장하고 불안해할 만도 했다. "왜 다른 방법도 있는데 문화산업을 해야 하느냐? IT나 유통 서비스나 금융과 같은 다른 산업을 검토해볼 수도 있지 않겠는가"라는 볼멘소리도 드높아지게 되었다. 그러자 이미 영국 정부와 상의하고 전문 컨설팅, 리서치 회사와 함께 전략을 개발해오던 셰필드 시 당국은 고민에 휩싸였다. 우선 셰필드 시 공무원 자신이 문화산업의 가치와 성과에 대해서 아는 바도 없었고 체험한 바도 전혀 없었기 때문에 설득할 보따리는 더욱 옹색해질 수밖에 없었다. 오랜 진통 끝에 셰필드 시는 문화산업을 해야 하는 이유를 그야말로 문화적으로 부드럽게 와닿게끔 설명하는 지혜를 발휘하기 시작했다. 문화산업을 해서 시의 소득을 높이고 런던 다음 가는 문화도시로 만들고 3년 안에 1천억 파운드 매출 규모를 달성하겠다든지 하는 식의 경제적이고 상투적인 화법은 아예 처음부터 거둬들이고 다음과 같이 설명하며 시민들에게 다가갔다.

- 다른 산업이 아니라 문화산업을 해야 친근감 있고 유대감 있는 이웃관계가 됩니다.
- 문화산업을 해야 건강한 시민이 되고 극빈층이 줄어듭니다.
- 문화산업을 해야 범죄율이 낮아지고 우범지대가 없어집니다.
- 문화산업을 해야 외부 방문객도 편안하게 찾아와 잘 묵고 갈 수 있습니다.
- 문화산업을 해야 생동감 넘치는 도시 분위기를 만들 수 있습니다.
- 문화산업을 해야 잘 교육받은 노동력을 우리가 보유할 수 있습니다.

물론 문화산업을 해야 제철소에서 일하던 사람들도 새로운 일자리에 재배치될 수 있어 튼튼한 경제를 이룰 수 있다는 설명도 빼놓지 않았다. 셰필드 시의 이러한 정성에 행운의 여신도 감동하기 시작했다. 용광로를 만지던 중장년 노동자들도 오히려 이동통신이나 컴퓨터는 못해도 비틀즈 같은 음악이나 공연, 디자인, 영화는 해볼 만하다고 자각하기에 이르렀다. 도심에 있는 셰필드 할렘 대학에서 디자인이나 영상과 같은 문화산업 학습을 새로 시작하는 사람이 늘어났다.

주식회사 영국 본부의 지원도 분위기를 일신시켰다. BBC는 지역에서 개최하는 라디오 페스티벌 행사를 통해 셰필드 시 청소년은 물론 어른들의 어설프기 짝이 없는 음악 콘텐츠를 수용하는 역할을 담당했다. 당장 방송을 한다거나 음향효과로 쓸 만한 콘텐츠가 아니더라도 이제 막 문화산업으로 도시와 개인의 명운을 걸고 있는 셰필드 사람들의 콘텐츠를 사들여줌으로써 이른바 공급과 수요가 원활하게 피돌기 하도록 해야 한다는 차원이었다.

이러한 노력이 쌓이고 세월이 흘러 셰필드는 이제 영국 창조산업의 발전을 보러 찾아오는 방문객들이 가장 먼저 일정을 잡는 순례지로 우뚝 발돋움했다. 때로는 내 고장 출신 비틀즈를 활용하여 역시 문화콘텐츠에 매달리고 있는 인근의 대도시 리버풀보다도 더 극적인 혁신을 이끌어낸 사례로 인정을 받을 정도다. 도심 한복판에 '밀레니엄 갤러리'라는 랜드마크 건축물이 문을 열었던 2003년 당시에는 영국 엘리자베스 2세 여왕이 방문해 힘을 실어 주기도 했다.

셰필드 시민들은 몸소 확인할 수 있었다. 그 말이 맞아떨어지고 있음을. 과연 컴퓨터나 이동통신과 같은 다른 산업을 하지 않고 문화산업을 했더니 이웃 관계도 좋아지고 경제도 튼튼해지고 있다는 즐거운 소식이 들려오고 있다.

문화를 중시하는 중국

얼마 안 가 이내 마르고 말 맹물로 붓글씨를 쓴다. 물은 중국에서도 수량 풍부하다는 상해 물. 이 물이 따뜻하게 맑은 겨울 아침 살짝 얼어붙으며 한문 문자 속으로 숨는다. 扶, 濟, 勇……. 저명한 고문도 있고 자작시도 등장한다.

장소는 상해 프랑스 조계 쪽 노심 공원 바닥 한편이다. 물통도 맹물과 잘 어울리게 흰색이다. 간장통 같아 뵈는 큼직한 플라스틱 어깨 한쪽을 45도 잘라 그 안으로 붓을 적신다. 붓을 쥔 중국 할아버지는 한 글자 쓰고 뒤로 물러나 뒷짐 지고 한참을 내려다본다. 허리가 아무래도 좋지 않을 할아버지가 휘두르기 좋게끔 크게 만든 붓은 청소부 빗

자루마냥 길고 가벼워 보이고. 한국에서 날아온 우리 일행은 빙 둘러서서 연신 디지털카메라로 찍어댄다. 공원 바닥 서너 평이 맹물 서도에 축촉이 젖어 들어가는 순간이었다. 영원으로 비상하는 순간.

렌즈는 이어 하늘거리는 집단 쿵푸 체조를 담는다. 장수합창단이라고 붙인 현수막 앞에 모인 노인들이며, 공산주의 창시자인 마르크스 엥겔스 석상 아래 커플 댄스를 추는 소녀 같은 할머니들도 삽시간에 디지털 비트로 휙 빨려 들어간다.

이렇듯 어이없게도 한류를 보러간 나는 그만 발을 헛디디고 말았다. 우리 문화가 약동하는 최일선을 찾아갔으되 별 화려할 것도 없는 중국 문화와 중국 사람에 정신이 팔려버렸다. 무엇 때문에? 몇 군데 상해 공원을 돌아다니다 뒤늦게 알아차린 것이었지만 당초부터 나를 매혹시킨 중국의 힘과 분위기는 '정신문명'이라는 말로 간단하게 설명이 된다.

정신문명. 이 글귀는 우리 일행이 본래 고건축 문화재를 찾아보러 다닌 상해 도심 어느 공원 정문 돌기둥에서 만난 사자성어다. 그렇다고 정신문명을 고취하고 선양하는 중국 정부 위원회에서 공원을 지정하였다는 표지를 보자마자 금세 우리가 감명을 받거나 흔들렸던 건 아니다. 선전 선동 맥락으로 이해하기도 하면서 넘어가려 했지만, 공원 안 풍경은 글쎄 그런 게 아니었다.

공원 연못에 5미터는 족히 넘어 보이는 낚싯대를 드리운 강태공이 있는가 하면 쿵푸, 검술, 포크댄스, 영어회화, 토론, 포옹, 애정표현,

연분홍 스웨터에 이르기까지 정신을 살찌우고 청청하게 만드는 모든 행위를 중국 노인들은 소화하고 있었다.

갑자기 서울이 떠올랐다. 우리는 공원에서 뭘 하지? 노인들이 찬밥 신세가 되어 장기 두고 훈수 보고 상념에 젖어 있는 탑골공원이 내 머릿속에 포개졌다. 아마 할머니들은 거의 볼 수 없지. 또 우리는 살 빼거나 비만을 막는 다이어트를 위해 강변마다 공원마다 아침저녁으로 사람이 많이 모이지 않는가? 공원에서도 약수터에서도 역동적으로 움직이는 한국 사람이지만 정적인 수양과 단련은 아주 약하다고 봐야 하지 않을까?

한마디로 우리에게 없는 것들을 상해 공원에서 만나게 되면서 나는 복잡한 혼돈에 휩싸이게 되었다. 정신문명이란 촌스럽기도 한 말이 나를 감전시켜 버리고 말았다. 이를 어쩌지? 정리가 필요했다.

그들에게는 여유가 있다. 우리에게는 없다. 당당함과 자신감을 볼 수 있다. 우리에게는? 선뜻 대답하기 어렵다. 우리가 경제적으로 더 풍요롭다고 본다. 하지만 그들이 정신적으로 더 넉넉해 보인다는 느낌을 지울 수 없다.

인생의 황혼기에 서 있으면서 한 사회의 긴 골곡을 다 겪어낸 노인의 얼굴과 몸짓만으로 서로 다른 사회를 비교할 수 있는가? 그것 하나만으로 삶의 완성도와 행복감을 논하는 것은 과연 억측일까? 아니라고 도리질할 만하면서도 수긍하는 쪽으로 말을 달리는 생각에 내 몸은 떨리고 있다. 왜 그런가?

아무리 둘러보아도 정신문명을 중시하는 사람과 사회가 더 나아 보인다. 더 많이 행복한 사람과 사회가 될 수 있다는 얘기다. 크게 보면 언제나 정신문명을 중시하는 조직과 나라가 승리할 수밖에 없는 법이다. 이것이 진리라면 문화를 찾아 떠나는 내 필생의 탐사는 축복 가득할 것으로 믿는다. 정신문명이 곧 문화이고 문화를 중시하는 개인과 사회, 국가가 승리한다는 결론을 확인하러 가는 여행길은 즐거울 수밖에 없으리라. 프랑스 대문호 빅토르 위고의 말이 내 가슴속 깊이 요동치기 시작했다.

오늘의 문제는 무엇이뇨? 싸우는 것이다.
내일의 문제는 무엇이뇨? 승리하는 것이다.
모든 날의 문제는 무엇이뇨? 죽는 것이다.

오늘 이리 지독하게 싸우고 있는데 우리는 어떻게 승리할 수 있는가? 정신문명으로 내쳐 달려봄은 어떠할지? 문화로 승부하고 문화로 승리하는 새로운 전법을 찾고자 한다. 이를 위해서는 정신문명, 즉 문화를 경시하는 개인과 사회, 국가가 얼마나 가식적인 성공에 도취하고 마는지를 먼저 밝혀내야 한다. 문화를 경시하는 사람에게는 어떤 궂은 일이 있었는가? 반대로 문화를 중시하는 사람에게는 어떤 좋은 일이 커다란 웃음과 함께 우리 곁을 찾아오고 있는가?

YOU에 밀린 코리아, 다시 한 번

《타임》지가 2006년 그 해의 인물로 'You'를 선정하자 지구촌은 술렁거렸다. 슈퍼스타나 정치, 경제 지도자급이 해마다 들락거리는 단골자리였던 그 왕좌를 이름도 없고 얼굴도 없는 '너'라는 존재가 꿰차리라고 상상한 사람은 없었을 터였다. 이런 판타지를 연출한 결정적인 공로는 '당신의 TV'라는 뜻으로 생겨난 유튜브YouTube에 있다.

유튜브는 이른바 UCC를 퍼뜨려 하나의 문화로 우뚝 서게끔 만든 주역으로서 어느새 디지털세상의 아이콘으로 자리 잡았다. 유튜브가 우리 돈으로 1조4천억 원쯤 되는 16억5천만 달러라는 거액으로 세계최대 검색엔진 구글에 팔리게 되자 유튜브의 '유'에 눈이 번쩍 뜨이고 귀가 쫑긋해지는 이상한 조건반사가 사람들마다 전해졌다.

아니나 다를까 유튜브는 2006년 가을 미국 중간선거에서도 정치인 감시, 유권자 주장을 생생한 동영상으로 담아 대단한 위력을 발휘했다. 이를 두고 많은 이들은 생산자와 소비자를 합성한 생비자, 즉 프로슈머가 중심이 되는 새 국면이 찾아왔다고 흥분하기도 했다. 아예 웹 2.0, 웹 3.0이라고 해서 기존의 인터넷 1세대인 웹 1.0과 구분되는 시기를 정해 그야말로 새로운 미디어 환경, 경제 시스템이 펼쳐지고 있다고 법석을 떨어댄 사람도 적지 않았다.

여기서 재미있는 것은 유튜브가 집중 조명을 받게 된 기법인 UCC는 애당초 한국에서 비롯되어 먼저 꽃 피웠던 유행이었다는 사실이다. 그토록 저작권을 중시하고 사업하는 방식인 비즈니스 모델까지 특허를 주기도 하는 미국 사람들의 눈으로 본다면 UCC에 관한 한 유튜브가 한국의 벤처들에게 로열티를 물어야 하는 독창적이고 배타적인 아이디어라고 볼 수 있다. 이쯤에서 찬찬히 뒤를 돌아보자.

1994년 최초의 대중적 웹 브라우저 넷스케이프가 일리노이대학교 대학원생 마크 안드리슨에 의해 도입되면서 인터넷 원년이 막을 열었다. 1995년 야후와 아마존이 인류 최초의 닷컴 회사로서 등장했다. 바다 건너에서는 한국이 '산업화는 늦었지만 정보화는 앞서가자'는 사회적 합의를 일궈내는 시기였다. 성과는 몇 년 후에 터져나왔다.

한메일과 같은 우리 고유 이메일 서비스도 나왔고 다른 어느 나라에서도 유례를 찾기 힘든 인터넷 전업 신문인 머니투데이, 이데일리,

아이뉴스24, 오마이뉴스도 속속 생겨났다. 그러다 1999년으로 들어오면서 한국 인터넷에 전혀 예상치 못했던 진풍경이 벌어졌다. 인터넷으로 TV 방송을 하겠다는 개인과 벤처회사가 봇물 터지듯 쏟아져 나오게 된 현상이었다.

그 당시 인터넷 TV로도 불렸다가 정부와 학자 그룹까지 참여한 활발한 토의 끝에 웹캐스팅이라는 공식용어가 제법 통일적으로 정리되어 사용되기도 했다. 한때 이 웹캐스팅 방송국 수는 추산되기로 최고 2천여 개를 돌파했던 때도 있었다.

그 당시 삼성경제연구소에서 미디어기업의 경영전략과 혁신을 주로 연구하던 필자가 콘텐츠 자체를 들여다보기 시작한 것도 이 즈음이다. 수없이 사이트나 포털 형태로 쏟아지는 웹캐스팅을 미디어라는 틀로 볼 수도 있겠지만 다양하게 분출되는 문화 행위, 즉 콘텐츠를 중심으로 봐야 한다는 생각이 나를 강하게 부추겼다. 콘텐츠로만 봐도 엽기 일본어와 같은 어학강좌, 백댄스 교습, 여행지 정보 안내와 같은 수없이 다양한 메뉴들이 개발되어 제공되고 이용되던 확실한 부흥기였다.

처음에는 이리한 웹캐스팅 서비스가 워낙 침신하고 다양한 콘텐츠를 보여주었기 때문에 보는 이들도 속속 빨려 들어갔다. 그러다 시간이 흐르자 숨어 있던 작지만 강력한 별종 콘텐츠만 살아남고 나머지 대다수를 차지했던 다양한 종류의 아마추어 제작콘텐츠, 이용자 제작콘텐츠는 자취를 감추게 된다.

그 별종은 다름 아닌 성인정보로 불렸던 야한 동영상, 성인방송 채
널들. 설상가상으로 2001년께부터 나스닥, 코스닥에서 IT, 벤처 거품
이 꺼지게 되면서 99퍼센트라고 봐도 좋을 압도적인 수의 웹캐스팅
사이트, 서비스업체, 참여자들이 종종 뒷걸음을 치게 되었다.

별종 성인방송들만 UCC에다 준전문가, 전문가 제작콘텐츠까지 더
해가며 꺼져가는 웹캐스팅 불씨를 되살렸다. 오히려 더 활활 타오르
는 대박 영업으로 진화해나갔다. 이 격동기에 살아남은 극소수 1퍼센
트인 원조 UCC 1세대 업체가 몇몇 살아남아 지금도 활동하고 있다.
ChaTV라는 이름으로 웹캐스팅 1세대를 시작했던 벤처가 대표적인
사례다.

서울대에서 국제경제학을 공부한 나원주 사장이 창업해서 지켜오
고 있는 원조 UCC이자 유튜브 시조격인 이 회사는 그동안 인터넷 구
석구석에서 풍찬노숙을 하며 어려운 시절을 관통해왔다. 강남구청
논술 강좌를 대행하기도 하고 새로 만드는 인터넷방송국 준비를 돕
고 컨설팅해가며 모진 사업을 이어왔다.

그러다 다시 UCC 바람이 인터넷을 되찾아오자 원조 1세대라는 자
부심으로 '비법닷컴'이라는 정통 UCC 사이트를 개설하기도 했다. 비
법닷컴은 유튜브에 비하면 고전을 면치 못하고 있는 상태다. 이미 비
법닷컴이 나올 무렵 한국 인터넷 세상에서는 많은 동영상 포털, 종합
포털이 UCC를 화두로 무한, 중복, 출혈 경쟁을 벌이고 있는 상황이
었기 때문이다.

이러한 역사성을 두고 볼 때 정말 풀리지 않는 수수께끼가 남게 된다. 유튜브는 잘 되는데 그보다 훨씬 더 먼저 꽃피운 한국의 UCC는 왜 약해졌는가? 한국이 먼저 했는데 어찌하여 후발주자가 과실을 독차지하고 있는가?

여기서 가만히 정신문명과 문화를 경시하는 우리 사회의 업보를 생각하지 않을 수 없다. 한국의 UCC를 매만져온 주역인 그 이용자들은 창의성 없는 범부, 오합지졸의 길을 헤어나오지 못했다는 지적이다. 반면 기법은 늦게 터득했지만 유튜브에 몰입하고 있는 그쪽 동네 이용자들은 창의성 면에서 몇 수 위라는 얘기다.

문화를 중시하는 고수와 문화를 경시하고 오로지 유행과 센스에 열중하는 하수가 서로 대적하는 게임이라면 너무 시시하지 않을까?

"문화생업을 해야겠는데 어떻게 시작하지요?"

문화생업 투자의 첫단추는 문화일상을 강화하는 평범한 실천에서 잘 채워야 한다. 여기서 일상은 여가와 비는 시간만을 의미하지는 않는다. 일하고 공부하는 그 속에서 문화를 들여와 좀더 멋있게 과업을 수행하는 혁신적인 방안을 모색할 때다.
우선 투자의 결과인 문화수익에 대한 명확한 인식이 필요하다. 문화가 경제적 수익뿐만 아니라 경제외적 만족과 성취라는 또 다른 차원의 수익원을 갖고 있음을 재차 확인하자. 아울러 수익을 극대화하기 위한 문화생업에 고유한 기법들도 점검해나가야 한다.
결국 사람을 찾으면 투자의 돈 냄새를 몰래 도맡을 수 있다. 문화창조자나 창조계급이 어디에 서식하며 그들은 어떤 품성을 지녔는지를 알게 되면 내 안의 창의성 스파크를 튀길 수 있다. 투자는 자신에게도 하는 것이라는 쉬운 진리를 되새김할 수 있다.

좀더 크게 본다면 문화생태계 전체를 볼 줄 알아야 한다. 분과로 분류되는 일반 제조, 서비스업과 달리 문화는 농업과 같은 원초적 1차 산업으로서의 특성을 갖기 때문이다. 생태계 차원에서 하나하나 다지고 공들이는 문화노동의 신성한 재미를 포기할 순 없다.

3부

문화에 투자하는 다섯 가지 방법

culture business

문화일상 : 일하면서 놀고 놀면서 일하라

TV로 공부하기

옛날이야기 하나. 1980년대 중반, 연세대학교 원로이자 철학 에세이 류를 많이 펴내셨던 김형석 교수님으로부터 철학 수업을 들었다. 한 빈은 교수님께서 외국 여행을 다녀오신 바로 다음이었던 것 같은데 "그 나라에 가서 문화를 빨리 파악하고 싶거든 호텔방에서 TV를 유심히 보면 된다"고 하셨다.

이 말씀이 얼른 와닿지는 않았지만 언젠가 외국에 가게 되면 TV를 좀더 관찰하는 자세로 봐야겠구나 하는 생각을 하게 되었다. 이러한

다짐은 훗날 미국에서 유학생활을 하던 시절, 내게 커다란 효과를 가져다주었다. TV는 다양하고 변칙적인 실제 영어를 들을 수 있을 뿐만 아니라 어떤 경우에는 문화적 의미를 간간이 느낄 수 있게 해준 일등 공신이었다.

당시 낯선 언어와 문화로 인해 때때로 맥을 못 추던 늦깎이 유학생에게 TV는 폭과 깊이 면에서 그야말로 풍부하고도 생생하게 밥상머리에서까지 지도해주는 독선생이었다. 가장 효험이 컸던 TV 교사의 교수법은 캡션이라는 문자 자막이었다. 캡션은 특히 시트콤이나 토론과 같이 빠르고 거친 대화가 주종을 이룰 때 완전한 진가를 발휘하곤 했다. 덕분에 내 눈은 TV 화면을 오르내리는 왕복 운동을 심하게 해야 했지만 참으로 경제적이고도 간편한 어학 및 문화 학습이어서 마냥 좋았다.

내가 유달리 즐겨봤던 프로그램은 〈제리 사인펠드〉라는 시트콤이었는데 뉴욕의 네 친구를 중심으로 풀어나가는 매회 에피소드 하나하나가 지금도 머릿속에 그려질 정도로 몰입했었다. 오디오로 듣고 캡션으로 번갈아가며 이해하는 수준이었지만 조금씩 더 대화 내용을 음미하고 설정된 상황과 맥락을 가깝게 느껴가면서 어느새 진짜 재미있어 한바탕 웃는 나 자신을 발견하는 즐거움이란.

이제 우리 문화를 상품화하는 콘텐츠 분야를 연구하면서 나는 안타깝게도 TV를 더 이상 예찬만 할 순 없게 되었다. 콘텐츠산업에서 보면 TV가 문화발전을 촉매, 촉진하는 면보다 발목을 잡는 경우가 더 많이 눈에 띄기 때문이다. 품격이 엷은 엔터테인먼트 콘텐츠가 지나치게 넘치는 현상을 보면서 빨간 신호등이 켜지지 않았나 하고 여긴다.

한류를 봐도 우리 드라마의 세련됨은 빛나지만 정작 우리다운 소재와 예술혼을 탕진해나가고 있지 않은지 염려가 앞선다. 노상 출생의 비밀, 재벌 2세, 신데렐라 환상, 조폭 이야기를 눈과 귀에 달고 사는 사회라면 TV라는 굴뚝이 내뿜는 연기는 결코 안심할 수 없게 된다.

외국인이 우리 TV를 봤을 때 '한국은 체육복 입은 연예인이 참으로 많은 이상한 나라'로 속단하도록 만들어서는 안될 일이다. 지금부터라도 품격 높은 콘텐츠를 보강하여 문화의 강약과 상중하 층위가 고르고도 풍부하게 제공되는 문화매체로서 TV를 재창조할 일이다. TV로 우리 말 우리 문화의 진면목을 볼 수 없다면 호텔방 채널은 모두 CNN이나 MTV로 돌아가버릴지도 모른다.

굿바이 엔터테인먼트

엔터테인먼트 시장은 대체적으로 경쟁자가 바글바글한 레드오션이다. 교양콘텐츠와 같은 넌엔터테인먼트_{Non-Entertainment} 시장을 경쟁이 없는 블루오션으로 인식, 연구하고 선점할 때가 되었다. 흔히들 콘텐츠 사업을 한다고 할 때 게임, 영상, 방송에 서둘러 진출하려 하지만 이는 짧은 생각, 그릇된 판단일 우려가 크다.

이들 장르에서 기존 사업자와 다퉈야 하는 진부한 엔터테인먼트 콘텐츠가 아니라 게임, 영상, 방송 등에서 구현할 수 있는 넌엔터테인먼트 사업 기회를 만들어나가는 창조적인 전략을 강구해야 한다.

날로 발달해가는 미디어기기와 관련해서도 마찬가지다. 소니가 가전 중심 엔터테인먼트 SCE 에서 소니 온라인 엔터테인먼트 SOE 로 이행한 것도 기실은 엔터테인먼트와 정보, 채팅과 같은 커뮤니케이션을 한데 붙여보자는 의도를 드러낸 셈이다. 마이크로소프트나 애플컴퓨터도 포털·검색·채팅 서비스 강화로 소프트웨어적 콘텐츠서비스 전략을 공고히 하고 있다.

기존 음악 콘텐츠 시장의 룰을 바꿔버리게 한 애플의 '콘텐츠에 적합한 기기' 구상도 엔터테인먼트 콘텐츠가 아닌 콘텐츠비즈니스가 중심이 되는 새로운 접근이다. 애플의 경우 아이팟과 디지털음악콘텐츠 유통이라는 복합 플랫폼 환경에 최적화된 콘텐츠를 새롭게 개발하는 시도를 계속하고 있다. 내용적으로도 이 회사는 같은 대중음악을 다루면서도 상대적으로 엔터테인먼트적 요소가 적으면서 시장 활성화가 되지 않은 쪽을 선점하는 전략을 병행하고 있다.

관련해서 팝송은 레드오션이므로 클래식, 경음악, 재즈, 민속음악, 국악, LP 등 아날로그 음악 등 블루오션 분야를 개척하고 이들 음악 콘텐츠를 즐기는 방식을 기존의 엔터테인먼트와 달리 제시하는 방법을 고안해볼 수 있다. 뿐만 아니라 음악감상을 넘어선 다양한 문화

사업을 기획해볼 수도 있다.

뉴욕 맨해튼 소호 근처 뉴욕대학교 앞 유명한 재즈 바 '블루노트'와 같은 콘셉트의 고급문화 명소를 차려보는 것도 좋은 예다. 우선적으로 클럽 문화를 창출한 다음 관련한 콘텐츠비즈니스를 전개하는 식이다. 문화를 먼저 연출하고 소비를 연이어 창출하는 형태다. 예상이 적중한다면 실험적인 음악 하나를 매개로 하여 라디오방송과 같은 기존 매스미디어 권역으로 사업을 확대할 수 있다. 여기서 중요한 것은 정작 돈을 벌어다 주는 것은 콘텐츠라기보다는 오히려 브랜드라는 평범한 진리를 되살리는 일이다.

애플 아이팟과 같은 강력한 브랜드가 일단 진부하고 시시한 기존의 감상 중심 엔터테인먼트가 아니라 새롭고 획기적인 문화창조 브랜드를 한방에 보여준다는 입소문이 나기만 하면 얼마든지 새로운 실험을 해볼 수 있다. 결국 길게 보면 낱개로 등장하는 엔터테인먼트 콘텐츠 하나하나가 문제가 아니라 그 너머 스타일과 브랜드가 중심에 우뚝 서게 된다는 진단이다.

넌엔터테인먼트 아이디어로 기존의 엔터테인먼트 콘텐츠 영토를 정면으로 침투하는 전법도 있다. 우선 게임, 영상, 방송 등을 전략 콘텐츠로 규정하는 것은 큰 의미가 없다. 오히려 게임 장르 속의 또 다른 매트릭스를 만들어 그 안에서 오락, 학습, 자기계발, 업무, 정보, 지식, 커뮤니케이션 등의 세부 영역을 적시하여 새로운 콘셉트의 콘텐츠를 구상하는 편이 유리하다.

예를 들어 미국의 한 목사가 '갓 캐스팅 God-Casting' 서비스를 개시한 적이 있다. 이는 아이팟을 활용해 직접 교회에 오지 않고도 주일 설교를 들을 수 있도록 디지털콘텐츠서비스를 설계, 시행한 것이다. 이 경우 설교콘텐츠는 성격상 당연히 넌엔터테인먼트 콘텐츠인 것이고 이 서비스가 방송이냐, 게임이냐는 둘째 문제로 넘어가 버린다. 자꾸만 콘텐츠의 성격을 지난날 낡고 부자연스러운 대중문화의 관점에서 재단할 일이 아니라는 뜻이다.

따라서 장르별 인식과 접근을 통해 전략 부문을 정하는 것보다는 내용성을 기준으로 콘텐츠를 다시 분류하고 시장을 세분화하여 그야말로 창의적으로 신대륙 시장을 발견, 공략해야 한다. 결국 블루오션인 넌엔터테인먼트에서 장르 구분 없이 금맥을 찾을 수 있다는 얘기다.

달리 말하면 현재 우리나라에서는 가장 음지에 있는 콘텐츠 영역을 관찰하면 답이 나온다. 음지가 결국 양지가 되더라는 말이다. 오프라인 콘텐츠 분야에서는 출판이 단연 오늘의 음지, 내일의 양지라 할 만하다. 온라인 콘텐츠에서는 조금 의외일 수 있지만 모바일 콘텐츠를 엔터테인먼트 과잉, 넌엔터테인먼트 빈약이라는 차원에서 오늘의 음지, 내일의 양지로 명하고자 한다.

일하는 미디어 설계

미디어는 결코 웃고 찧고 까부는 엔터테인먼트 전용이 아니다. 다행히도 뉴미디어에게는 좋은 기회가 열리고 있다. 모바일도 아주 새로운 미디어로서 등장했지만 정작 그 내용물을 일컫는 콘텐츠는 진부하다는 평을 듣고 있다. TV를 손 안에 넣고 다닌다는 신기원을 열어준 DMB 디지털멀티미디어방송 서비스도 미디어기기와 서비스 형태는 혁신적이었지만 이용자에게 실어나르는 콘텐츠는 대부분 기존의 TV나 인터넷에서 애용되는 낯익은 콘텐츠들이었다.

특히 드라마나 스포츠, 영화 등은 DMB와 같은 새로운 미디어서비스에서도 여전히 중심축을 이루는 '메이저 콘텐츠'로서 맹위를 떨치고 있는 중이다. 실제로 모바일미디어가 DMB, 와이브로, 유비쿼터스 등 새로운 모델과 환경을 통해 진화하고 있으나 미디어기술의 발전의 가치를 입증해줄 수 있는 적합한 킬러콘텐츠가 특별히 부각되고 있지 않은 상황이 계속되고 있다.

이와 관련, 한 콘텐츠업계 경영자는 "새로운 모바일이나 케이블 채널이 등장해도 만들 수 있는 콘텐츠는 종전 지상파 방송의 콘텐츠와 크게 달라지기 어렵다. 우선 만드는 사람이 비슷하고 아이디어도 특별히 창조적인 것이 나오기가 어렵기 때문"이라며 한계를 시인하고 있기도 하다.

이러한 지적이 유효하다면 앞으로 당분간 쏟아지게 될 모바일 서비스를 비롯한 새로운 미디어들은 결국 기존 콘텐츠 시장이라는 한정된 틀 안에서 영역 다툼을 하는 제로섬 게임을 뛰어넘기 힘들어진다.

모바일 기술은 날로 향상되고 새로운 미디어는 속속 등장하는데 콘텐츠 시장 크기는 제한되어 수익성이 급격히 악화될 수밖에 없는 문제가 불을 보듯 명확하다는 얘기다. 때문에 점차 새로워지는 모바일미디어에 적합하고 수익모델 면에서도 성공적으로 전개할 수 있는 독특하고 창의적인 콘텐츠를 개발할 필요가 있다.

구체적으로는 모바일의 다양한 형태와 기술적 버전에 따라 가장 잘 어울리는 콘텐츠의 유형, 영역, 구성, 메시지, 멀티플 큐, 표현 디자인 등을 총체적으로 의미하는 이른바 '콘텐츠 스타일'을 설계해볼 수 있다. 이 같은 시도를 위해 '과업콘텐츠Task Contents'라는 개념을 검토해보면 어떨까?

과업콘텐츠는 디지털 엔터테인먼트류가 대부분인 모바일미디어 콘텐츠의 진부한 형태와 분류, 포맷, 스타일에서 탈피하고자 도입하는 상징적 표현이다. 개념적으로는 블루오션 즉 새로운 영역을 개척하기 위해서 넌엔터테인먼트의 대표적인 영역이자 새로운 금맥이라고 할 수 있는 업무와 관련된 정보, 지식, 놀이, 서비스 콘텐츠를 뜻한다.

이를테면 일반적인 미디어 이용자의 일상을 일하는 시간, 놀이하는 시간, 여가 시간 등으로 나눈다고 할 때 과업콘텐츠는 기존의 여러 미디어가 침투하지 못했던 일하는 시간으로 진입하여 특별한 미디어 효과를 거둘 수 있을 것이라는 얘기다.

이처럼 기술의 힘을 빌려 일하는 미디어를 만들어 사용하게 된다면 질주하는 디지털 하이테크와 새로운 서비스의 본성으로 자리하는 문화의 기분 좋은 결합이 한결 쉬워지지 않을까?

작가 벤처 탐방기 : 두 유 노우 A스토리?

첫 번째 르포르타주

문화를 생활 그 자체로 끌어와 활동과 생업, 놀이와 노동을 함께 행하고 있는 현장을 탐사해봤다. 이제부터는 현장 보고하는 르포르타주다.

압구정역 3번 출구로 나와 신나라레코드를 찾아간다. 기습적으로 흩날리는 겨울비 끝물이 맘 바쁜 나를 자꾸만 부추기고만 있었다. 밤 늦게 눈 내린다는 일기예보만 흘려듣고 우산도 없이 나왔는데……. 우리나라에서 처음 생겼다는 드라마작가 회사 A스토리를 찾아가는 길은 그리 순탄치 않았다. 걸어가며 전화를 했다. 선날 《내장금》과 《서동요》를 펴낸 출판사를 통해 알게 된 A스토리 임 팀장을 먼저 만나고 싶었다.

약속은 11시에 A스토리 이 대표와 해두었는데 가급적이면 미리 배경 설명과 분위기 파악을 해보는 게 좋겠다는 생각이 불쑥 들어서였다. 하지만 사실 좀 불안하기는 했다. '아침 10시를 막 넘기는 때인데 느닷없이 전화를 해서 시간 잡기는 어렵겠지'라고 생각하면서도 항상 그랬듯이 낙관적으로 기대하며 통신을 감행했다.

역시 오우케이. 고맙게도 오시란다. 무려 40분 정도 시간을 확보한 셈이다. 신나라레코드 건물을 신나게 찾아 엘리베이터도 안 타고 신나게 걸어올라 사무실로 들어섰다. 임 팀장은 주식회사 A스토리의 살림살이, 즉 조직 관리를 담당하는 사람이다. 공식 직책은 제작팀장, 영어로는 프로듀서^{Producer}이다. 프로젝트 매니저와 같은 역할을 하는 게 아니냐고 물으니 대략 맞는다고 한다. 따스한 커피잔에 담긴 녹차 너머로 맞은편에 앉아 있는 임 팀장은 마치 아주 아끼는 대학 후배와 같이 편안하고 푸근한 인상을 지니고 있었다.

"미국식으로 선진화된 작가시스템이란 무엇을 말하는 겁니까?" 내가 고른 첫질문은 드라마작가 전문회사인 A스토리의 출생 내력과 직결되어 있는 이슈이기도 하다. 임 팀장의 대답과 내 생각을 간추려보면 이렇다. 다수의 역량 있는 작가들이 하나의 드라마콘텐츠 대본을 함께 맡는 것이 미국식 시스템이다. 우리의 경우 〈대장금〉을 비롯해서 대부분의 드라마작가는 혼자서 모든 대본 작업을 감당해왔다. 물론 김수현과 같은 스타작가는 보조하는 작가 팀과 함께 작업을 하기도 하지만 이는 동급의 여러 작가가 서로 수평적 위상을 갖고 진행하는 미국식 드라마 제작시스템과는 사뭇 다르다. 워낙 비중이 큰 스타작가를 정점으로 다른 보조, 신인 작가들이 딸려 있는 수직적 구조라서 이를 두고 본격화된 제작 협업시스템이라고 할 수 없다.

이어서 나온 질문이 "방송국들과 A 스토리와 관계가 좀 서먹서먹해질 수도 있지 않을까요?"였는데 의외로 임 팀장의 반응은 명쾌했다. 사실 방송국들도 오랫동안 작가 관리를 제대로 하지 못했다는 것을 스스로도 인정하고 있단다. 제대로 된 보상이나 대우도 이루어지기 힘들었고 여전히 PD와 같은 방송국 인력이 중심이 되는 드라마 제작 시스템이 이어져오기 때문에 작가의 위상이 존중받지 못하는 측면도 있었다고 한다. 하지만 기본적으로 방송국들도 양질의 우수한 드라마를 원하고 있기 때문에 작가라는 요소가 정상적인 시스템 속에 놓이기를 바랄 수밖에 없다는 지적이다.

이러저런 얘기를 마치고 11시 약속 시간이 되어 가자 임 팀장이 이 대표를 우리가 있던 방으로 안내해왔다. 선한 눈매, 말끔한 하얀 얼굴이 인상 좋은 이 대표는 연대기적인 차원에서 A 스토리의 내력을 찬찬히 설명해주었다. 통시적으로, 아주 알기 쉽게……

한국 최초의 작가 기획사 A 스토리의 시원은 1994년 최고의 인기드라마였던 MBC 미니시리즈 〈종합병원〉 당시로 거슬러 올라간다. 기억하시는가? 굽 낮은 구두를 신고 선머슴처럼 병원 복도를 뛰어다니던 중성적 매력의 의대생 정화, 차분하고 철학적 성품을 지닌 휴머니스트 도훈, 냉철하고 이지적인 백현일, 그리고 늘 화를 내며 정강이를 걷어차던 독사 등이 온 국민을 사로잡았던 드라마 〈종합병원〉.

최완규 작가는 1994년, 〈종합병원〉 드라마 대본 집필을 위해서 그야말로 살인적인 악조건을 초인적으로 감내해냈다. 6개월여를 실제로 종합병원에서 숙식하면서 현장의 리얼리티를 관찰했다. 특히나 최작가가 종이상자를 깔고 병원 계단이며 복도 등 구석에서 먹고 자며 글을 썼다는 얘기는 이젠 드라마 계보의 전설처럼 들린다. 한류가 있기도 훨씬 전 우리에게 실재했던 이 전설은 훗날 〈대장금〉과 같은 또 하나의 빛나는 전설을 낳게 된다. 아울러 이제는 미래의 새로운 전설 더미를 기대하게 하는 A스토리를 잉태하였다.

두 번째 르포르타주

계속해서 A스토리 이 대표는 집단창작시스템에 대해 설명해주었다. 1인 집필시스템으로는 점점 산업화해가는 드라마콘텐츠 부문의 수요를 도저히 따라갈 수 없게 되었다는 얘기다. 이러한 의식은 1인시스템의 극치를 보여주며 도저히 불가능할 것 같았던 지옥체험을 한 최완규 작가의 경험에서 우러나와 작가 동네 전체로 공유되고 퍼져나갔다.

　워낙 근성과 맷집이 두둑했던 최 작가가 드라마 〈허준〉과 〈올인〉, 〈주몽〉에서까지 무려 십여 년 세월을 그대로 되풀이되는 똑같은 방식으로 감당해온 혹독한 선행사례가 시스템 변화의 밑거름이 되어준 셈이다. 너무나 자연스럽게도 필요성에 의해서 오늘날 드라마작가의 집필시스템이 예전 〈종합병원〉의 최완규 작가 스타일, 즉 혼자서 모든 걸 떠맡는 전형적인 원톱시스템을 서서히 벗어나야 한다는 공감

대가 형성되기 시작했다.

그 무렵 2001년께 〈허준〉이 나오고 있을 때, 친구 사이인 현재 A스토리 이 대표와 최완규 작가는 시나브로 만나 술잔을 기울이며 토의하고 고민했다. 그러면서 격한 감정을 누그러뜨리고 찬찬히 드라마 산업을 정리해보는 생산적 시간을 가져보았다.

우선 드라마의 3대 요소를 보자. 작가와 연기자, 연출가가 아니겠는가. 여기서 연기자는 과거부터 스타였다. 연출가도 기존 방속국에서 안정된 직장생활을 하며 아주 우월적 지위를 갖고 있는 그룹이다. 게다가 김종학프로덕션을 필두로 하여 역량 있는 연출가들이 독립 프로덕션을 차리거나 편입되어 하나의 뚜렷한 섹터를 이루게 되었다. 굳이 헤게모니로 따져 볼 수도 있다. 우선 1차적으로는 드라마판의 큰 힘이 방송국에서 독립 프로덕션으로 옮겨왔다고 볼 수 있다. 이를테면 한류에 힘입어 드라마 제작사인 프로덕션들이 직접 자금을 조달하기도 하고 방송국 편성을 의식하지 않은 채 사전제작을 감행하기도 하게 된 사실 등을 그 위력의 증거로 댈 수 있다.

이에 더해 한국에서 지상파 방송사의 막강한 권한이 급격하게 줄어들고 있는 징후도 발견되고 있다. 인터넷은 물론이고 통신사가 운영하는 DMB 방송과 같은 새로운 디지털미디어의 커버리지가 크게 넓어지게 되는 이른바 다매체, 다채널 시대가 찾아왔기 때문이다. 아울러 그동안 지상파 방송에 비해 늘 찬밥 신세였던 케이블 TV가 스포츠와 해외 드라마 등을 내세워 일대 약진을 하기에 이르렀다.

이 양상은 더욱 발전해 구체적으로는 한국의 케이블TV업계가 미국의 HBO와 같은 유료 케이블채널과 같이 자체 전용 드라마콘텐츠를 제작, 서비스하는 방안도 추진하는 상황에 이르고 있다. 이러한 힘의 변화와 역동적인 분위기에 힘입어 줄잡아 30여 개에 이르는 프로덕션과 연예기획사 등이 2004년, 2005년에 걸쳐 집중적으로 코스닥 증권시장에 우회상장 등의 방식을 통해 진입하는 골드러시 현상이 나타날 정도였다. 이러한 판도 변화 때문에 드라마를 전문적으로 제작하는 독립 프로덕션들의 위상과 권한이 한층 더 강화될 수 있었다. 여기까지 좀 끊어서 볼 수 있겠다. 연극으로 치면 2막 1장쯤 지났다고 할까?

한동안 드라마 제작사 진영의 약진이 두드러지고 있나 했더니 이번에는 연기자들 그룹 자신이 급작스레 세를 얻기 시작했다. 한류가 아시아 스타, 월드 스타를 만들더니 이윽고 스타 연기자들의 몸값을 그야말로 천정부지로 치솟게 해버렸다. 이런 흐름에 비하면 드라마 산업에서 최후의 헐벗은 게릴라로 남아있는 요소인 작가라는 존재는 그동안 너무나 오랫동안 주변부에 머물러 있었다.

이 대표의 표현을 빌리자면 "작가는 여전히 제자리를 확보 못하고 관심사에서도 벗어나 있고 제 대접을 못 받아왔다"고 할 수 있다. 그는 또 "한류가 우리를 울컥하게 했다"고 전한다. "대장금이 그렇게 성공한 콘텐츠가 되었는데 이게 미국 드라마였으면 그 작가가 평생 생활을 할 수 있을 정도의 수입이 생겨야 되는 게 정상 아닌가요?"라고 말하는 대목에서 번득이는 칼날을 보고야 말았다. 반사되는 불빛 속에서 A스토리의 결연하고 단단한 씨앗을 볼 수 있었다.

너무나 당연하게도 이제는 콘텐츠 성과에 기여한 만큼 제 몫을 찾아야 했기에 〈종합병원〉과 〈주몽〉, 〈허준〉, 〈올인〉, 〈러브스토리 인 하버드〉의 최완규 작가, 〈대장금〉, 〈서동요〉의 김영현 작가, 〈다모〉의 정형수 작가, 〈아줌마〉, 〈장미와 콩나물〉, 〈변호사들〉의 정성주 작가, 〈해신〉의 정진옥 작가, 〈남자 셋, 여자 셋〉의 박선자 작가, 〈피아노〉, 〈봄날〉의 김규완 작가, 〈도시남녀〉, 〈모델〉의 이선희 작가 등이 밀실을 나와 세력을 만들고 조직을 만들게 되었다. 이 새로운 회사 조직은 이들 작가들의 바람대로 전인미답의 길이요 무주공산의 영역으로 서서히 들어서고 있다.

세 번째 르포르타주

작가들은 한류 때문에 울컥해서 모였고 사적인 그룹보다 더 나아간 회사 조직을 구상했지만 법인은 원고지 위에서 만들어지는 것이 아니었다. 2003년 말부터 본격적으로 논의가 되고 모임에서 그룹, 조직 형태로 발달해 간 A스토리는 1년여 동안 인큐베이팅 기간을 갖게 된다.

잠깐 여기서 A스토리의 구조와 네트워크를 보고 분석하기 이전에 설명 하나를 보태면 좋겠다. 어느새 어엿한 작가전문 종합기획사로 자리 잡은 주식회사 A스토리의 현재와 미래를 탐구하는 일 자체가 바로 대장금과 같은 한류콘텐츠의 산실이 된 한국 드라마콘텐츠 산업의 거시적인 모습을 이해하기 위한 필수 코스라는 점이다.

이 대목에서는 정통 마르크시스트이자 영원한 사회과학도이길 원했던 오세철 전 연세대 경영학과 교수가 애용하던 설명을 덧붙이는 게 적절할 듯하다.

"거시 macro 에 미시 micro 가 있고 미시 속에 거시가 또 있다. 연세대학교 행정이나 학내 사정이라고 하는 미시적인 부분 하나만 보더라도 우리 한국 사회 전체의 모순이 빠짐없이 들어 있음을 알 수 있다."

이런 시각에서 본다면 A스토리와 같은 미시는 참으로 좋은 전형적인 샘플 케이스다. 작게는 대장금의 원작을 가리키는 인물 작가적 투입 요소, 상상력·창의성·문화자본과 같은 무형자원의 투입요소 등이 갖는 성취와 한계를 잘 보여준다. 아울러 작가 요소와 원작, 드라마 제작에 이르는 세세한 작동메커니즘의 전모까지도 이해할 수 있도록 도와주고 있다.

아무튼 A스토리는 창업 준비에 매달렸던 2004년 한 해 동안 J.S.픽처스라는 우산 속에서 애벌레와 같은 진한 숙성 과정을 거치게 된다. 이 과정의 주역이 바로 이 대표였다. 이 대표는 이 기간 동안 J.S.픽처스의 제작기획 이사로 일하게 되었다. 독립 프로덕션이기도 한 J.S.픽처스는 A스토리의 시원에 해당하는 최완규 작가가 지분을 갖고 있는 회사였고 최작가와 이 대표가 반죽해놓은 작가 그룹 구상 내용을 접한 J.S.픽처스의 이진석 감독 등이 전폭적인 지원을 약속했다. 이 대표는 이 기간 동안 드라마콘텐츠 사업에 관해 압축적으로 학습할 수 있었다고 말한다.

"드라마는 모르는 분야였습니다. 예전에 현대그룹의 케이블방송 사업체였던 현대방송과 스포츠투데이 비서실 등에서 근무하면서 주로 전략기획이나 M&A 등에 관여해왔습니다. 현대방송이 IMF 외환위기를 맞아 팔리게 되었을 때는 당시 거의 유일하게 자금력을 유지한 국민일보 그룹에 매각하는 프로젝트를 제가 맡아 직접 기획하기도 했습니다." 이 대표의 말처럼 드라마사업을 직접 익히는 과정은 그 자신에게도, A 스토리에게도 아주 귀중한 실습이 될 수 있었다.

이 기간 동안 이 대표는 J.S.픽처스 프로젝트로 〈러브 스토리 인 하버드〉를 직접 기획하게 된다. 김태희, 김래원 주연이었지만 기획 초기에는 이른바 사전 주문 판매인 '프리세일즈'가 가능할 정도는 아니었다고 한다. 드라마 후반, 종영 이후에 이들 연기자들의 스타파워가 급상승했지만 방영 이전에는 상대적으로 한류스타로서 파워가 약해 가장 안정된 드라마 프로젝트 파이낸싱의 한 경로인 프리세일즈가 봉쇄되었다는 얘기다.

반면 J.S.픽처스의 또 다른 프로젝트인 〈슬픈 연가〉는 김희선의 스타파워를 타고 무난히 프리세일즈를 진행시킬 수 있었다. 이에 〈러브 스토리 인 하버드〉가 출구로 찾은 것이 방송영상투자조합으로부터 펀딩을 받는 방식이었다. 이에 이 대표는 CJ 창업투자와 한국방송영상산업진흥원[KBI]이 주축이 된 펀드로부터 23억 원을 유치하는 데 성공하게 된다.

한류 스타파워의 세기에 따라 극명하게 갈리게 된 두 가지 투자경로, 즉 훨씬 더 안정적이고 좋은 조건의 프리세일즈와 좀더 불리하고 어려운 여건인 창투 자금 투자의 차등을 경험하면서 이 대표는 드라마사업의 묘미와 노하우를 하나씩 익혀가게 된다.

돈과 돈이 사슬처럼 이어져가며 작동되는 드라마비즈니스의 전개과정을 몸소 체험하면서 그는 연기자의 스타파워가 갖는 위력을 뼈저리게 느꼈을 터이다. 동시에 연기자에 비해 도외시되는 작가나 원작이 갖는 작고도 수줍은 파워의 현실에 대해서도 상세하게 알 수 있었을 것이다. 이를 괴테의 작품《빌헬름 마이스터의 수업시대》시리즈에 빗대자면 'A스토리의 유아 수업시대'라고 부를 만도 하다. A스토리가 본격적인 편력시대로 나아가기 위해서는 얼마나 더 멀고 험한 길을 가야 할지는 아직 아무도 모른다.

그런데 이 수업시대의 한가운데서 이 대표가 체험했던 프리세일즈가 아닌 창투 자금 투자가 참으로 재미있고도 묘한 결과를 가져왔다. 프리세일즈를 못하고 창투 자금을 쓰게 된 일이 결과적으로 A스토리에게 확고한 득이 되어버렸다. CJ창업투자로 인연을 맺은 CJ엔터테인먼트 그룹 측이 A스토리 회사 설립에 관심을 갖게 된 것이다. 결국 CJ미디어가 자본금 20억 원을 투자함으로써 A스토리 창업에 중요한 토대를 제공하게 되었다. 한국을 대표하는 엔터테인먼트 브랜드 자본과 풀뿌리 작가 그룹의 극적인 결합이 이루어지는 한 편의 리얼리티 드라마가 꾸며지고 있었다.

문화수익 : 금전보다 큰 보상과 만족을 따져라

경제외적 수익을 노려라

콘텐츠에 대한 관심이 높아지면서 관련한 고정관념이나 허상도 덩달아 커지고 있는 듯하다. 콘텐츠가 마냥 황금의 신대륙만 같고, 또 누구나 손쉽게 할 수 있을 것으로 비치는 현상 자체가 실은 콘텐츠가 갖는 특성이라고 볼 수 있겠다. 친근하고 소프트하고 말랑말랑한 느낌을 콘텐츠가 풍겨왔다는 얘기다.

하지만 콘텐츠를 생업의 터전으로 삼고 있거나 그러할 사람들에게는 사정이 달라진다. 돈을 벌어야 하고 살아남아야 하는 본격적인 비즈니스 차원에서 보면 그 허와 실을 분간하는 것이 백배 필요하다고 하겠다. 막연하고 몽환적인 꿈과 허황한 인식을 갖지 말고 이제는 콘텐츠비즈니스를 왜 하는지, 하겠다고 결심하는지에 대해 모두가 곰곰이 생각해봐야 할 때가 아닌가 한다. 이런 차원에서 콘텐츠비즈니스에 관한 콤플렉스들을 무찔러보고 싶다.

콤플렉스 1: 콘텐츠는 쪽박 아니면 대박

콘텐츠비즈니스는 잭팟 비즈니스인가? 흔히들 영화나 출판을 잭팟에 비유하기도 하는데 이 때문인지 게임, 애니메이션, 음악, 영상물 등을 생각하면 '이건 쪽박 아니면 대박 아닌가'라고 말하는 사람들이 많다. 이처럼 '모 아니면 도'라고 생각하는 사람은 당연히 '대박'을 좇아 한탕을 노리는 탐욕자적 근성을 내비치기도 한다. 반대로 '쪽박'이 될지도 모른다고 지레 짐작하며 스스로 좀 해보다가 안 되면 위축되어버리고 마는 경우도 많다. 한마디로 콘텐츠는 '도박'과 같으며 '고위험 고수익 High Risk, High Return'인 분야라는 인식이 지배적이다. 그러나 이는 잘못된 고정관념에 가깝다. 그 이유는 다음 다섯 가지로 설명할 수 있다.

- 콘텐츠는 창작 행위와 밀접한 관련을 맺고 있다. 따라서 금전적인 기준으로 '쪽박'과 '대박'을 나누는 것은 편향된 사업자적인 기준이다.

- 세속적인 기준으로 '쪽박'과 유사한 비즈니스 성과가 나오는 경우에도 콘텐츠는 작품을 남기고 여기에 참여한 모든 사람들은 이름을 널리 알릴 수 있다.

- 역사적으로도 작품성과 상품성이 일치하지 않는 경우가 얼마든지 있으며 좋은 콘텐츠 작품이라면 약간의 가공과 변환 과정을 통해 좋은 상품으로 재단장될 가능성이 더욱 크다. 따라서 일시적인 '쪽박'도 훗날의 '대박'으로 이어질 수 있다.

- 콘텐츠 대박을 기대하는 심리는 주로 사업자 측에서 유포하고 있으며 진정한 콘텐츠 경쟁력의 원천인 '원작자'의 마인드는 훨씬 더 담백하다. 달리 말해 원작자는 자신의 콘텐츠를 잘 알기 때문에 '바랄 만큼만 바란다.'

- 가장 큰 문제는 대박이 될 만한 가치가 없는데도 그렇게 믿고 안 되면 실망하는 작태이다. 이런 인식 때문에 '쪽박 아니면 대박'이라는 일종의 한탕주의와 같은 현상이 나타나지 않나 여겨진다. 따라서 우선 작품성이 좋은 콘텐츠를 만들고 이를 다시 상품성이 높은 콘텐츠로 격상시키기 위한 노력을 기울이며 상품으로서 가치를 극대화하는 실질적인 전략의 실행이 요구된다.

콤플렉스 2 : 한국에서는 글로벌 대작이 향후 5년 안에 나올 수 없다

누구나 1등을 하고 싶어한다. 콘텐츠 세상의 1등 자리가 얼마나 대단한지는 《해리포터》나 〈포켓몬스터〉를 보면 잘 알 수 있다. 이런 부러

움 저편에 "한국에서는 아무리 잘해도 저런 글로벌 대작이 나올 수 없어"라고 하는 자조 섞인 견해도 모락모락 피어나고 있다. 창의력이 없고, 펀딩이 안 되고, 해외 마케팅이 안 되고 등등 핑계거리는 많다. 과연 그럴까?

- 한국인의 상상력과 창의력을 자극해줄 수 있는 퀄리티미디어가 한국에 들어서면 가능하다. 퀄리티미디어란 영국의 BBC, 일본의 NHK, 미국의 뉴욕타임스, 내셔널지오그래픽, 사이언티픽 아메리카 등과 같이 높은 수준의 문화 정보, 사회 정보를 제공해주는 미디어를 말한다.
- 퀄리티미디어가 우리 문화의 원형과 세계 콘텐츠 시장의 흐름을 아침저녁으로 재미있게 프로그램화하여 보여주면 된다.
- 협업하고 공조하는 시스템을 갖추면 된다. 한국영화가 성공한 최대 요인 중 하나가 제작, 투자, 배급유통이라는 세 가지 섹터가 수평적으로 융화하여 '따로 또 같이' 한몸처럼 움직였다는 사실이다.
- 콘텐츠를 기능으로 익히는 것이 아니라 지식, 철학으로 사유하고 경영전략으로서 실행하도록 하는 '콘텐츠 연구개발R&D 센터'가 생겨나 제대로 가동되면 된다.
- 정부와 매스, 스몰 미디어, 벤처, 대기업 연합으로 콘텐츠 신디케이트를 만들어 최소한 아시아권의 유통을 장악하면 글로벌 대작

을 실현할 수 있다.

위와 같은 믿기 어려운 변화가 실현되기 위해서는 문화콘텐츠 부문에 관한 전략적인 접근과 실천, 즉 구체적인 액션 플랜이 필요하다. 한국의 경우 우선 기획과 마케팅 부문의 국제적 경쟁력이 많이 떨어진다고 하는 지적이 많다.

이 문제는 일단 콘텐츠비즈니스의 골든 룰인 '원소스 멀티유즈One Source Multi Use'의 측면에서 보면 원소스One Source : 상품 기획, 소재 발굴, 연구와 멀티 유즈Multi Use : 생산, 마케팅, 유통 및 고객 서비스에 둘 다 걸치는 과제이기도 하다.

콘텐츠 수자원 확보

《해리포터》는 누구나 인정하는 멋진 원작, 즉 원소스다. 문학출판에서 출발하여 영화, 게임, 방송, 캐릭터, 패션으로까지 뻗어가며 돈을 쓸어모으기에 바쁘다. 우리가 원하는 것은 이 정도 되는 원소스다. 그러면 이를 위해 우리 모두 정성을 모아 무엇을 먼저 하여야 할까?

《해리포터》의 원작자 조앤 롤링을 보면 해답이 떠오른다. 《해리포터》라는 원소스의 높은 상품성은 일차적으로 작가인 조앤 롤링의 R&D 역량에서 비롯되었다. 롤링은 작품의 이야기story, 사실fact, 이미지image를 그야말로 기가 막히게 꾸며내 성공작을 창조해냈다. 무엇이 이를 가능하게 했는가? 직접적으로는 작가의 상상력, 지식, 철학, 감수성을 들 수 있다. 그러면 이러한 콘텐츠의 기반은 어디로부터 생성되는가? 타고난 자질? 아니면 DNA? 물론 개인적인 영역이 있을 테다. 이는 사실 신성불가침 영역으로서 전략이나 정책 운운할 지대가 아니다. 그렇다면 공통분모처럼 남는 객관적 영역이 있겠는데, 가만히 살펴보면 영국의 BBC가 여기에 포착된다. 왜 그런가?

조앤 롤링은 가난한 작가였다. 그녀가 의존할 수 있었던 것은 자신의 개인적 재능과 이미 성인으로서, 사회적 개인으로서 체화하고 있는 '한 감수성이 뛰어난 영국 사람의 전형적인 교양과 지식 그리고 철학'일 뿐이다. 그녀가 어떤 특정한 기업의 지원을 받았다든지, 케임브리지와 같은 고급 교육의 장에서 서식했다고 알려주는 증언은 없다.

결국 그녀에게 끊임없이 아침저녁으로 콘텐츠와 문화의 자양분을 공급해준 거대한 수자원, BBC가 중요한 몫을 맡았다고 말할 수 있다. 어릴 때부터 해왔을 독서와 여행도 상당히 중요한 밑천이 되었을 것이다. 하지만 한 사람이 체험을 하는 데는 한계가 있으니 BBC와 같은 퀄리티미디어의 역할이 더욱 커질 수밖에 없다.

안타깝게도 우리에게는 이러한 함량을 지닌 퀄리티미디어가 없지 않나 여겨진다. 이래서는 문제작이 될 수 있는 원작 시나리오를 생산해내는 기반이 무너질 수밖에 없다. 결국 풍부한 정보력과 상상력의 싸움인데 한국 사회에서 전형적인 개인이 얻을 수 있는 콘텐츠의 자양분은 바로 BBC와 같이 인류와 역사 세계정세, 경제, 경영, 문화에 대해 애정과 실력을 갖고 좋은 콘텐츠를 만들어 공급하는 퀄리티미디어에서만 나온다.

이 같은 수자원의 물과 자양분을 공급받아 비로소 콘텐츠에 대한 콘텐츠^{메타 콘텐츠}를 원작자는 기획, 가공, 생산할 수 있는 것이다. 때문에 퀄리티미디어는 우리에게 무엇보다 절실하다. 퀄리티미디어는 그 자체로도 탄탄한 콘텐츠 사업자가 될 수도 있다. 방송 프로그램 〈텔레토비〉의 경우 아예 BBC가 직접 기획을 한 작품이 아닌가.

우리에게 좋은 신문, 방송 등 매스미디어가 있지만 한국 사람에게 아침저녁으로 좋은 콘텐츠의 자양분을 제공해주는 퀄리티미디어는 아쉬운 상황이다. 한 가지 예를 들어보자. 외환위기를 겪을 때 한국을 대표하는 모 신문사의 해외특파원 수는 달랑 4명에 불과한 적이 있었다. 당시 일본의 아사히신문의 해외특파원수는 52명. 이래가지고는 한국 사람과 일본인이 얻을 수 있는 정제된 세계의 정보가 제한될 수밖에 없다.

또 있다. 한국을 대표하는 모 방송사의 자본금은 십억 원에 불과하다. 루퍼트 머독이 이끄는 뉴스코퍼레이션 그룹의 자본금은 82억 달러, 8조 원을 오르내리는 수준이다. 만 배나 더 큰 자본력이다. 이래가지고는 앞으로 펼쳐질 디지털방송, 디지털위성방송 환경에서 양질의 콘텐츠를 지속적으로 만들어내고 시청할 수 있으리라는 기대는 말 그대로 기대에 그치고 만다.

외환위기 때 금융기관이 대대적으로 개혁되었듯이 이제는 한국의 미디어 기관, 업계가 한시바삐 글로벌 경쟁력을 갖춘 세계적인 미디어기업으로 거듭나 우리 국민들이 좋은 콘텐츠에 둘러싸여 있는 환경을 조성해 주도록 변화시켜야 한다. 퀄리티미디어를 갖고 '콘텐츠 수자원'으로 쓸 수 있는 국민은 행복한 국민으로서 늘 좋은 작품을 생산할 준비를 갖출 수 있기 때문이다.

이 퀄리티미디어를 중심으로 개별 기업이나 개인이 하기 힘든 콘텐츠 R&D센터 또는 커뮤니케이션 센터를 속히 세워 위에 말한 '콘텐츠 수자원'의 양과 청정도를 향상시키는 전략도 국가적으로 본격 추진할 일이다.

미니메이저가 되길 힘써라

작은 바위 얼굴, '미니메이저'를 보라. 1985년부터 1994년까지 10년간 아카데미 영화상 주요 8개 부문 후보작 전체의 71퍼센트와 수상작 전체의 80퍼센트는 유니버설, 디즈니, MGN, 파라마운트 등 할리우드 메이저들이 독식해왔다. 그러나 그후 2005년까지를 보면 후보작은 38퍼센트, 수상작은 41퍼센트만이 이들 빅네임에게 귀속되는 큰 낙폭을 보인다. 나머지는? '미니메이저'라고 부르는 뉴라인, 미라맥스나 독립영화사, 외국 제작사 등으로 넘어갔다. 미디어산업의 도도한 움직임이 아닐 수 없다.

먼저 대형 매체파워를 중시하던 규모의 전략이 효력을 다했다는 지적이다. 실제로 음악메이저가 아닌 애플컴퓨터가 아이팟을 내세워 시장 지배자로 올라섰다. 뉴스와 방송, 포털에서도 기존의 메이저보다는 창의적이고 기발한 커뮤니티 리포트, 블로그, 신종 영상 포털이 세차게 약진중이다. 신문에서도 다우존스가 팩티바, 바론스, 마켓위치와 같은 미니 브랜드를 전 세계 뉴미디어시장 최일선에 포진시켜 수익을 다변화하는 데 성공을 거두고 있다.

이러한 메이저 브랜드의 격하와 축소는 큰손, 큰돈만으로 시장을 지배해오던 패턴의 정지를 의미한다. 아울러 매체파워를 키우기 위해 경쟁사나 군소 매체를 사들이곤 하던 인수합병 일변도의 확장 전략에도 브레이크를 걸고 있다. 예를 들어 다우존스나 맥그로힐 같은 선도적 미디어 그룹은 경영정보콘텐츠나 디지털교육, 학습 솔루션이라고 하는 특정요소 Component 를 중심으로 기획 투자를 하고 있다.

이와 달리 뉴욕타임스나 트리뷴 등은 여전히 미디어 브랜드, 기업을 대상으로 사냥하고 제휴도 하는 스타일이다. 다우존스와 맥그로힐은 미니메이저라고 할 수 있는 산업의 요소를 분리하여 타깃으로 설정한 두사를 하는 반면 뉴욕타임스나 드리뷴은 상대적 마이너로 있는 산업의 플레이어와 골목대장식 거래를 하는 셈이다. 바로 이 '산업의 요소냐, 산업의 플레이어이냐'라는 근본적 차이가 어느새 미디어경영의 승부처로 간주되고 있다.

승리자는? 단연 산업의 플레이어가 아닌 요소를 분석하고 골라내

투자하는 쪽이 승승장구해나갈 것으로 보인다. 왜냐하면 미디어기업이나 브랜드 단위, 즉 산업의 플레이어 단위에서 억지로 묶여 있던 세부 경쟁력 요소들이 이제는 분화되고 있어서다. 딱 맞는 케이스가 방송드라마 산업요소이다. 거대 방송미디어는 모든 걸 다 가진 듯했지만 연출가가 제일 먼저, 연기자가 그 다음 떨어져나갔고 이제는 작가가 독립하고 있다.

연출가와 연기자, 작가라는 요소는 각자 조직을 만들었고 외자와 국내 통신기업 등 각계의 자본을 흡인하고 있다. 미디어투자자들은 이제 드라마나 영화 낱개를 프로젝트 베이스로 투자하는 게 아니라 연출가나 작가, 미술과 같은 비즈니스의 요소 단위로 투자를 감행하고 있다. 멜로에 강한 작가그룹 요소 하나를 확보하면 KBS나 NHK, CCTV 등 미디어를 가리지 않고 글로벌 한류시장을 석권할 수 있다는 복안이다.

뉴스와 방송, 영화를 아우르는 할리우드 메이저의 쇠퇴는 이 산업의 요소에 대한 투자를 몰랐고 실기했기 때문이다. 그 사이 미디어의 핵심 부품에 해당하는 사람, 원작, 솔루션 등 산업의 요소라는 영토를 정복한 새 권력인 미니메이저들이 서서히 일어서고 있다. 한국의 미디어기업들도 특정 분야 인력과 정보, 문화자원 등 핵심 요소를 발굴, 투자하며 미래를 개척하는 과감한 모습을 보여줄 것을 기대한다.

문화의 중심, 콘텐츠 허브로 옮겨라

아부다비에 루브르 분관이 들어선다. 이 소식이 공개되자 프랑스의 국가공인 문화체인 사업을 두고 드레퓌스 사건을 연상케 하는 지적 논쟁이 뜨거워지고 있다.

아부다비와 문화대국 프랑스가 서로 배짱을 맞춘 이 루브르 분관 빅딜의 핵심은 역시 문화허브에 대한 애착에 있다. 인근 두바이와 경쟁 중인 아부다비의 장소 마케팅은 처음부터 문화허브였다. 사막에 스키장을 만든 두바이 창조경영의 요체는 거대한 엔터테인먼트 쇼핑이다. 문화허브가 노리는 품격과 고급 고가 쇼핑이 챙기는 실용주의 간 한판 경합이기도 하다. 둘 다 승승장구할 것인가? 아니 그보다 아부다비가 루브르까지 가져와 인정받고 싶어하는 문화허브란 대체 무엇인가?

적어도 문화에서 '허브Hub'의 개념은 아직도 진행 중이다. 정상적인 프로세스라면 허브와 관련한 큰 그림, 즉 헌법에 해당하는 대형 걸개그림이 그려진 다음, 중형과 소형 그림이 디테일한 터치를 보여주는 식으로 일이 진행되어야 할 것이다. 지금 시점은 대략 큰 그림이 구상되고 있는 단계라고 비유할 만하다.

먼저 '우선 문화콘텐츠 세상에서 허브란 무엇을 말하는가?'라는 물음을 품지 않을 수 없다. 콘텐츠는 경제와 산업의 관점에서 볼 경우 크게 보면 문화산업_{엔터테인먼트 산업, 디자인 등 감성산업을 포함}과 지식·정보산업

교육산업, 컨설팅 업무 등을 포함을 아우르는 소프트산업, 즉 하드웨어에 대칭하는 보이지 않는 무형자산을 기반으로 하는 산업 전반을 가리킬 수 있다. 이를 좀더 우리의 일상생활에 잘 맞게 구체화시켜 보면 세 가지의 영역으로 축약할 수 있다.

정보계열콘텐츠Information Contents, 지식계열콘텐츠Knowledge Contents, 엔터테인먼트계열콘텐츠Entertainment Contents 등이 사실상 가정 전형적인 콘텐츠의 세 가지 영역이다. 이렇게 본다면 허브 안에 들어갈 콘텐츠의 영역과 범위 또한 정보콘텐츠, 지식콘텐츠, 엔터테인먼트콘텐츠를 모두 포괄해야 할 것이며, 이 세 가지 영역을 배합하는 과정에서 얼마든지 국가전략, 기업전략의 의도를 투영시킬 수 있을 것으로 보인다.

‘허브’ 안의 콘텐츠 영역을 규정짓는 것에 이어 곧바로 요구되는 중요한 과업은 허브 내 콘텐츠 부문의 작동원리, 즉 운영 프로그램을 미리 기획하고 실행시키는 일이다. 허브 안에 일정한 콘텐츠산업이 자리 잡게 하는 것으로 정책이나 투자의 임무가 끝나는 게 아니기 때문이다. 허브 내 콘텐츠의 섹터가 실질적인 리더 역할을 하게 되려면 그 구성요소와 상호네트워크, 작동메커니즘과 같은 부분, 즉 인체의 신진대사에 해당하는 기능과 생리를 디자인하는 것이 중요하다는 뜻이다.

이 디자인이 곧 허브 내 콘텐츠 전략인 셈이다. 스탠 스톨네이커의 책 《비즈니스 정글, 허브》가 설정하는 허브의 개념을 문화적 측면 또는 콘텐츠적인 측면과 관련하여 풀어보면 다음과 같은 견해가 나올 수 있다.

'허브' 소리가 세차다. 정부도 동북아 중심국가 개념을 잡으면서 한국을 허브로 규정하기 시작했다. 물류허브, IT허브, 문화허브 등 다채로운 테마도 속속 등장하고 있는 중이다. 이런 분위기 속에서 과연 허브란 무엇인지, 그리고 허브가 어떤 희망이 될 수 있는지에 대해 많은 사람들이 물음을 품게 되었다.

이 궁금증을 풀게 해주는 책이 아주 시의적절하게 나와 있다.《비즈니스 정글, 허브》는 모든 쏠림의 중심을 허브로 설명한다. 이 쏠림은 비즈니스와 트렌드를 쏟아내는 문화의 중심으로 이끌린다. 달리 말해 허브란 중심이 되는 도시와 거기에 살면서 중심 트렌드를 만들어내는 사람들, 그리고 그곳에서 탄생하는 중심적인 비즈니스 성향을 가리키는 개념이다.

여기서 트렌드는 그 뜻이 문화의 창조와 발신에 가깝다. 일반적으로 시장이나 지역의 트렌드가 선도기업이나 신기술에 의해 생성된다고 보는 시각과는 상당히 다르다. 이 책은 트렌드의 주역을 고급소비자이자 사회적 명사라고 할 수 있는 허브엘리트로 지목하고 있다.

오히려 기업이나 학교 등 '기관'들은 트렌드를 뒤쫓아온다고 보고 있다. 허브의 주인공인 허브엘리트는 일과 여가, 대인관계 등 세 가지 요소를 매개로, 끊임없이 낡은 라이프스타일을 허물고 새로운 트렌드를 실험하며 만들어낸다. 이들은 '일 같지 않은 일_{일과 놀이가 일치}'을 하거나 '초인적인 일'에 몰두하면서 기성질서를 파괴하는 사람들이다.

이들은 스타벅스나 버거킹 스타일을 그다지 달가워하지 않는다. 이미 대중화된 가게에서는 어두운 그림자를 느낄 정도로 예민한 이들이 허브사람들이다. 이들은 금요일 외출이나 주말나들이도 일부러 삼간다. 뉴욕이라는 허브의 전형적인 엘리트는 번잡한 주말을 피해 화요일 밤에 화려한 외출을 감행한다.

이들이 맨해튼의 로터스와 같은 전용 클럽에 가면 VIP룸이 기다리고 있다. 그들만의 사회에서 허브 사람들은 값비싼 명품 소비나, 쾌락 이상의 것을 좇는다. 보통 사람들이 일을 통해 이성적으로 자신의 존재를 확인하고 엔터테인먼트 소비로 감성적인 만족을 얻는다면 허브사람들은 한 단계 더 높은 차원의 가치를 획득한다. 이성과 감성을 초월하는 이 가치는 영성 spirituality: 정신적인 평온함 내지는 조화로운 마음이다. 단순히 자신의 존재를 확인하는 이성의 차원이나 즐기고 느끼는 감성을 넘어서 영적인 발전을 추구하는 집단이 허브사람인 셈이다.

영성을 찾아 모든 것을 투자하고 떠돌기를 좋아하는 이들 허브사람들은 틈만 나면 전 세계의 허브를 찾아 잦은 여행을 다니기도 한다. 태국의 푸켓이나 크라비, 일본 동경, 중국 상하이, 워싱턴의 조지타운 등이 즐겨 찾는 곳이다. 여행을 못 갈 때면 허브사람들은 여러 허브의 친구들과 디지털 수신호를 나눈다.

이메일이 그 방편 중 하나인데 허브의 주인공들은 특이하게 '탈영어 Post English'화된 싸임 Syme 과 같은 커뮤니케이션 수단을 애용한다. 싸임이란 참조부호나 아이콘, 이모콘, 약식표현 등을 말한다. 이러한 이들의 독특한 의사소통과 언어, 기호 사용은 이 책의 곳곳에서 예시로 도 등장한다. 세계를 돌아다니는 허브사람들의 이메일, 채팅의 은밀한 내용을 드문드문 저자가 발췌하고 있다.

허브사람들의 사랑, 결혼 등 대인관계도 남다르다. 'BIM Bicultural Marrieds: 상이한 문화권에서 자란 두 사람이 결혼으로 맺어진 관계'이라든지 'SLDR Serial Long-distance Relationship: 장기적으로 장거리를 오가며 만나는 관계' 등으로 여러 유형을 나눌 수 있다.

이와 같이 사람 사이 관계가 달라지기 때문에 허브의 골격을 지탱하는 질서도 늘 새로워질 수밖에 없다. 이런 허브의 여러 특성들은 결국 시장의 수요로 집약된다고 하는 것이 저자의 견해다. 비즈니스 커뮤니티의 고급지 《포춘 FORTUNE》의 전문 마케터인 저자는 허브에서 새롭게 분출하는 수요 욕구는 우선 적절한 물질주의에 의해서 현장에서 해소된다고 주장한다.

루이비통이나 BMW, 헬로키티 칫솔 등이 물질주의의 공급자다. 일단 허브에서 새로운 트렌드와 라이프스타일이 생성되면 명품 메이커와 같은 발빠른 기업들이 적합한 상품으로써 대응해낸다. 때로는 수량이 극히 제한된 초소형 브랜드가 각광을 받기도 한다.

이런 랑데부가 성공적으로 수행되면 그 다음 하위 허브나, 허브의 주변부로 트렌드가 빠른 속도로 전파된다. 때문에 허브를 공략하는 마케팅 전략의 개발, 서비스의 제공이 일류 기업의 조건이 될 수밖에 없다고 저자 스탠 스톨네이커는 강조한다. 기업들이 재빨리 허브의 익명성과 문화 차용, 양문화주의, 입소문, 경험중독, 트렌드의 수용과 거부 등 특성을 익혀야 큰 시장을 겨냥할 수 있다는 얘기다.

스탠 스톨네이커의 책에서 꼽는 허브는 국가가 아니라 로컬 도시에 가깝다. 제1의 허브로는 도쿄, 시드니, 런던, 파리, 뉴욕, LA 등을 들고 있다. 프랑크푸르트, 제네바, 서울, 샌프란시스코 등은 '제2의 허브'로 분류된다. 워싱턴의 조지타운이나 태국의 크라비 등도 작지만 강한 허브다.

과연 허브를 주축으로 한 도시공동체, 지역공동체가 곧바로 세계와 만나고 역사를 리드하는 세상이 열리게 될 것인가? 문화 중심을 대망하는 우리나라로서는 관심을 가지지 않을 수 없는 대목이다.

문화주인 : 창조계급을 알아보라

악기를 만들자 : KAIST발 충격

문화를 중시하며 문화에 투자하고 문화로 승부하기 시작한 국립 기관이 있다. KAIST 문화기술대학원. 여기에서 무슨 일이 일어나고 있는 것일까?

"교수님, 제 친구는 저와 같이 불문과를 나왔는데 대전에 간 지 이십 일 정도 만에 글쎄 악기를 하나 만들었다네요."

내가 맡고 있는 한국외대 대학원 수업의 한 학생이 뜬금없이 악기 타령을 했다. 이 학생이 말하는 대전에 있는 그 학교는 KAIST 문화기술대학원을 가리키는데 지금 그야말로 새로운 바람을 일으키고 있는 뉴스메이커다. 나로서는 이 바람에 정면으로 맞설 생각은 없었지만 뭔가 응답을 해야 할 상황이었다. 쭈뼛쭈뼛하고 있는데 부연 설명이 더해졌다.

"그 학교 교수님이 비전공자들에게 악기를 만드는 이유를 설명하셨답니다. 악기가 어떻게 만들어지며 어떤 식으로 소리가 나는지를 알지 못한 채로 공연기획사업과 같은 전문적인 일을 할 수 없다는 뜻이랍니다."

내 머릿속에 환한 전구가 켜졌다. 아하! 창의성이로구나. 대전발 악기 소식을 들은 나는 이내 창의성 러시 creativity rush 의 출발선에 울려 퍼진 총성을 온몸으로 감지할 수 있었다. 드디어 대한민국의 난다 긴다 하는 '하고 잡이'들이 창의성 오디세이를 떠나는구나. 나 자신도 그 동안 뚝딱거려왔던 목선 만들기를 서둘러 끝내고 이 겨울이 오기 전에 창의성 신대륙으로 가는 원정대 닻을 올려야지. 여기까지 생각이 미치자, 학생 모두에게 선언했다.

"KAIST에 가봅시다. 선진문물을 보러 가는 겁니다. 그래서 우리가 하고 있는 창의성 훈련 프로그램과 한번 비교도 해보자고요."

곁들여 KAIST 문화기술대학원의 내력이나 통합적 학문하기의 필요성, 이화여대 최재천 석좌교수의 지론인 통섭학 등에 관해서도 설명했다.

KAIST가 IT라는 항구에서 문화와 예술 콘텐츠를 만나러가는 모험을 이미 시작했다면 다른 한편에서는 문화와 예술 콘텐츠라는 베이스캠프를 떠나 IT와 과학을 만나러 등정을 하는 움직임도 만만찮다. IT와 문화, 예술이 서로 만나려 채비를 하는 이 광경에는 서로가 느낀 그대로 공통 관심사, 공통분모가 도사리고 있다.

예외 없이 함께 목말라하는 그 밑바닥에 도사린 창의성 탐사 계획과 목표가 그것이다. 어느새 IT 전문가들도 문화적 안목, 예술적 감각이 없이는 더 이상 백만 원이 넘는 핸드폰을 내놓기가 불가능함을 알게 되었다. 문화, 예술 진영에서도 IT 언어를 모르고서는 영화의 미래나 미술 거래, 펀딩의 새 루트를 내다볼 수도, 준비할 수도 없다는 점을 깨닫기 시작했다. 고뇌하는 문화, 예술 애호가의 얼굴을 한 IT 전문가가 필요하게 된 셈이다. 동시에 또렷하고 정확한 사이언티스트의 두뇌를 가진 아티스트 또한 몸값이 치솟고 있다.

이미 이스라엘 과학영재학교와 같은 곳에서는 예술을 가르치고, 예술영재학교에서는 과학과 회계 과목을 함께 접하도록 해주고 있다고 한다. 바로 이런 흐름 때문에 한국의 과학, 기술을 대표하는 KAIST가 문화, 예술을 학교 프로그램으로 끌어안았다는 분석이다. 문화, 예술 자체를 진로로 삼는 교육은 아니지만 문화, 예술 활동을 통해 창의성의 좌뇌와 우뇌를 함께 자극하는 특별한 시도를 하고 있는 셈이다.

이처럼 KAIST가 다채로운 노력을 기울이는 동안, IT기업인 마이크로소프트도 애플 아이팟을 본떠 무선 다운로드까지 지원하는 새로운 MP3플레이어 준^{Zune}을 내놓았다. 삼성전자도 보르도TV라는 문화적 취향 물씬한 브랜드로 승승장구하고 있다. 부쩍 아트워크^{artwork} 와 미장센을 추구하는 IT 부문의 경향이 세찬 요즘이다. 워낙 IT 힘이 한계점에 도달한 시점이라 뭔가 문화, 예술적 아우라를 입혀야 한다는 자각이 있어왔던 터다.

사실 이 때문에 나는 IT의 다각화를 지지하지만 염려도 한다. 창의성이라는 샘을 너무 한꺼번에 포클레인으로 후벼 파서 IT의 창의성 사랑이 짧은 백일천하 유행으로 끝나지 않을까 하는 걱정이 앞서기 때문이다. 바라건대 창의성이라는 근본적인 수자원에서 찬찬히 연구하고 체험하고 실천하는 일에 좀더 몰두해야 할 일이다. IT를 돋보이려 문화, 예술을 붙인다거나 IT로 활로를 찾기 위해 문화, 예술 공정을 단축한다거나 하는 속 좁은 생각은 어서 버리는 게 좋을 테다.

그런 면에서 KAIST 문화기술대학원은 성공하는 실험이 될 가능성이 아주 높다. 다만 학교 안 절해고도에서 문화를 호흡하기보다는 홍대 앞, 대학로, 강남으로 나와서 현장의 창의성을 찾아 접목하는, 쿨 헌팅^{cool hunting}과 같은 생생한 기법을 애용하면 더 좋은 성과를 낼 수 있으리라 본다. 쿨 헌팅은 IT 아웃사이더가 먼저 보여줄 수 있다. 콘텐츠 쟁이들에게는 KAIST 현장이 또한 신나는 쿨 헌팅 대상이니까.

이제 본격적으로 문화를 중시하기로 작심한 KAIST를 경배하고 싶다. 앞으로 좋은 성과가 줄줄이 나오기를 또한 기대한다.

싱어송라이터로 길러라

서울의 어머니는 옷가게에 가면 아이를 서 있게 하고 손수 새 옷을 골라준다. 밀라노의 어머니는? 아이더러 직접 가서 맘에 드는 옷을 골라오게 한다. 그 서울의 아이는 곱게 자라 미대에 가지만 아름다움을 볼 줄은 알아도 창조하는 일에는 영 자신없어 한다. 밀라노의 그 아이는 커서 놀라운 색깔 감각과 독특한 스타일을 만들어 세계적인 패션 디자이너로 성장해간다. 생생한 교육의 차이다.

이와 같이 밀라노와 서울의 영특한 두 아이는 자라온 환경에 따라 원작자와 추종자로 갈린다. 밀라노가 키운 원작자는 규칙 제정자rule maker로서 패션계의 유행을 창조하고 발신하며 문화권력까지 쥔다. 조르지오 아르마니나 루치아노 베네통 같은 이가 표본이다.

지금 온 세계가 원하고 있는 인재는 바로 창조적 역량과 영혼을 지닌 사람이다. 세계 역사가 산업화에서 정보화로 넘어온 지 20여 년 만에 다시 멋진 신세계로 옮겨가고 있기 때문이다. 감성화, 예술화, 드림 소사이어티, 휴먼터치의 시대라고 사람들이 부르는 이 신대륙은 문화와 경제가 만나는 영역, 바로 콘텐츠의 세계다.

이곳에선 더 이상 딱딱한 기술과 건조한 지식을 섬기지 않아도 된다. 말랑말랑한 감성과 지혜가 꿈과 사랑, 감동을 연출해 사람들을 매혹시키는 마술이 펼쳐진다. 이 마법의 성은 《해리포터》의 작가 조앤 롤링이나 스티븐 스필버그와 같은 창작자에 의해 다스려진다. 우리가 간절히 원하는 콘텐츠 세계의 통치자도 바로 이런 인물들이다. 하지만 우리에겐 너무나 귀하다.

청소년에게 장래 희망을 물어보면 프로게이머나 백댄서, 가수는 곧잘 말하지만 게임기획자, 영화제작자, 연예기획사 사장은 드물다. '싱어'만 원했지, '싱어송라이터'는 없다는 애기다. 여기서 바로 콘텐츠 인력양성을 촉구하는 '긴급동의'가 튀어나온다. 그동안 얼마나 한쪽만 보여주고 화려한 외양만 강조했으면 죄다 '재주 부리는 곰'이 되길 원했는가 하는 말이다. 당연히 돈 버는 왕서방이 낫고 문화, 예술과 경영을 겸하는 쪽이 실속 있지 않은가?

지금이라도 투자를 늘리고 생각을 바꿔 복합형 인재, 즉 '싱어송라이터' 타입이자 만능 엔터테이너를 키우는 데 눈을 떠야 한다. 이런 재목들은 그야말로 마을 전체, 사회 전체가 달라붙어야만 키워낼 수 있다. 어쩌면 졸업에서 취업까지가 너무 먼 현행 교육시스템을 허물어야 할지도 모른다. 베네통의 R&D 센터인 파브리카가 바로 그러한 예다.

이들이 배출하는 인재가 곧 '싱어송라이터'들이다. 이들만이 영국 정부가 말한 대로 게임이나 애니메이션은 물론이고 건축, 패션, 디자인과 같은 모든 소프트한 창작산업, 즉 콘텐츠산업에 두루 통하는 핵심 인재임이 분명하다.

우리도 당장 쉬운 프로게이머보다는 깊이 있게 게임을 창작하고 사업도 겸할 수 있는 '싱어송라이터'를 길러낼 수 있는 체제로 전환해야 한다. 인력을 양성하는 대사에 정부와 대학, 미디어가 모두 집중해야 할 때다. 사람에 대한 투자는 우리 문화 인프라를 튼튼히 하는 일이면서 콘텐츠 세계의 금맥인 우리의 문화원형을 채굴하는 일이기 때문이다.

싱어송라이터 정신은 문화콘텐츠 산업 종사자에게만 요청되는 덕목이 아니다. 인접 IT산업이나 금융, 유통과 같은 서비스업은 물론 동떨어져 보이는 제조업에도 고스란히 전해질 수 있다. 필드의 여전사 한 분의 발언을 경청해보자.

"삼십 년 동안 잡지를 내고 출판을 하며 종이와 씨름하며 살았습니다. 이 징그러운 종이로 기념될 만한 뭔가를 만들어야겠다고 생각해낸 것이 종이와 컨테이너를 세워 올리는 페이퍼테이너 뮤지엄 아이디어입니다."

우리 시대 디자인경영, 창조경영의 심벌로 성장한 디자인하우스 이영혜 대표의 설명이다. 월간《디자인》직원으로 시작해《행복이 가득한 집》으로 유명한 디자인하우스를 이끌어오고 있는 여장부답게 획기적이고 방대한 대역사를 이 대표는 주저 없이 착수했다. 세종문화회관만 한 예술 건축물이 올림픽공원 소마 미술관 뒤에 들어신다는 소식 자체가 빅뉴스가 되기에 충분했다.

그 안의 소프트웨어는 또 어떤가? 본디 콘텐츠 기획자, 승부사가 아니겠는가. '브랜드를 밝히다', '여자를 밝히다'라고 이름 붙힌 2개 프로그램 기획은 흥행에도 대성공. 아직도 컴컴한 암흑기에 내몰린 것이

지도 모르는 우리 브랜드 마케팅, 우리 여성을 환하게 밝힌다는 취지를 머금고 있다.

이 대표는 삼성과 LG가 전력투구하고 있는 디자인경영, 창조경영에도 커다란 관심을 갖고 있다. 글로벌 무대에서 삼성과 LG가 창조적 아이디어를 샘솟듯 공급해줄 수 있는 인재를 절실히 필요로 하고 있다는 점도 잘 알고 있다. 아울러 창의성을 갖춘 천재를 또한 얼마나 빨리, 적재적소에 배치하여 활용할 수 있느냐에 따라 잔혹한 초무한 경쟁의 승패가 갈린다는 인식에도 공감하고 있다.

그러면서 기업의 단기업적주의를 저어한다. 삼성도 LG도 아직까지 디자인경영을 잘하고 있지만 창의적 인력을 보유해야겠다는 조급증을 벗어나야 한다고 따끔하게 충고하고 있다.

"먼저 좋은 디자인을 고를 줄 아는 안목부터 길러야 합니다. 삼성전자에서 임원이 되려면 6개월 정도라도 SADI 같은 기관에서 디자인 프로그램을 이수해야 한다는 조항을 만들면 어떨까요? IT 전문가, 경영진이라도 디자인 안목만 제대로 갖고 있으면 설사 회사 내에 창의적 기획자가 없다 해도 가져오면 됩니다.

꼭 한국 디자이너나, 삼성맨 디자이너일 필요는 없다는 얘깁니다. 이탈리아나 브라질 디자이너면 어떻습니까? 창의성 넘치는 천재가 꼭 한국 사람이어야 하고 삼성 출신이어야 한다는 고정 관념의 포로가 될 필요가 없다는 말입니다. 그보다는 삼성이나 우리 국민이 디자인을 제대로 볼 줄 알고 사들일 수 있는 능력이라도 갖추자는 겁니다.

이렇게 해나가면 창의성은 해결될 수 있습니다. 돈도 있는데 잘 알아보고 제대로 고를 수만 있어도 창의성은 내 것으로 만들 수 있습니다."

결국 이 대표는 디자인경영을 곧 문화경영으로 풀이하고 정리한다. 성대한 결합, 노스탤지어, 미니멀리즘과 같은 디자인 사조는 문화콘텐츠 콘셉트에서 자라나오는 화려한 키워드가 된다. 이로써 미래 문화는 두뇌의 경제에서 손발의 경제를 넘어 마음의 경제로 내리치달을 것이라는 전망도 내놓았다.

창조계급 인터뷰 : 허준에서 대장금을 길어올리다

사람이 간절히 원하면 된다고 하던가? 드라마 〈허준〉, 〈대장금〉, 〈서동요〉의 거장 이병훈 PD가 시간을 내주기로 했다. 이병훈 PD와 만나 무얼 물어보고 알아내야 하나……. 워낙 짧은 자투리 시간을 얻어둔 터라 내 머릿속은 꽤나 복잡했다. 먼저 머릿속을 가득 채운 것은 PD에 관한 여러 고정 관념들이었다.

방송의 꽃은 PD라고 하는데 드라마콘텐츠에서도 PD가 가장 중추적인 위치에 있으니 내가 관심을 갖고 있는 대장금의 수익 성과와 관련한 그 어떤 질문도 소화할 수 있으리라는 기대감이 한껏 부풀었다. 그런가 하면 기존의 여러 언론에 이미 노출되었던 다양한 인터뷰 내용과는 전혀 다른 차원의 숨은 일화를 많이 듣고 오는 것도 큰 수확이 될 것이라고 머릿속 한쪽에서는 주문하고 있었다. PD, 그것도 우리나라 사극 드라마의 대명사격인 왕 PD이니 그 어떤 물음도 해결할 수 있으리라는 낙관론이었던 셈이다. 어쨌든 나는 주어진 30여 분 동안 해낼 수 있는 가장 핵심적인 질문 열 가지를 미리 준비했다. 이렇게 구성한 질문은 앞에서 보듯이 〈대장금〉의 저명한 PD로서 이병훈 PD가 관련 비즈니스와 경영관리에 이르기까지 소상한 내용을 충분히 답해줄 것을 전제로 하고 준비한 내용들이었다.

그럼에도 늘, 아니 대부분 그렇듯이 옆길로 새고 말았다. 수익과 비즈니스가 이번 인터뷰의 핵심인데 이병훈 PD와 나는 어느새 〈대장금〉의 첫 발상과 연구, 조사, 원작 생성과 같은 근원적인 요인들에 푹 빠져들고 있었다. 인터뷰를 하는 나도 인터뷰를 해주는 이 PD도 〈대장금〉 콘텐츠 사업의 성과를 가져오게 한 애초의 원작 태동 단계, 즉 산출이나 제작프로세스에 선행하는 투입요소에 빠져들고 있었다. 마치 〈대장금〉 마마님과 접신하기라도 한 것처럼……

〈대장금〉 기획은 이병훈 PD가 개인적으로 직접 하였다. 2001년 드라마 〈허준〉을 제작할 때 등장하는 의녀 제도에 대해서 이 PD는 특별히 관심이 많이 갔다고 회고한다. 허준이 어의가 되었을 때 그를 돕는 의녀들이 있었고 드라마에선 예진아씨가 캐릭터로 부각되어 대중적으로 큰 사랑을 얻기도 했다.

이 때문에 의녀 제도에 대해서는 한번 조사를 해보리라고 생각을 해두었다고 한다. 여기서 이병훈 PD가 30여 년간 MBC 〈조선왕조실록〉과 같은 사극 드라마를 제작해오면서 본인만이 터득하고 고수해오던 암묵적 지식의 일단을 알 수 있었다. 그는 보통 사극 기획을 할 때 한꺼번에 책을 수십 권 구해보곤 한다. 작품이 끝나고 회사에서 보장해주는 유급 휴가와 다름없는 금쪽같은 휴지기에 본격적으로 다음 작품 구상과 리서치를 하는 스타일이다. 이병훈 PD는 "지금 촬영 중인 〈서동요〉는 백제사 등 전문서적을 집중적으로 보아 무왕 이야기 등을 구상하였다. 역사학자 이기영 박사 등이 출판한 《백제사》는 물론이고 여러 가지 야사와 요즘 많이 나오는 재미있는 역사 관련 책들을 광범위하게 모아 혼자서 보고 기획하고 구상한다. 재야사학자 글들도 아주 소중하게 활용하고 있다" 하고 자신의 기획 스타일을 소개한다.

한데 여기서 그냥 스쳐지나갈 수 없는 측면이 하나 있다. 이병훈 PD을 지원하는 다른 전문가 그룹이나 자문 없이 혼자서 수십 년 동안 〈허준〉, 〈대장금〉, 〈서동요〉와 같은 당대의 히트작을 기획하고 꾸려왔다는 사실이다. 이른바 원맨 원톱 시스템이다. 어떤 이는 1인 주식회사 방식이라고도 한다.

어쨌든 이러한 1인 중심 기획시스템이 다름 아닌 우리 한국 드라마 콘텐츠의 간판 인사인 이병훈 PD의 스타일임을 확인했을 때 약간은 아찔한 현기증 같은 충격을 먹지 않을 수가 없었다. 이른바 과학적이고 체계적인 콘텐츠 생성, 기획 시스템이 우리에게 뚜렷하게 주어진 과업이라는 것도 너무나 선명하게 가슴에 와닿았다.

무슨 교과서나 논문의 결론처럼 애용되어왔고 나 자신도 연구자로서 늘 결론 내리고 주장해오던 시사점과 메시지가 이병훈 PD의 인터뷰에서 또렷하게 확인되는 순간이었다. 인터넷에도 해당 서적 목차나 구성 등이 올라와 있기 때문에 드라마 내용 구성에 적절하게 활용하는 편이다.

이병훈 PD는 찰나적으로 내가 반응했던 충격과 연구 가설의 확인 절차와 다짐 같은 일시 정지 상태에 아랑곳하지 않고 더욱 생생한 이야기를 풀어나갔다.

"대장금의 경우 의녀 제도를 먼저 조사해보았는데 세계에서도 아주 독특하고 조선에서만 확인되는 제도여서 자료가 많지 않았다."

결국 이병훈 PD는 〈허준〉 촬영을 마치고 백방으로 자료를 구한 끝에 조선시대 의녀 제도에 관한 논문 여섯 편을 구하게 된다. 시기적으로 보아 첫 논문이고 가장 중요한 근거가 되었던 것은 무려 40여 년 전인 1961년에 발표된 서울대 의대 김두종 박사의 의녀제도 관련 논문이었다.

김두종 박사는 우리나라 의학사 연구의 태두로서 한국의학사 등을 펴냈다. 이후 연세대 간호학과 등에서 의녀 제도를 다룬 논문도 있었는데 〈대장금〉 창조에 가장 혁혁한 기여를 한 논문은 1994년 중앙대 교육학 박사논문이었다. 이 PD는 조선시대 의녀 교육제도를 다룬 박선미 박사의 이 논문에서 '장금'이라는 이름을 보게 되고, 장금이에 관한 일화 몇 가지를 접하게 되었다.

"중대 교육학 박사 논문에 보면 장금이라는 이름이 나옵니다. 이 논문을 교과서로 사용한 셈이죠. 거기 보면 중종 임금이 '장금이만으로 충분하다, 내 병을 가장 잘 안다'고 말했으며 장금이가 중종의 주치의로 활동했다는 기록이 있다고 합니다. 또 의녀 제도가 태종 5년에 만들어졌고 신분은 천민이었다고 하는데 이는 궁중에서 의녀가 남자와 함께 일하기 때문에 양반 여식은 오지 않았던 때문으로 풀이할 수 있죠. 신분은 천민이지만 지식은 최상층이었습니다. 시험도 국가고시처럼 있었고 동몽선습, 효경, 본초강목 등 시험 과목이 있었다고 전해집니다. 지식과 교양을 겸비해야 합격할 수 있었다는 얘기지요. 일단 의녀가 되면 남자 의사와 같이 진단하고 시술도 의녀가 직접 했습니다. 처방만 남자 의관이 하도록 규정이 되어 있었고요. 그랬기 때문에 당시에는 중인 집안에서 의녀가 배출되었고 특별히 의녀 지망생은 외모가 좋았다고 합니다. 그러다가 어느 때부터 의녀를 견제하기까지 하는 풍토가 생겼습니다. 연산군부터는 의녀를 가까이하고 기녀처럼 대하기도 했기 때문에 조선조 신윤복 그림에 등장하는 여러 기녀 중 의녀로 추정되는 인물화도 있습니다. 머리 모양을 보면 의녀 가르마를 한 사람이 따로 나오거든요. 대략 이때 연산군 이후 궁중에서는 기녀와 의녀가 혼재되기도 했던 것 같습니다."

이병훈 PD는 이와 같이 기본적으로 조사한 장금이에 관한 역사 자료를 토대로 작품을 구상하고 김영현 작가에게 대본을 집필하도록 했다. 이게 바로 대장금의 시초 스토리에 해당한다. 이병훈 PD에게 〈대장금〉 콘텐츠 수익성과 등에 관해 집중적으로 물으러 갔던 나는 성과에 이르는 애초의 노력, 즉 콘텐츠 창조 단계의 이야기에 나도 모르게 푹 빠져버리고 말았다.

호치민이 목민심서 대하듯

창의성은 어디로부터 생겨나는가? 혼자 독야청청 있으면서 무슨 천재적 재능처럼 창의성이 샘솟는다고 믿는 사람이 있다면 별로 할 말이 없다. 제너럴일렉트릭을 경영했던 잭 웰치 말대로, 필요하다면 남의 아이디어를 훔쳐서라도 창조해야 한다는 옹골찬 마음씨라야 대화할 맛이 난다. 여기 호치민 이야기는 역사 속에서 배우는 시대와 공간을 초월한 창의성 투자를 일러주는 좋은 사례이다.

베트남 민족운동의 최고 지도자였으며 베트남 민주 공화국 초대 대통령을 지낸 '베트남의 아버지' 호치민. 1969년 사망한 호치민의 머리맡에는 생전에 애독했던 다산 정약용의 《목민심서 牧民心書》가 놓여 있었다고 한다. 호치민은 독립운동가로 활동하던 시절 다른 소지품은 못 챙겨도 《목민심서》만큼은 꼭 챙겼을 정도로 《목민심서》를 아꼈다. 덕분에 《목민심서》는 베트남 공무원들의 지침서로 채택되기도 했다. 《목심심서》를 자신의 몸처럼 아꼈던 호치민은 다산 정약용의 가르침을 몸소 실천했다. 호치민은 국민이 있음으로 관官이 있다고 역설하며 철저히 국민들 속에 들어가 함께 살고자 했다. 호치민은 '3꿍 정신'을 실천한 것으로도 잘 알려져 있다. '3꿍 정신'의 첫째는 국민과 함께 산다는 꿍아, 둘째는 함께 먹는다는 꿍안, 셋째는 함께 일한다는 꿍땀이 그것이다.

《목민심서》에서 다산은 관리의 청빈을 강조하고 있다.《목민심서》의 2장 '율기육조律己六條'에서는 "청렴은 관리의 본분이요, 갖가지 선행의 원천이자 모든 덕행의 근본이니 청렴하지 않고서는 목민관이 될 수 없다"며, "자신이 쓰는 돈이 백성의 피와 땀으로 이뤄진 것이란 사실을 한시도 잊어서는 안 된다"고 강조했다. 1장 '부임육조赴任六條'에서도 "수행하는 사람이 가진 게 많아서는 안 된다. 청렴한 목민관의 행장은 겨우 이부자리에 속옷 그리고 고작해야 책 한 수레쯤 싣고 가면 될 것"이라며, 청빈, 검소함 그리고 끊임없는 배움을 목민관이 지녀야 할 가장 기본적인 덕목으로 제시하고 있다. 심지어는 "부를 탐하는 수장은 그 아랫사람들까지 물들여 하나같이 축재만을 일삼게 되며, 이는 곧 국민의 피를 빨아먹는 도적떼와 같은 존재"라고 경계하고 있다.

관련해서 다산 연구소 박석무 이사장은 《목민심서》의 핵심으로 두 번째 편의 두 번째 조항인 '청심'을 꼽고 있다. 이에 따르면 청렴한 공직자의 최상급은 "봉급 이외에는 아무것도 먹지 않으며, 먹다가 남은 것은 역시 가지고 집에 돌아가지 않으며, 벼슬을 그만두고 집으로 돌아가는 날에는 한 필의 말로 조출하게 가는 것"이라고 했다. 다산 역시 암행어사 등 벼슬에 나가있을 때 청렴을 실천했다.

호치민에게 있어 청렴은 정치력과 국민적 신뢰와 리더십의 원천이었다. 그는 평생 허름한 농민복을 입고 초라한 집에 살았다. 베트남 국민들은 국가원수인 그를 '호 아저씨'라고 불렀다. 그의 청렴의 리더십은 베트남뿐 아니라 적대국인 미국에서도 경애의 대상이 되기도 했다. "허를 버리고 실을 찾으며 실을 찾으면서도 그 중에서 가장 옳은 것만을 구해야 한다"는 다산의 철학이 호치민에게도 이어진 셈이다. 호치민은 이념적 엄격함이 아니라 민족문제를 해결하기 위한 실사구시형 지도자였다. 그는 죽어서까지 나라를 지키겠다는 일념으로 동상을 만들지 말고 화장을 하여 나라 주위에 뿌려달라고 유언한 것으로 전해진다.

조선시대 뛰어난 천문학자이자 측우기 등의 발명가로 알려진 장영실도 같은 맥락에서 재발견할 수 있다. 한 인간으로서 매우 극적인 일생을 살았던 장영실이 연구하고 발명한 시계, 측량기, 농기구, 가마 등 수많은 품목 가운데서 우리는 한국 문화산업의 뿌리를 찾아낼 수 있다. 이미 한국이 세계 최초로 이룩하였던 금속활자 기술을 승계하고 한층 더 발전시키는 위업을 바로 장영실이 담당했다는 사실에서다.

장영실이 주재하였던 금속활자 갑인자는 한글을 창제하고 문화와 과학기술을 진흥시킨 혁신의 총설계사 세종대왕의 의지와 당시 불을

뿜는 에너지로 승화되었던 시대정신과 무관할 리 없었다. 세종대왕의 재위기간인 1418~1450년은 천문학은 물론 활자 인쇄, 도량형, 화약, 농업, 의약, 음악 분야 등 문화예술과 과학기술 등 모든 분야에서 탁월한 업적이 나온 한국사의 르네상스였다.

이러한 시대의 한복판에 우뚝 선 장영실이나 역시 세종대왕 시기의 인물로서 오늘날 한국의 레오나르도 다 빈치라고도 불리는 이천과 같은 이들은 오늘날 분과된 학문 풍토에서 명명하는 단순한 과학기술자가 아니라 그야말로 총체적이고 통합된 사상과 학문, 실기를 가진 멀티플레이어임이 분명하다.

따라서 장영실 같은 인물은 과학기술과 문화, 예술, 지식, 사상을 자신의 발명, 연구개발 과정과 현장에서 종합적으로 실행하고 형상화한 창의적인 문화 사이언티스트로서 재해석되어야 옳다. 이 같은 전통은 한국 사회의 DNA로 이어져 오늘날 디지털, IT 등 하이테크산업을 활짝 꽃피웠고 이제는 산업화와 정보화를 넘어서는 미래전략 지대로 꼽히는 문화산업의 대지를 풍요롭게 할 씨를 뿌리내리고 있다.

창의성 사다리에 올라 별을 따다

요즘 가장 잘 나가고 있는 콘텐츠 장르를 들라면 단연 공연이다. 무용수 출신인 뮤지컬 프로듀서 설도윤 대표가 〈오페라의 유령〉을 들여와 대성공을 거둔 이후 명작, 걸작들이 앞다퉈 한국에 왕림했다. 세계 4대 뮤지컬로 부르는 〈오페라의 유령〉, 〈레미제라블〉, 〈미스 사이공〉, 〈캣츠〉는 물론 〈맘마미아〉, 〈프로듀서스〉와 같은 인기작들이 연이어 한국 관객을 찾아왔다.

그런가 하면 잠실 롯데월드에 들어선 뮤지컬 전용극장 샤롯데가 〈라이온킹〉을 무기한 기획으로 선보이게 되면서 한국이 일약 뮤지컬 선진국으로 떠오르는 분위기다. 창작 공연도 덩달아 활기를 띠고 있다. 영국 에든버러 프린지 페스티벌을 매혹시킨 뮤지컬 〈점프〉를 비롯하여 〈난타〉 시리즈가 그 선두주자다.

그런가 하면 언론에서 한류 신상품이라고 극찬하고 있는 〈비보이를 사랑한 발레리나〉와 마리오네트, 비보이코리아, 피크닉과 같은 비보이 선물세트까지 포함한다면 한국의 뮤지컬 공연산업은 실로 다양한 콘텐츠들이 자웅을 겨루는 전성기를 맞고 있다고 할 만하다. 다시 살아나고 있는 〈뮤지컬 명성황후〉와 같은 한국의 고전들도 빼놓을 수 없다.

하지만 문화 중시, 문화 경시라는 잣대로 들여다보면 대부분의 한국 공연산업은 위태로운 외줄 곡예로 내몰리고 있는 형국이다. 왜 그런가? 간단히 말하면 공연산업 문화콘텐츠를 더욱더 강하게 만드는 피라미드 구조와 이를 오르내리는 창의성 사다리가 제대로 갖춰지고 있지 못하기 때문이다.

먼저 공연산업과 같은 문화콘텐츠 부문의 피라미드 구조란 무엇을 말하는지 살펴보자. 피라미드 모양의 맨 위 꼭짓점에 누군가 군림하고 있다. 우러러봐야 하는 그 사람은 창조자, 크리에이터라는 이름이다. 창조자는 피라미드 정점에서 수많은 후배와 후예, 부하를 통솔한다.

후배들 가운데는 이제 갓 공연예술계에 들어온 새내기무명씨도 있고 4, 5년차 중견급들도 고루 퍼져 있다. 이들 휘하의 병졸들은 모두 일류를 꿈꾼다. 도달하고 싶은 저 높은 곳은 창조자, 크리에이터 자리. 거기까지 가는 데 도대체 얼마나 걸리고 어떠한 가시밭길이 도사리고 있을 것인가? 문화콘텐츠 부문 연구자들이 보내는 답은 이러하다.

"뮤지컬이든 영화든 한 분야에서 명실상부한 전문가 반열에 오르기까지는 최하 십 년은 걸린다고 봐야 한다. 아무리 천재라도, 뛰어난 선구자라도 진정한 프로페셔널이 되기 위해서는 기량뿐만 아니라 노련한 관록과 속 깊은 품성을 두루두루 갖춰 마침내 숙성한 와인이 되어야 한다."

이렇게 볼 때 한국의 뮤지컬 공연산업 종사자들은 상당수가 불행의 덫에 걸린 딱한 사슴들과 같다. 화려한 무대, 현란한 조명이 삽시간에 과잉공급되면서 한 사람 한 사람이 급성장하는 급물살을 타버린 셈이다. 배우는 이제 막 대학을 마치고 노래와 춤을 연마하기 시작했는데 당장 내걸린 월드클래스 뮤지컬 때문에 세종문화회관에 서고 LG아트센터에 오르게 되었다. 초년 성공에 도취하지 않을 재간이 없을 테니 상황은 더 심각해진다.

어찌 한두 번은 우레와 같은 박수를 받아가며 노래 잘하고 연기 잘

하는 배우로 비칠 수 있겠지만 찬사는 오래가지 못한다. 뮤지컬 배우 1년 만에 세계 4대 뮤지컬에 출연하는 한국형 모델로 잔뜩 우쭐해졌지만 십 년 묵은 전문가로서의 진한 감동은 구할 길이 없다.

열아홉 살에 배우로 데뷔한 말론 브랜도도 초년부터 성공한 게 아니었다. 영화 잡지 《필름 2.0》에 소개된 글을 옮겨 본다(2004. 7. 3).

말론 브랜도는 1943년 열아홉 살 때 연극학교에 들어가 미국에서 명성을 날리던 작가 스텔라 애들러의 눈에 든 뒤 그의 인생은 180도 바뀐다. 스타니스라브스키의 연기 기법에 몰입하여 스스로 많은 연구와 피나는 노력을 한 그는 리스트라스버그의 액터스 스튜디오에 들어가 본격적인 연기 수업을 받고, 몇 편의 연극에서 두각을 나타낸다. 1943년 보비노에서 데뷔공연을 한 후, 1946년 브로드웨이 데뷔작 〈아이 리멤버 마마〉에 출연했다. 이를 통해 브로드웨이에서 호평을 받은 그는 이듬해 테네시 윌리암스의 〈욕망이라는 이름의 전차〉[1947년]에서 뛰어난 연기력을 보여준다.

이후 할리우드의 손짓을 받고도 줄곧 거절하던 브랜도가 선택한 영화 데뷔작은 〈맨〉[1950년]이다. 이 영화에서 그는 하반신 불수인 전쟁 피해자를 실감나게 연기했다. 또한 이듬해엔 연극에서 만났던 극작가 엘리야 카잔을 찾아가 자신의 연기를 보여준 뒤 캐스팅을 따내고 그와 의기투합해 영화화한 〈욕망이라는 이름의 전차〉[1951년]가 대단한 성공을 거두어 아카데미 최우수 작품상을 수상한다. 1954년에는 〈워터

프론트〉로 아카데미 남우주연상을 거머쥐며 할리우드의 정상급 연
기파 남자배우로 우뚝 선다.

이 같은 말론 브랜도의 역정도 전형적인 피라미드 구조에서 창의
성 사다리를 오르는 한 예술가의 길을 보여주고 있다. 오늘날 산업이
더 커지고 지망생도 더 많아진 환경에 와서도 엘리베이터로 수직상
승하거나 에스컬레이터로 고속 이동하는 신데렐라는 거의 없다. 있
다 해도 이내 첫눈처럼 녹아 사라져버리곤 한다.

미국 뮤지컬 산업에서도 십 년 전문가 법칙은 날로 강화되고 있다.
저 높이 창조자, 크리에이터를 대망하고 갓 입문한 배우나 프로듀서,
스태프은 몇 년 동안을 기약도 없는 내셔널 투어 유랑 길을 전전한
다. 어떤 날은 텍사스 깡촌에서 술 취한 관객으로부터 얻어맞기도 한
다. 또 어느 좋은 날에는 LA 근처 부촌에서 호평을 받고 덤으로 팁까
지 받아 시바스리갈 위스키향에 흠뻑 취해보기도 한다.

20대 초반이었던 소년이 몇 해 지나 수염이 잘 어울리는 남성으로
바뀌어갈 무렵, 이 배우와 연출가, 스태프는 드디어 뉴욕으로 입성하
게 된다. 처음에는 오프오프브로드웨이에서 일을 하다가 발전해서
오프브로드웨이로 다시 얼마 후 브로드웨이로 올라가는 행운을 누리
게 된다.

이 지난한 과정이 공연 산업 피라미드를 오르는 창의성 사다리다.
기어이 꼭짓점 맨 위 크리에이터가 된 그 사람은 어제의 노바디 ^{Nobody}

였던 오늘의 섬바디^{Somebody}, 바로 그 역전의 명장이다. 오래 걸리지만 문화를 중시한 사람이었기에 해낼 수 있었다.

문화개척 : 문화생태계에 땀을 뿌려라

더불어 재미있게 사는 문화생태계

변화무쌍한 미디어와 콘텐츠 진화의 끝이 어디인지 아직 알 수가 없다. 여전히 기술 주도의 혁명이 이루어지고 있고 어느 시점에 인문적인 살이 첨가되어 안착될 때까지 얼마나 시간이 걸릴지, 어떻게 이용자와 시장이 변할지 모른다. 따라서 지금보다 더 유연하게 열린 자세로 받아들이고, 습득하고 또 적응해야 한다. 이젠 손발에서 머리와 가슴까지 열어야 할지도 모른다.

이처럼 미디어의 디지털화와 변화를 완벽하게 이해하고 변화무쌍

한 시장 상황에 선제적으로 대응하기 위해서는 시장과 산업 차원의
관점을 넘어서는 생태계적인 시각과 총체적인 인식이 필요하다. 여
기서는 디지털생태계 및 디지털비즈니스생태계에 관한 개념과 디지
털뉴스가 속한 디지털콘텐츠 관련 생태계에 관해 고찰해봄으로써 미
디어생태계 차원에서 관련 사업자가 서로 협력할 수 있는 실질적인
방안이 필요하다.

본래 생태계란 영국의 탠슬리에 의해 1935년 제창된 용어로서, 있
는 그대로의 자연 상태의 인식을 위해서는 구성요소 상호 간의 관계
를 지닌 생물과 무기적 환경을 하나로 통합해야 한다는 개념을 지니
고 있다. 때문에 생태계의 핵심 가치는 공존, 균형, 지속성이라고 볼
수 있다. 이 같은 자연과학적 생태계의 개념은 비즈니스생태계라는
개념으로 응용되기 시작했고, 이 비즈니스생태계 개념에서 다시 디
지털생태계 개념이 도출되기에 이르렀다.

이와 같이 디지털생태계라는 개념이 먼저 나오게 되었지만, 문화
생태계로 금세 응용될 수 있다. 〈표3〉에서 보여주듯이 자연생태계의
원리와 순환 구조를 그대로 따와서 문화투자가 이루어지는 문화생업
현장을 바라볼 수 있다. 예를 들어 문화생태계의 주역을 영화 생산자
로 치자. 콘텐츠제작자, 창작자, 사업자가 결합해 있는 이 영화생산
자 그룹 또는 구체적인 A영화사는 생태계의 숲과 같다. 좋은 공기를
정화해 뿜어내는 숲이 바로 프로듀서 역할을 하고 있다.

생산자는 숲으로서 태양과 비, 대기를 한시라도 흡입하지 않으면

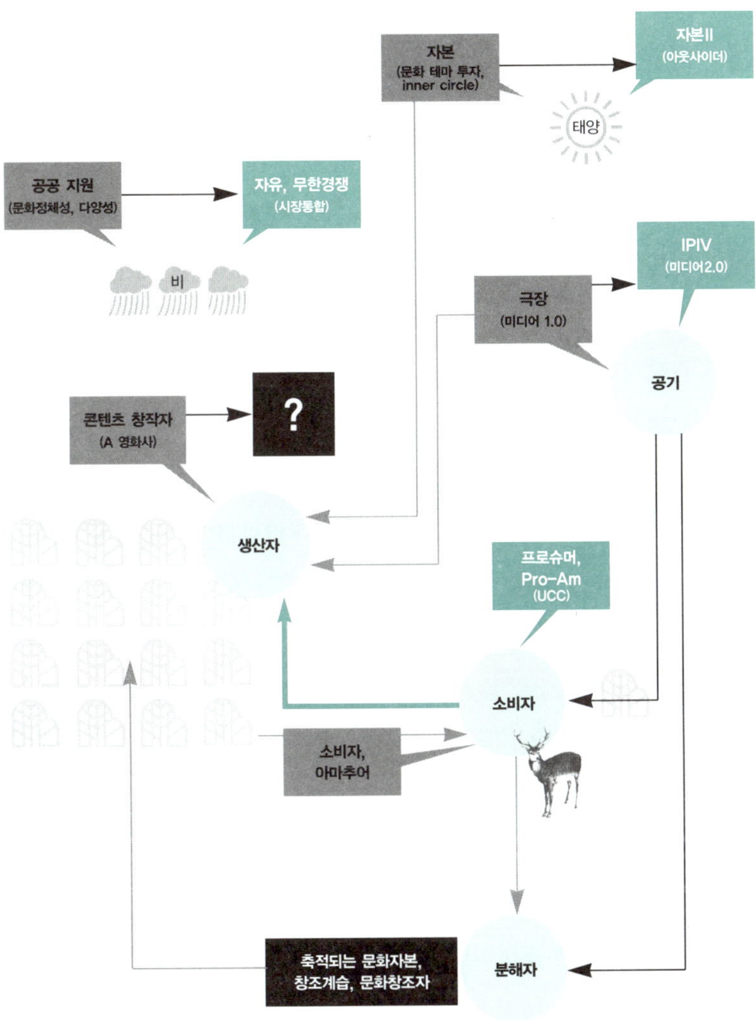
자본
(문화 테마 투자,
inner circle)
자본Ⅱ
(아웃사이더)
태양
공공 지원
(문화정체성, 다양성)
자유, 무한경쟁
(시장통합)
비
IPIV
(미디어2.0)
극장
(미디어 1.0)
공기
콘텐츠 창작자
(A 영화사)
?
생산자
프로슈머,
Pro-Am
(UCC)
소비자
소비자,
아마추어
축적되는 문화자본,
창조계습, 문화창조자
분해자

안 된다. 영화제작그룹이 숲이라면 태양은 투자자본이고, 비는 국가와 사회의 지원과 보호라고 할 수 있다. 대기는 극장과 같은 미디어 또는 윈도이고, 숲에 거름과 양분을 주기도 하는 사슴은 바로 소비자다. 사슴과 같은 동물의 배설물은 전체 생태계의 자양분을 분해해 숲의 밑거름으로 들어가는 총체적인 순환 구조를 보여준다.

정리하면 문화생태계 주주의 커넥션인 '영화제작그룹숲—국가·사회 지원비—자본태양—미디어대기—소비자사슴' 연계 사슬이야말로 문화투자의 결실인 창의적인 콘텐츠 생산, 유통, 소비, 재생산 체계의 성패를 결정짓는 핵심 개념이 된다. 이는 결국 이 문화생태계 연계 사슬이 제대로 작동하지 않는다면 문화투자와 생산, 소비는 급격히 위축될 수밖에 없다는 말이 된다.

역시 〈표3〉에서 지적하듯이 문화시장 개방과 IPTV와 같은 새로운 미디어 출현이 제대로 진행되지 못하고 불확실성을 가중시킬 경우 문화생태계의 주인공인 영화제작그룹은 심각한 혼동을 느끼게 되어 스스로 몸을 가누지 못하게 될 수도 있다. 자본을 전혀 새로운 아웃사이더에게서 구해야 하는 스트레스만 해도 적지 않다. 게다가 극장이라는 미디어가 인터넷, 모바일로 급격히 대체되는 와중에 극장용 디지털시네마 투자를 생각하지 않을 수 없는 혼돈이 부가된다. 소비자는 더 잔인하다. UCC를 기치로 생산자를 압박하고, 그냥 새로운 미디어로 향하여 표표히 떠나 고무신을 거꾸로 신고 있다. 이렇게 되면 문화생태계가 건강하게 유지될 수 없다. 우리가 콘텐츠 생산이나 유통 하나에만 전념할 수 없는 이유가 바로 여기에 있다.

문화생태계를 이해할 수 있도록 만들어주는 좋은 사례로서 《분노의 포도》, 《에덴의 동쪽》, 《진주》 등의 작품으로 노벨문학상과 퓰리처상을 수상했던 존 스타인벡 센터를 찾아보자. 영화 원작으로도 널리 활용되었던 스타인벡의 정신과 문화를 승계하고자 하는 미국 사회의 노력을 국립 존 스타인벡 센터에서 엿볼 수 있다. 마침 《뉴욕타임스》가 "History, Digitized and Abridged"라는 기사^{2007년.3월.10일자}를 통해 문화원형 자료가 디지털화되어 국가, 사회적 자산으로서 활용되어야 함을 역설하고 있기도 하다.

실제로 한국영화의 수익 상황이 대략 2007년 초부터 악화되고 있는 것도 자체의 우연적, 일시적 현상이라기보다 문화생태계 전체의 균열과 파괴가 주는 압박이 작용하고 있다는 분석이다. 한류가 점차 생기를 잃고 있는 것도 같은 맥락이다. 드라마 원작 소재가 고갈되고 우리 영토가 미국 드라마와 일본 만화의 문화 식민지화되고 있는 현상도 예사롭지 않다. 이런 분위기 속에서 결국 콘텐츠를 만드는 손은 위기와 기회가 한데 섞인 강풍을 맞고 있다. 기회 요인을 발견하고 전진하고자 하는 것은 본능에 가깝다. 문제는 IPTV와 같은 신무기가 콘텐츠에는 마냥 기회 요인일 수가 없다는 데 있다. 물론 마냥 위협 요인도 아닐 테다. 중요한 것은 미디어 환경 변화의 옥석을 가려 콘텐츠 발전을 위한 전략 실천으로 긴요하게 활용하는 부분이다.

이렇게 되면 문화생태계가 건강하게 유지될 수 없다. 우리가 문화콘텐츠 생산이나 유통 하나에만 전념할 수 없는 이유가 바로 여기에 있다. 문화생태계 전체를 보고 책임지는 일. 이것이 문화개척을 통한 문화투자의 길이다.

인터넷 포털과 같은 야성으로 무장하라

인터넷 포털 사이트를 들어갈 때마다 문화생태계 전체 조감도를 본다는 느낌이 드는 이유는 포털에서도 가장 뜨거운 코너인 뉴스박스 때문이다. 우선 도대체 하루 동안 얼마나 많은 사람들이 인터넷으로 뉴스를 볼까?

하루 평균 미디어다음과 네이버뉴스의 순 방문자는 대략 각각 5백만 명, 443만 명에 달하고 있다. 경쟁 관계에 있는 A신문사닷컴의 하루 평균 방문자수 27만4천 명, B신문사닷컴 11만8천 명, C신문사닷컴의 5만 명과 비교하면 그야말로 놀라울 따름이다. 이 같은 숫자는 한국언론재단이 펴낸 책 《디지털 뉴스 유통과 저작권 : 조사분석, 2006-02》에 자세히 설명되어 있다.

그로부터 한참이 지난 지금 이 격차는 더욱 벌어졌으리라 짐작된다. 종이신문으로 비유하자면 우리나라 대형 포털사이트는 6~7백만 부를 매일 찍어내는 셈이다. 반면 뉴스를 업으로 삼는 대형 신문사들은 온라인, 오프라인 통틀어 1~2백만 부를 찍어내면서 노상 줄어드는 광고와 이탈하는 독자의 바짓가랑이를 붙들면서 한숨을 내쉬고 있는 형국이다.

이뿐만이 아니다. 최근 자료를 보면 특정 포털의 뉴스 코너의 1일 페이지뷰는 1억 건이 넘지만 1위 신문사닷컴은 천만 건 정도이다. 네이버가 80여 개, 다음은 75개 매체로부터 기사를 제공받고 하루 4천 건에서 많게는 만여 건의 뉴스를 공급받아 자사 뉴스팀의 재편집을 거쳐 하루 2~5백 건의 뉴스를 포털 홈페이지나 뉴스 홈페이지에 프로모션한다.

또 다른 자료에 따르면 국내 인터넷 이용자가 한 달 동안 포털 사이트에 머무는 시간은 총 인터넷 이용 시간의 절반에 가까운 47.8퍼센트에 달한 것으로 나타났다. 신문, 방송을 포함한 뉴스·미디어 사이트의 시간 점유율은 모두 합쳐봐야 고작 3.2퍼센트에 불과했다.

이쯤 되면 2007년 대선을 앞두고 소문처럼 돌아다니는 "다음 대통령은 포털에서 나온대……"라는 쑥덕거림이 예사롭지 않게 들린다.

인터넷 포털, 그 가운데서 특히 요즈음 실감하게 되는 뉴스 콘텐츠의 위력을 어떻게 보아야 할 것인가? 이 문제를 외면하거나 대수롭지 않게 볼 수도 있겠지만 이미 포털은 우리네 언론과 문화, 정보 생활의 커뮤니케이션에서 피할 수 없는 완장이 되어버렸다. 이 권력자가 오늘 어떤 옷차림을 하고 학교 앞 보호구역에 나타날지를 의식하지 않고 출근길을 나설 수가 없게 된 셈이다. 그 옷차림이 바바리맨 꼴이라면 우리는 결코 수수방관할 수 없기 때문이다.

여기서 포털 뉴스와 관해 근본적으로 생각해볼 몇 가지 쟁점들을 추려 볼 필요가 있다.

첫째, 포털 뉴스는 생산자가 아닌 유통사업자임을 자처하고 있다. 저널리즘에 입각해서 뉴스를 발굴하고 특정 논조와 메시지를 심어 뉴스를 각색하는 뉴스 공장인 언론사와 다르다는 게 포털의 입장이다. 구매하거나 받아온 뉴스를 선별하고 편집해서 포털 사이트에 배치할 뿐이라는 주장이다. 여기서는 당연히 "편집하고 유통만 하는 경우 뉴스의 영향력과 책임성 면에서 자유롭게 비껴날 수 있는가" 하는 이슈가 제기된다.

둘째, 포털은 뉴스의 내용적 측면에서 편향성을 지니고 있다. 속보성과 오락성을 중시해 일간지가 실리는 비율은 10~20퍼센트 정도이고, 대부분 노컷·쿠키뉴스 같은 속보성 매체나 연예뉴스가 배치된다고 하는 분석이다. 이에 덧붙여 총 404개에 달한다고 하는 인터넷 신문 가운데서 포털의 자극적, 통속적 취향에 잘 맞는 매체의 뉴스 콘텐츠를 선호한다고 하는 일각의 비평도 강력하다. 정치 뉴스의 경우 대체로 진보주의적 매체의 뉴스가 포털에서 각광을 받고 보수주의적 매체의 뉴스는 찬밥이라는 미묘한 문제 제기도 있어 왔다.

또 다른 측면에서는 정보 가치가 높은 이른바 고품질, 고품격 뉴스에 비해 상업적 홍보성이 짙은 세속화된 뉴스 콘텐츠가 포털에서 더욱 기승을 부린다는 얘기도 들린다. 검색과 뉴스 사이트마다 따라 붙는 광고를 주요 수입원으로 하는 포털 비즈니스 모델의 특성상 이런 애기가 흘러나오지 않나 싶다. 사실 이 부분은 기존의 전문 언론 미디어들도 자유로울 수 없는 부분이기는 하다. 광고주 자본력에 굴해 뉴스 콘텐츠의 혼을 팔아서는 안 된다는 교과서적인 주장이 잦아들지 못하는 현실을 우리 모두는 잘 알고 있다.

끝으로 세 번째는 우리나라 인터넷 세상에서만 특별히 제기되는 문제라고 할 수 있다. 포털과 포털 뉴스가 너무 막강해져서 급기야 기존 언론사는 물론, 벤처형 미디어, 벤처형 콘텐츠 제공자들과 갈등과 대립의 골로 빠져들고 있는 안타까운 현상이 눈앞에 펼쳐지고 있다. 한국과 같이 한두 개의 포털 사이트가 어마어마한 정보와 콘텐츠의 보고인 인터넷 세상의 길목을 마치 고속도로 톨게이트처럼 틀어쥐고 있는 것은 전 세계에서도 유례가 없다.

관련해서 어떤 미디어 전문가는 "한국에는 전국적으로 비상한 관심을 끌 만한 뉴스가 하루에도 수십 건씩 도사리고 있다. 한국에서 시민 기자를 내세운 오마이뉴스가 이목을 끌었지만 미국에서는 비슷한 시스템으로 시도한 IT전문 뉴스사이트가 실패했다. 미국 사람들의 공통분모가 많지 않고 지역별, 사회별로 뉴스 관심사와 시장이 미세하게 나뉘어 있기 때문이다"라고 분석하기도 했다.

유달리 아침저녁으로 띄는 전국적 공통분모 사항이 많고 얼음공주다 된장녀다, 개똥녀다 해서 서로 간섭하며 살기를 좋아하는 한국 사람들이 간절히 원한 것이 바로 신판 새마을운동 확성기, 포털 뉴스라고 할 수 있다. 포털이 인터넷에서 절대 패권을 잡은 것도 기실은 지구상에 유례없이 뉴스 반응도, 민감도, 탄력도가 높은 한국에서 핵심 상품인 뉴스를 집중, 신속 배달했기 때문이다.

이 같은 상황에서 미디어 세상 전체는 물론, 인터넷 동네도 조용할 리 없다. 더구나 포털 뉴스의 영향력과 포털의 독점적 지배력은 날로 확대, 심화되고 있다. 이에 네이버와 같은 대형 포털은 '링크 아웃'을 통해 콘텐츠를 공급한 해당 언론사에 온라인상 뉴스 사이트 편집권을 건네주고, 포털은 연결만 해주는 방식과 같은 타협안을 개발 중이다. 또한 저널리즘을 최우선시하는 기존 언론사와 이용자 방문 및 조회 수를 최우선시하는 포털의 활동이 '동일 서비스, 동일 규제' 원칙을 적용받을 수 없음을 강조하고 있다.

이 또한 일리가 있긴 하다. 하지만 문제는 간단하지 않다. 정작 포털을 통해 포털을 보는 게 아니라 뉴스 콘텐츠라는 최종 목표에 가고자 하는 선량한 이용자에게 불이익을 주기 때문이다. 가짜 뉴스나 검증되지 않은 불량 뉴스의 피해가 대표적인 손실이요, 혼돈의 씨앗이다. 포털 뉴스에서 실수라도 해서 "누구누구는 어디에서 무얼 했다더라"고 1분만 특필해도 수백만 명이 이를 유포, 증폭함으로써 가짜를 진짜로 믿는 커뮤니케이션 손실로 비화될 수 있다. 더구나 개인 블로그, 각종 커뮤니티, 개인 댓글 등 인터넷 미디어의 눈덩이 불리기 효과가 현실화되어 자칫 '악화惡貨가 양화良貨를 구축하는' 디지털콘텐츠판 그레셤의 법칙이 가공할 위력을 떨칠지도 모른다. 정말 그렇게 되면 유사 언론이라는 소리를 넘어 이제는 어엿한 미디어라는 평가를 받고 있는 한국의 포털들은 돌이킬 수 없는 오점을 남기게 될지도 모른다.

역설적으로 말하면 한국의 막강한 포털들은 뉴스로 흥했지만 어느덧 뉴스로 인하여 흔들릴 수도 있는 중요한 기로에 서 있다. 어찌 보면 우리 포털들은 코리아 IT, 인터넷 문화의 최대 특산물이기도 하고 자랑스러운 한국형 디지털생태계의 비전 제시자이자 성공한 모델이기도 하다.

때문에 우리 포털의 이름이나 수익 모델이라는 금자탑이 뉴스로 인한 갈등과 불협화음으로 무너지기를 원하는 사람은 거의 없지 않나 싶다. 그렇다면 이제 필요한 것은 슬기로운 화해와 대안이라고 할 수 있다. 좀더 연구를 해봐야 하겠지만 대략 '언론뉴스', '상업뉴스'와 같이 산업 영역을 구분하여 시장을 다르게 획정하는 방안이 좋지 않을까 한다. 전자가 팩트와 논픽션이라면, 후자는 팩션일 수 있다.

이 두 개의 다른 영역을 포털이 모두 섞어 다루지 말고 전문 언론사는 언론뉴스를 맡고 포털은 홍보나 쇼비즈니스 성격이 강한 상업뉴스를 나눠 담당하는 방법이 있을 수 있다. 이러한 건설적인 대안을 찾는다면 좀더 고도화된 인터넷 규칙의 멋진 본보기가 만들어질 수 있을 터이다.

드라마 로스트, 돈 내고 봐야죠!

문화생태계 보존을 위한 문화개척은 드넓은 세상의 다양한 문화를 접하는 개방과 교류에서 출발한다. 미드^{미국 드라마} 이야기다. 〈로스트〉, 〈CSI〉, 〈위기의 주부들〉, 〈섹스 앤 더 시티〉 등. 요즘 들어 한국 시청자들의 영혼을 매혹시키고 있는 미국산 대작 콘텐츠들이다. 이들 콘텐츠들은 이미 외국 드라마를 통한 타문화 체험 차원이라는 일상적인 경험을 넘어서 커다랗게 부각되는 하나의 사회 문화적 현상으로 자리 잡고 있다.

우리 주변에서 드라마 〈로스트〉에 나오는 '디 아더스^{정체를 모를 외부인}'가 뜨거운 얘깃거리가 되는 풍경은 쉽게 볼 수 있다. 〈섹스 앤 더 시티〉 주인공 사라 제시카 파커가 연출하는 뉴욕풍 패션 스타일은 서울에서 보편적인 심벌이 되어 있다. 범죄과학수사대를 의미하는 〈CSI〉 라스베가스, 마이애미, 뉴욕 시리즈는 한국형 드라마 폐인, 중독자, 마니아를 양산해서 수많은 인터넷 블로그와 커뮤니티가 생겨나기에 이르렀다. 한국의 시청자들 중 상당수가 한국 TV를 외면하기 시작했고 대신 미국 드라마에 탐닉하고 있다는 분석도 나오고 있다.

물론 얼마 전까지만 해도 한국 드라마가 한류 열풍을 이끌었고 최근까지도 〈주몽〉이나 〈연개소문〉과 같은 멋진 사극들이 선전하고 있지만 대세는 어딘가로 급속히 기울고 있다는 느낌이다. 이른바 디지털 원어민이라고 불리는 10~30대 네티즌 세대들의 움직임이 판도를 뒤흔들고 있다는 얘기다. TV보다 인터넷이 더 편한 젊은 층이 인터넷을 뒤져 몰래 접근해서 득의만만하게 가져올 수 있는 동영상 형태의 콘텐츠로 죄다 쏠리고 있다. 이는 문화적 망명으로까지 비견할 수 있을 정도다.

이런 이탈과 출타가 앞으로 더 늘어난다면 십 년 후 한국의 미래 인재요 주역이 될 디지털 원어민들은 가족의 가치나 순수한 사랑보다는 배타적 성공과 쾌락적 만남에 더 열중할 게 분명하다. 이는 잘 보이지 않는 변화이지만 우리가 가꾸려고 하는 공동체의 정체성과 연결해본다면 중대한 쟁점이 될 수도 있다. 마침 방송과 인터넷 등 시청각 서비스 시장 개방을 포괄하고 있는 한미FTA 협상이 이루어지고 있어 몇 가지 이슈들을 짚어보고자 한다.

첫째는 인터넷 공짜 심리를 제어하는 일이다. 미국 드라마가 삽시간에 한국을 휩쓴 것은 단연 인터넷 불법 다운로드 때문이다. 역설적이게도 초고속망 인프라 덕분에 한국 네티즌들은 최신 미국 드라마도 쉽게 구해 보며 일약 세계시민으로 변신했지만 공짜와 편법이 판을 치는 비정상적 분위기에 빠져들고 있다. 당장 이를 제어하지 않는다면 콘텐츠로 생업을 하는 창작자 집단은 설 자리가 없어지고 만다. 우리 네티즌들이 자율적 규제를 거부하거나 늦춘다면 미국 드라마제작사들이 직접 한국 인터넷에 톨게이트를 설치하는 굉음이 들릴지도 모른다.

둘째는 우리 콘텐츠 생산성을 높이는 과업이다. 현재 최고 인기를 누리고 있는 드라마 〈로스트〉의 경우 여러 전문 작가들에 의한 집단 공동창작 시스템을 가동하고 있다. 또한 수년간에 걸친 연구, 조사와 기획 및 시뮬레이션이라는 자본집약적 할리우드 작업방식을 따르고 있다. 이에 비해 한국의 드라마는 1인 작가체제와 급행제작이라는 무리수에서 벗어나지 못한다. 드라마가 곧 FTA가 논의하는 서비스 상품이라는 관점에서 보면 한국과 미국 간 경쟁력 격차를 고심하지 않을 수 없는 대목이다. 이는 곧 산업생산성 문제로 귀결된다. 시청자들이 미국 드라마로 짐 싸서 가는 이유도 실은 〈로스트〉나 〈CSI〉가 더 재미있고 와닿게끔 잘 만들었기 때문이다. 우리 방송사 등이 효율책임경영, 구조혁신 등으로 생산성을 끌어올릴 수 있는 방안을 FTA 협상을 계기로 꼭 찾아내야 한다.

셋째는 협업으로 상호의존도를 강화하는 전략이다. 요즘 뜨는 미국 드라마나 영화를 보면 인연이나 업보, 수양과 같은 아시아적 가치를 핵심 코드로 채택하곤 한다. 스스로 진부함을 벗어나고도 싶고 중국 등 거대 시장을 공략하고자 하는 심산이다. 여기에 기회가 있다. 미국 드라마 〈로스트〉에 배우 김윤진과 스토리 작가 김수진이 참여한 사례가 좋은 모델이다. 《해리포터》나 〈와호장룡〉에서 보듯이 콘텐츠는 미국이 원산지라도 원작과 배우, 이미지, 메시지 등 다양한 요소는 초국적으로 합쳐 만들 수 있는 게 특징이다. 좋은 스토리, 인력으로 미국 영화, 게임, 드라마의 골자를 우리가 맡아 상호의존도를 높여나간다면 FTA나 시장 개방도 두려워할 일만은 아니다.

하이브리드로 힘 키우기

문화개척은 또한 내 것을 떠나 남의 것을 수용하는 하이브리드 흐름에서도 굵직하게 나타나야 한다. 지구촌 안에서 각 지역 간 사회·문화 교류가 실질적으로 확대될 뿐만 아니라 중요성이 강조되면서 문화 간 경계를 급격하게 허물어뜨리는 탈정부·탈지역·탈국가 현상이 날로 가속화되고 있다. 이와 관련해 IT, 디지털, 소프트웨어 등 문화적 할인율이 상대적으로 낮은 구체적인 영역에서는 정보화 급진전으로 초국적 디지털생태계가 형성되고 있다는 분석도 나오고 있다.

이른바 디지털생태계 형성은 사회·문화 교류를 한층 더 촉진하게 될 전망이다. 따라서 미래 사회의 성격도 점차 특수한 문화양식을 강조하는 형태보다는 영어와 컴퓨터 언어와 같은 표준화된 공용 툴이 더욱 중시되어 문화의 보편성이 틀을 갖추게 될 것으로 내다보인다.

또한 디지털, 사이버 문화는 자체 초국가성, 초지역성으로 인해 시간과 공간의 제약을 넘어서는 임플로젼 implosion 현상을 가속화하고 있다. 이런 현상은 일상생활 현장에서도 확산되고 있다.

한국 사회에서도 미셸 위나 하인스 워드 같은 다국적 문화를 체득한 스포츠 스타에 대한 관심을 계기로 지역과 문명권을 초월해 복합화된 아이콘을 선망하는 경향이 나타나고 있다. 이는 IT기술이 촉발하고 촉진시키고 있는 컨버전스 현상이 고도화, 일상화되면서 사회 구성원들의 의식과 관념에까지 영향을 끼치고 있다는 증거라고 볼 수 있다.

이처럼 문화의 보편적 통합이 가속화되면서 순수 문화, 예술 창작자와 연구자를 중심으로 문화적 정체성 및 고유성에 관한 논의가 활발하게 일어나는 다분히 복합적, 중층적, 양면적 흐름이 전개되고 있기도 하다. 대중문화의 영향력을 둘러싼 논의가 좋은 예다. 한편으로는 대중문화가 해체되기 시작하고 프로슈머를 중심으로 창작과 비평 활동이 재편되는 것으로 보는 견해가 있다.

특히 개인이 손쉽게 동영상을 제작, 편집, 서비스할 수 있게 돕는 소프트웨어, 기기, 네트워크, 솔루션 수단이 등장하면서 콘텐츠 경로가 매스미디어에서 퍼스널미디어로 급속히 이행 중이다.

새로운 인터넷 질서 및 환경을 의미하는 웹 2.0과 UCC, 손수개발콘텐츠[UGC], 피플파워드콘텐츠[PPC] 등이 디지털, 사이버 문화의 프로슈머화를 상징하면서 문화생산과 소비의 고정적인 질서와 관념을 혁파하고 있는 중이다. 이제부터는 수동적 위치에 머물렀던 대중과 개인이 새로운 문화산업의 창조계급으로 떠오르면서 문화를 생업으로 삼는 새로운 인간형, 집단이 본격 등장할 것으로 예상된다.

문화원형 : 디지털을 역주행하라

문화투자 블루칩, 동영상 편집

동영상과 UCC가 인터넷 세상에서 최고 핵심어로 떠올랐다. 얼마 전까지 우리가 애플 아이팟의 새로운 디지털 유통과 구글의 혁신적 검색에 덤닉했다면 2007년 이후부디는 한국의 동영상 포털들과 미국의 유튜브로 상징되는 역방향, 역주행 동영상 콘텐츠의 광팬이 되어가고 있다.

역주행 동영상이란 매스미디어나 전문 창작자가 아닌 풀뿌리 개인, 아마추어들이 직접 제작하고 서비스하는 UCC를 의미한다. 특히 한국에서는 기존의 종합 포털과 다양한 커뮤니티, 클럽 사이트들이 모두 동영상과 UCC 무대에 진입함으로써 셀프 미디어, 무한 동영상, 전방위 콘텐츠의 전성기가 이어지고 있다.

이런 거대한 흐름은 크게 보아 굵직한 강점과 약점 그리고 성취와 한계를 지닌다고 할 수 있다. 우선 동영상과 UCC 흐름의 강점으로는 콘텐츠를 만드는 손의 독립을 촉진한다는 점에서 찾을 수 있다. 별도 중간 유통과정 없이 창작자가 직접 자신의 콘텐츠를 매개로 이용자와 호흡한다는 매력이 있다. 반면 전문 미디어의 편집 터치, 즉 눈부신 화장술의 혜택을 보지 못한다는 점은 약점이 된다.

본디 콘텐츠는 편집의 힘에 의해 적절한 맥락 속에 자리 잡고 또 다른 콘텐츠와 상승, 후광효과를 가질 수 있다. 또한 성취와 한계라는 차원에서 보면 동영상과 UCC는 기존 디지털 뉴미디어산업 지형도의 변화를 촉발하였다는 긍정적인 부분과 여전히 아마추어리즘에 빠져 있다는 부정적인 측면이 교차하고 있다는 분석이다.

때문에 국내외 선도적 사례를 통해 동영상과 UCC가 약점과 한계를 줄이면서 극복하고 강점과 성취를 극대화하는 방향으로 전략적 선회를 해야 한다는 의견이다. 이를 위해서는 미국의 유튜브가 1조6천억 원에 팔리고 출마자에 고용된 유저가 선거판을 쫓아다니는 것이 화제가 되는 것과 같은 겉모습이 아닌 근본적인 관점에서 발전 경로를 찾아야 한다.

가장 근본적인 시각은 '새롭고 쓸모 있는 콘텐츠를 샘솟듯 만들어내는 일'에 모아져야 한다. 이는 곧 창조적인 콘텐츠를 만들고 나눠 가질 수 있는 제대로 된 시스템을 만드는 과업으로 연결된다. 여태껏 이 과업이 지지부진했기 때문에 올 들어 확산된 동영상과 UCC 트렌드에 많은 사람들이 그렇게 열띤 호응을 한 셈이다.

창조적 콘텐츠를 재생산하고 축적, 공유하도록 하는 시스템이란 기본적으로 통합적 생태계 개념에서 출발한다. 이 생태계는 일반 수용자와 중개자, 창조자 등으로 구성되는 피라미드 구조를 지닐 수밖에 없다. 때문에 동영상과 UCC에서 중요한 것은 일반 유저가 아주 쉽게 창조자로 격상할 수 있다는 환상을 걷어내는 일이다.

그 다음 전체 생태계 속에서 이용자와 창조자가 유기적으로 잘 연계될 수 있는 통로를 만들어나가는 일이 기다린다. 이를 위해서는 구체적으로 일반 이용자가 동영상과 UCC 작업을 통해 많은 경험을 축적하여 이른바 프로-암_{pro-am: 프로페셔널＋아마추어, 즉 프로페셔널 아마추어라는 뜻} 수준으로 성장하게 하는 생태계 네트워크 계단을 만들어주어야 한다.

아울러 동영상과 UCC를 기회로 비즈니스를 영위하는 벤처와 대형 브랜드 등은 모두 최우선적으로 창조적 콘텐츠가 맑고 풍부하게 흘러다닐 수 있도록 하는 소프트 인프라를 조성하는 데 역량을 모아야 한다. 과거 상업적, 탐욕적 비즈니스, 한탕주의를 맹신했던 인터넷 초기 분위기를 반성해야 한다는 소비자와 시장의 메시지를 놓치지 말아야 한다. 결국 이번 동영상과 UCC 활성화를 계기로 좀더 공공적이고 나눔을 강조하는 퍼블릭소셜비즈니스에 우선 매진하는 일이 필요하다는 지적이다.

퍼블릭소셜비즈니스, 또는 우리말로 '공적인 면과 사회성을 중시하는 사업'이라는 말뜻이 한창 잘나가는 동영상 흐름에 딴죽을 걸자는 데 있지 않다. 오히려 동영상을 매개로 하는 여러 콘텐츠 사업, IT 관련 사업의 흐름을 더욱더 힘차게 만들고 양적인 면과 질적인 측면에서 함께 발전할 수 있는 방안으로 제시하는 해법이 될 수 있다.

만약 공공성을 무시하고 이용자가 사담과 사생활을 노출하는 차원으로 접근하는 패턴이 그대로 이어진다면, 동영상 콘텐츠의 문화적 가치가 추락할 수밖에 없다. 사적 대화와 노출은 마치 전화통화를 하듯이 숨겨진 배타적 상황에서만 성립될 수 있고 또한 보호받을 수 있는 커뮤니케이션 활동이다. 이러한 사적 커뮤니케이션에 담기는 콘텐츠를 공개하거나 판매하는 일이 일상화되기 시작한다면 그야말로 공과 사가 구분되지 않는 희한한 유리병 세상으로 내몰릴지도 모른다. 미국 선거 때 경쟁 후보를 밀착 취재해 동영상을 올려서 화제를 모았던 선거 파파라치의 위력과 부작용을 생각해보면 판단이 설 일이다. 이를테면 UCC가 참여와 소통을 촉진하겠지만, 동시에 중뿔나게 남의 생활과 인권 영토를 침해할 소지가 있다는 지적이다. 새로운 동영상 공급원인 아마추어 이용자와 새로운 출구 미디어인 신종 동영상 포털, 블로그, TV포털 등은 공공성과 내용성을 검수받은 콘텐츠만을 선별해서 유통해야 한다.

그렇지 않고 탐욕적인 상업주의에 물들어 사적이고 저급한 통속

콘텐츠를 거래하고 확산시키는 일이 계속된다면, '악화가 양화를 구축한다'는 경제학자 그레셤의 법칙에 따라 인터넷, 모바일, 차세대 미디어 등 IT신대륙에 볼썽사나운 괴물들만 우글댈지도 모를 일이다. 이것이 바로 공공성과 내용성을 중시하는 깨끗한 사업, 즉 퍼블릭소셜비즈니스의 요체다.

때문에 역설적이게도 지금 나타난 동영상 콘텐츠 빅뱅은 스스로 성장 동인을 찾지 못해 주춤하고 있는 IT 세상에 큰 복음이 되어줄 수 있다. 공공성과 내용성을 준열하게 따지는 철저한 원칙과 기준을 정해 양질의 동영상 콘텐츠가 사랑받고 성공할 수 있는 풍토를 만들어낸다면 지금 우리 사회가 큰 기대를 걸고 있는 IPTV, 와이브로, 4세대 모바일미디어, 유비쿼터스로 대변되는 IT 산업 전체가 크게 활성화될 수 있다. 새로운 미디어, IT 사업성공의 핵심은 바로 콘텐츠 수급에 있기 때문이다.

거대한 콘텐츠 수요에 너무 조급증을 느낀 나머지 창고에 온갖 콘텐츠를 쓸어담기보다는 하나하나 공공성과 내용성을 따져 옥석을 가리고 숨은 진주를 골라내는 장인 정신이 요구되는 시점이다.

문화경제학이라는 씨를 뿌린 존 러스킨이 말한 것처럼 "인간의 생활과 생명에 기여할 수 있는 고유가치"가 명확한 재화와 서비스를 공급해야 한다는 명제는 IT를 포함한 모든 사업자의 의무가 되어야 한다고 믿어도 되지 않을까? 오히려 이러한 고유가치를 잘 머금고 있고 제대로 뽐내고 있는 문화의 참 모습, 원형 그대로를 찾아나서는 역발상과 역주행이 우리에겐 필요하다.

IT와 디지털을 문화 앞으로

〈왕의 남자〉 촬영을 위해 경복궁 중건 사업을 벌인다? 홍선대원군이 살아 돌아와 그에게 맡긴다 해도 어려울 일이다. 천하의 대원군이라 해도 요즘엔 그만한 나무도 넉넉지 않고 대목장도 인간문화재로만 희소하게 계시니 언감생심, 경복궁만 한 건축물 만든다는 건 녹록한 일이 아닐 터이다. 왕의 남자나 아버지가 아니라 왕의 삼신할머니라면 모를까…….

그런데도 실제로 영화 〈왕의 남자〉 배경에는 경복궁이 리얼하게 떡하니 자리 잡고 있다. 문화재청이 허가해주지 않았다는 경복궁을 디지털 IT기술을 통해 복원해 마음껏 찍었다는 얘기다. 이 '경복궁 II'는 아카데미상을 3년 내리 휩쓴 〈반지의 제왕〉 시리즈에서 익히 체득했듯이 발달한 모던디지털콘텐츠의 성과품이다. 〈반지의 제왕〉 정도는 아닐지 몰라도 우리에게 경복궁 II라는 멋진 성과가 생긴 데에는 극적인 일화가 있었다.

문화관광부 기관인 한국 문화콘텐츠진흥원의 문화원형콘텐츠 사업 결과물 중 하나인 '조선 후기 한양도성의 복원을 통한 디지털 생활사 콘텐츠'가 그야말로 적시 적소에 영화사에 공급이 되었던 것. 영화에 꼭 필요한 경복궁의 3차원 시뮬레이션 자료가 고스란히 담겨 있었고, 이를 넘겨받은 영화사는 지체 없이 영화 제작에 몰입할 수 있었다. 역시 잘 되는 집안은 다르다고 경복궁 촬영을 디지털콘텐츠라는 간단한 방법으로 해결한 셈이다. 그것도 공공영역에서 만든 저비용 고품질 콘텐츠를 사용할 수 있었으니 〈왕의 남자〉 영화 제작진들은 목동한국문화콘텐츠진흥원이 있던 곳에서 귀인을 만났다고 하겠다.

이처럼 역사 속의 오랜 문화적 스토리와 이미지를 영상화하는 영화나 드라마와 같은 콘텐츠 제작단계에서 아주 적절하고 요긴하게 쓰이는 디지털, IT 기술이 요즘 빼어나게 각광을 받고 있다. 이 기술력을 언제부턴가 공식화해서 업계나 정책 쪽에서 함께 부르는 용어가 있는데 이게 바로 CT Culture 또는 Contents Technology다. 이 용어에는 재미있는 내력이 하나 있다.

2001년쯤, 우리나라에서 콘텐츠라는 말 자체가 생소하기 짝이 없던 시절이었다. 당시 문화산업을 주도하던 문화관광부와 정보화를 선도해오던 정보통신부가 콘텐츠라는 교집합 속에서 서로 별로 아름답지 않은 신경전을 벌였다. 물론 지금도 콘텐츠라는 영역을 두고 문화부, 정통부, 산자부, 교육부 등 각 부처에서 중복된 사업을 펼치거나 해서 경쟁심이 증폭되고 있지만, 5년 전 그때만 해도 초반 기싸움이 아주 드센 형국이었다.

아무튼 그때 문화부쪽 이론가로서 KAIST의 모 교수님이 나섰고, 정통부 쪽에서는 삼성에서 근무하던 필자가 출정하게 되었다. 중간에 심판관 역할을 하던 청와대 산하기관이 있었고 문화부와 정통부의 담당관들이 이를테면 선수 보호자식으로 다수 포진해 있었다. 결국 그 교수님과 필자는 무슨 이종격투기 선수들처럼 일합을 벌여야 할 판이었다.

먼저 검을 빼든 KAIST 교수님 왈 "IT, BT, ET와 같이 CT라는 용어를 써서 산업화해야 한다"고 휘둘렀다. 문화가 중심이 되는 기술 영역이라는 뜻이어서 정통부 진영에서는 순간 바짝 긴장하며 반격에 나선 필자에게 모든 시선이 쏠렸다. 디지털과 IT가 콘텐츠산업을 창조하는 데 큰 역할을 해야 한다는 논리로 정통부 청사에서 사전 리허설까지 한 필자로서도 강력한 화답을 하지 않을 수 없었다. 이런 상황에서 나온 말이, "CT가 뭡니까, 그거 단층 촬영 아닙니까? 길을 막고 물어보세요. 사람들이 뭐라고 대답하나."

그랬던 'CT'가 이제 어엿한 디지털 문화콘텐츠 산업의 핵심 요소로 자리 잡아가고 있다. 영화나 드라마는 물론 광고, 게임, 애니메이션, 모바일, e-러닝^{온라인 학습, 교육 콘텐츠} 등 실로 다양한 분야에서 콘텐츠와 문화가 결합한 CT가 제 역할을 톡톡히 해주고 있다. 이렇게 된 데에는 기본적으로 우리나라 디지털, IT 기술력 덕택이기도 하지만 실효성 있는 관련 정책의 지원에 크게 힘입은 바 있다. 산업과 정책의 절묘한 결합이라고나 할까…….

CT란 좁은 의미로는 문화산업을 발전시키는 데 필요한 기술을 말하며, 광의적인 개념으로는 이공학적인 기술뿐만 아니라 인문사회학, 디자인, 예술 분야의 지식과 노하우를 포함한 복합적인 기술을 총칭한다. CT는 인문사회, 예술, 공학 그리고 교육, 경영학 등 많은 분야의 융합이라는 과제를 담고 있다. 또 이러한 다양한 분야 간 소통과 융합을 원활하게 하는 도구로서 실제로 IT가 중요한 역할을 수행하고 있음을 함축적으로 표현해주고 있다. 구체적으로 말하면 IT를 기반으로 감성공학, 인지공학, 색채공학, 디자인 등 다양한 기술이 융합되고 이를 기반으로 창의력을 발휘하여 콘텐츠를 생성하는 과정이 가능해지는 셈이다.

재미있는 것은 CT가 우리나라에서만 통용되는 독특한 개념의 용어라는 점이다. 외국에서는 문화와 기술이 분리된 개념으로 통하고 있다. 아직도 인문 분야와 이공계 분야의 벽이 두껍고 여전히 분과 학문적 전통이 강하다는 반증이기도 하다.

이에 반해 우리나라에서는 IT의 힘이 워낙 강해서 문화콘텐츠를 크게 움직이고 있다 보니 직역했을 때 문화콘텐츠 기술이라는 분야까지 자리 잡게 되었다. 이에 그치지 않고 인간이 영위하는 삶의 질을 향상시키고 문화예술 발전을 촉진시키는 기술이라는 뜻으로 '문화'를 더욱 강조하는 CT라는 개념을 고안하기까지 했으니 IT의 일방적 독주라고도 볼 수도 없다. 품격이 있는 문화와 실용이 있는 IT가 잘 만나 부부가 되었다고 보면 딱 맞지 않을까 싶다. 우리 한국이기에 가능한 일이다. 그때 'CT가 단층 촬영' 운운하던 만용을 생각하면 그저 우스울 따름이다.

모니터쿼터를 풀라?

한미FTA 때문에 미디어 진영에서는 "이제 앞으로 어떻게 되는 건가요?" 하는 심문이 계속 잇따르고 있다. 이런 불안감은 협상이 타결되고 뉴미디어 부문이 포괄적 미래유보로 미루어졌음에도 잦아들기는커녕 더욱 증폭되고 있다. 여기에는 한국과 EU의 FTA 협상이 시작되었고 중국과도 곧 본격적인 논의를 하게 되어 있는 향후 일정표가 큰 압박으로 작용한 측면도 있다. 또한 미국과도 협상 후 논의가 계속되리라는 세간의 판단이 만만찮은 부담으로 다가오고 있는 것도 부인하기 힘든 부분이다.

상황이 이렇게 흘러가자 여의도 방송가는 이러다간 앞으로 개방에 따른 콘텐츠 유입은 물론이고 외자 유입이 가속화돼 한국어로 하는 방송을 못 보는 상황까지 그려 보이면서까지 불안한 속내를 여실히 드러냈다. 전체 문화콘텐츠 영역 가운데 대외경쟁력 면에서 가장 취약한 애니메이션업계는 개방이 되면 디즈니제국에 완전히 제압당할 것이 뻔하다며 신경을 곤두세우고 있다. 그런가 하면 개방은 디지털 프로덕트^{생산물}로 표현되는 디지털미디어 콘텐츠의 생산, 유통, 소비가 활성화되고 시장을 확장시키는 순기능을 가져와 우리에게 큰 이득이 될 것이라는 낙관적 견해도 여기저기서 나오고 있다.

쌀 개방 논란 때 그랬듯이 지금 우리는 혼란스럽다. 정신의 쌀인 문화가 디지털프로덕트로 의상을 갈아입고 개방 협상에 오르게 되면서 스크린쿼터 이후 쌓인 스트레스가 다시 도지는 듯하다. 어떻게 봐야 하는가? 불확실한 미래를 어떻게 다스려야 할 것인가? 충정 어린 점치기를 한 번 해보련다.

우리가 잘 알고 있는 스크린쿼터는 이미 1차 함락된 상태다. 한미 FTA 전제 조건으로 풀었으니 이미 축소되었고 사람들은 물론 영화인들도 이젠 깨끗이 단념하고 지내는 듯하다. 그런데 정작 중요한 상황은 지금부터 발생하고 있다. 극장 영화를 지칭하는 스크린쿼터를 허문 자리에 모니터쿼터라는 새로운 전선이 형성되고 있기 때문이다. 모니터쿼터란 말뜻은 요즘 LCD, PDP 때문에 디스플레이라고도 부르는 TV 화면을 필두로 해서 영상 이미지와 텍스트 등 콘텐츠를 볼 수 있는 모든 종류의 창을 통칭해서 필자가 한번 붙여본 개념이다. 인터넷을 보는 컴퓨터 화면이나 핸드폰 화면, 자동차 네비게이션 화면, 휴대용 멀티미디어 기기PMP 화면 등을 모두 포함하고 TV까지 더해 극장 영화와 구별할 수 있는 모니터라고 묶어볼 수 있겠다. 여기에 가해지는 금 긋기, 막기를 일컫는다면 바로 모니터쿼터가 된다.

이 모니터쿼터가 바로 일단 미뤘지만 앞으로 피할 수 없는 쟁점이 되고 만 문화시장 개방 협상의 상징적 메타포이지 핵심으로 떠오르고 있다. 문화시장 개방 논리에서는 한국산 애니메이션이 전체 애니메이션 방송시간의 35퍼센트를 넘어야 한다는 식으로 둘러쳐놓은 현행 쿼터를 약화시키고 궁극적으로는 모든 종류의 장벽을 없애는 수순으로 가고자 한다.

한국 정부는 이에 대해 프랑스나 캐나다와 같은 다른 여러 나라처럼 쿼터제를 유지해나갈 것이라는 입장을 재확인하고 있다. 특히 새롭게 도입되는 IPTV나 와이브로 등 뉴미디어 관련 규제를 국제 간 협상에서 제대로 반영하기 어렵기 때문에 성급한 개방 논의는 수용할 수 없다는 논리다. 하지만 미국은 2보 전진을 위한 1보 후퇴를 단행한 셈이다. 미래 디지털미디어 시장의 새로운 규칙을 직접 정하고 표준화해서 선제권을 확고하게 쥐겠다는 심산이다.

이런 정황에서 보면 우리가 문화시장 개방 요구를 수용하지 않고 현행 쿼터제만 잘 지키겠다는 수성의 논리는 실효성이 떨어진다고 볼 수 있다. 쿼터제와 같은 장벽들이 어느 정도 문화시장 개방을 제어할 수 있을 것 같아 보이지만 실제로는 그렇지 않다는 지적이다. 쿼터제 방벽을 쌓더라도 자본 유입_{대주주가 아닌 투자 차원}, 공동 합작, 인적 교류에 따른 암묵지 전파 등의 다양한 방법으로 우리 디지털프로덕트 시장에 얼마든지 들어올 수 있기 때문이다.

이때 디지털프로덕트 시장이라는 것은 결국 모니터로 표현되는 몇몇 디지털미디어로 집약되게 마련이다. 이 새로운 시장에서는 미국 스타일의 콘텐츠가 보스 노릇을 할 가능성이 높아만 갈 것으로 보인다. 이를테면 멋진 뉴미디어의 성공 콘텐츠 원산지가 국산이라 하더라도 디즈니 풍이고 스필버그 아류라면 문화개방은 규제를 피해 슬그머니 달성되는 셈이다.

흐름이 이렇기 때문에 문화주권이나 미디어주권, 문화적 다양성과 문화적 예외라는 보호막에 기대고자 하는 경향이 우리 내부에서 자주 나타나고 있다. FTA 협상이나 다자간 WTO 협상에서 통할 수 있는 지침이 할리우드 문화제국주의에 대항하는 문화다양성 및 주권론이라고 다들 믿기 때문이다.

하지만 디지털프로덕트가 날뛰고 다니는 신종 모니터 세상에서는 문화적 예외와 주권을 말하기도 입증하기도 어렵다는 게 문제의 본질이 되고 말았다. 극장과 공중파에서 외국 영상물을 막을 순 있지만 인터넷을 기반으로 하는 IPTV, TV포털, 디지털케이블TV, 와이브로, 4G 미디어, DMB, 지상파 다채널방송Multi Mode Service 등 다양한 미디어의 모니터들은 국적 없고 원산지 꼬리표 없는 프리웨어 콘텐츠를 즐겨 찾고 있다. 어떤 인터넷 유저가 차린 개인 방송국의 뉴스가 동시에 전 세계 1억 명을 모을 수 있고 심지어는 수십 명 수백 명이 집단지성collective intelligence 방식으로 공동창작한 콘텐츠를 내놓을 수도 있다. 한마디로 디지털프로덕트 시장에서는 한국도 미국도 없고 오직 잘 만드는 창작자와 전파자 그리고 이용자만 단출하게 서식한다는 얘기다. 따라서 그것이 방송이든 뉴스든 언론이든 성인정보든 한 국가와 사회의 통제 가능 범위를 이미 넘어서고 있다는 얘기다. 한국에서 스크린쿼터를 사수하던 그 기간에도 이미 네티즌들은 모니터에서 미국 영화, 드라마를 제약 없이, 돈도 안 내고 즐기고 있었다. 스크린쿼터는 했는데 모니터쿼터는 뻥 뚫린 격이다.

정리하면, FTA에서 극장이나 공중파 방송 환경을 염두에 두고 국산, 외국산 비율과 총량을 밀고 당기곤 했던 양상은 변죽만 울리는 요식에 불과하다는 분석이다. 어서 디지털프로덕트가 주종이 되어 가는 미디어시장 흐름을 반영하여 콘텐츠 국적을 불문하고 내용의 교육성, 공영성, 문화적 가치, 사회적 파괴력과 같은 질적인 규준을 그물망으로 짜나가야 한다.

미국 문화에 맞서 우리 문화가 쿼터제로 보호받는다고 믿는 문화적 다양성과 문화주권에 대한 환상은 《양철북》의 주인공 오스카처럼 성장이 멈춘 일생을 강요할지도 모른다. 많은 문화와 창의성 전문가들이 일러주고 있다. "문화는 진행형이고 미래 발전을 도모해야 한다. 서로 통하는 교차로와 광장에서 여러 문화를 접하지 못하는 시대의 주민은 창의적인 산출물을 내놓기 힘들다"라고.

'우리 집에 왜 왔니, 왜 왔니?' 노래를 개사할 때가 되었나 보다.

방송 · 통신 · 콘텐츠 융합

'방송과 통신은 강대국, 문화콘텐츠는 약소국?' 우리가 흔히 방통융합, 통방융합이라고 부르는 방송과 통신의 만남이 점차 기우뚱한 빅딜로 비화하고 있다. 흡사 강대국끼리 하고 마는 밀약처럼 정작 주인은 빼놓고 무작정 일사천리로 뭔가 건네고 받는 교환이라는 느낌마저 들 정도로. 급하게 하지 말고 다시 찬찬히 뭐가 뭔지 챙겨보자.

인터넷과 뉴텔레콤이 TV와 올드미디어들을 흡수, 통합하는 양상으로 가면서 콘텐츠생태계에는 큰 변형과 변동이 일어나고 있다. 콘텐츠생태계 변화는 아주 복합적으로 나타나면서 개별 개체가 고립되는 창작자와 사업자 생존의 문제, 미디어 교체비용으로 콘텐츠 가치를 매기고 환수하기 힘든 유통과 거래의 문제, 원형 콘텐츠의 진정성을 해체하는 문제, 무단사용하는 이용자 문화의 문제, 문화생산과 소비가 다시 새로운 창조로 이어지지 못하는 생태계 순환의 동맥경화 문제, 근본적인 미래 불확실성 문제 등이 수면 위로 떠오르기 시작했다. 게다가 이른바 방송통신융합의 시장 나누기 문제, 콘텐츠 개념의 문제, 한미FTA 국면의 개방 이슈와 디지털콘텐츠 또는 디지털프로덕트의 세계 교역 문제 등이 깔때기처럼 모아져 압력으로 작용하면서 상황은 한층 더 복잡해지고 있다.

이러한 난맥상은 무엇보다도 우리 사회 전체가 정보화 시대 이후는 물론 그 이전 후기산업사회에서부터 기술과 문화, 문화와 기술의 균형을 맞추지 못한 데서부터 기인한다는 지적이다. 급기야 포스트IT, 디지털 시대의 정점을 맞아 기술 미디어는 난개발되고 과잉공급이 되는 반면 전자 미디어의 꽃이요 핵심이고 껍질 속 내용물인 콘텐츠 문화와 아우라는 시들고 있는 부조화가 초래되고 있다.

기술과 문화, 경제와 문화, 정보통신과 콘텐츠가 서로 의존하는 불가분의 관계라고 한다면 중요한 것은 상호존중과 균형을 잡아나가는 과업이다. 이러한 불균형은 우리 의식과 생태계의 분단으로 이어지고 있다. 결국 생각해보면 방송통신융합 논의에서 문화콘텐츠를 제외해서는 안 된다는 점을 분명히 느낄 수 있다. 방송이 방송영상으로 진화해서 불리듯이 방송통신융합도 이젠 방송통신콘텐츠융합으로 바로잡아 부르고 연구, 사업을 할 때가 되었다. 이게 기술 미디어에 내쫓긴 문화 자체를 원형으로 복원하는 또 다른 차원의 문화투자 활동이다.

이처럼 방송통신융합이 아닌 방송통신콘텐츠융합으로 가고 있음을 여실히 보여주고 있는 사례가 있다. 바로 TV 포털이다. 실제로 우리가 겪고 있듯이 컴퓨터의 인터넷과 방송의 TV가 하나로 결합하는 상상도 점차 현실화되고 있다. 인터넷이 TV를 기웃거리다 이윽고 TV와 합치기로 한 결정적 이유는 콘텐츠 소비량은 급증하고 있지만 정작 미디어 이용자들이 친숙하게 좋아할 수 있는 콘텐츠가 귀하기 때문이다.

인터넷에 콘텐츠는 차고 넘치지만 유료화가 되고 높은 수익을 얻을 수 있는 드라마나 스포츠와 같은 전통적인 킬러 콘텐츠는 여전히 TV 권역에서 생산되고 있다는 뜻이다. 이러한 공급 부족 현상을 인터넷 미디어 내부에서 해결하기 위한 노력이 포털 사이트를 중심으로 나타나는 텍스트 서치에서 비디오^{영상} 서치로의 이행이라고 할 수 있다. 또한 멀티미디어 블로그를 주 무대로 하는 이른바 UCC 확산도 역시 인터넷의 방송화를 보여주는 현상이다.

사실 기존의 TV보다는 훨씬 더 빠르게 주문형 콘텐츠_{Contents On Demand}를 실현해보인 인터넷은 최첨단 미디어의 최일선에서 감지하고 있는 미디어 이용패턴의 변화를 통해 고객의 라이프스타일 변화를 가장 먼저 파악하고 방송형 미디어의 속성을 포용하는 움직임을 보이고 있다는 지적이다.

사실 이러한 흐름은 "TV 방송에서 광고는 사라진다"고 말한 MIT 미디어랩의 네그로폰테 교수의 지적대로 기존 방송의 개념과 관행을 방송 내부의 힘이 아닌 인터넷과 같은 외부의 힘에 의해 혁파하게 되는 드라마틱한 변화를 가져올 것이라는 급진적인 예상도 불러일으키고 있다. 아무튼 인터넷의 적극적인 방송화와 상호결합 노력은 TV 포털을 통해서 개시되고 있으면서 근본적인 시청각미디어 이용행태의 변화와 이에 따른 콘텐츠의 패턴 변화를 초래할 것이 확실시된다.

특이한 것은 이 TV 포털이 한국 내에서 먼저 본격화되고 있다는 점이다. LG전자와 다음커뮤니케이션이 공동으로 개발 중인 비스킷[Viscuit]과 삼성전자의 아이스크린[iScreen] 등은 인터넷과 방송은 물론 가전업체의 주품목 하드웨어인 디지털 TV 수상기까지 일체화하여 구체적으로는 홈엔터테인먼트 등의 새로운 시장, 즉 블루오션을 개척하겠다는 의지의 표현이기도 하다.

디지털 놀이터 어때요?

일과 놀이가 있다. 노동과 작업, 업무, 사무는 일이고 재미와 쉼, 유흥, 레크리에이션, 레저는 모두 놀이다. 이 노동과 놀이는 아주 오랫동안 서로 떨어져 있었다. 독일의 사상가 헤겔은 일찍이 '먼 미래가 되면 예술과 철학, 종교만이 남아있을 것이며 인간의 노동과 놀이가 일치하는 세상이 올 것'이라는 잠언을 남겼다.

헤겔이 말한 노동은 워낙 광범위한 개념이긴 하지만 핵심은 퍽 단순하다. 생업을 위해 싫든 좋든 매달려야 하는 일이 곧 전형적인 노동이다. 헤겔은 좀 심하게 말해 주인과 노예가 있으며 이 중 노예가 노동을 담당하는 것이, 역사적으로 차등은 있으나 인류 사회의 기본 축이었다고 헤집고 있다. 이때부터 인간의 소외라는 개념이 강조되기 시작했다.

이후 자본주의 사회에서 소외가 현실화되고 계층 간 갈등이 심화되자 헤겔의 이론을 거꾸로 세웠다는 평을 듣고 있는 칼 마르크스의 사상은 전성기를 맞기도 했다. 헤겔이 말한 '노동과 놀이'의 일치는 곧 디지털 원리와 통한다. 아울러 동양사상의 근간이기도 한 음양조화 사상과도 잘 어울린다. 왜 그런가?

EBS 특강으로 많이 알려졌던 말총머리 한의사 김홍경 씨 강연의 단골메뉴 중 하나로 '음양탕'이란 게 있었다. 세상 만물이 그렇듯 그냥 맹물에도 음양이 있다고 한다. 뜨거운 물이 양이면 차가운 물은 음이 될 수 있다. 양의 물만 마시거나 음의 물만 마시는 것보다 음양을 조화시킨 음양의 물을 마시는 것이 인체에 좋다.

그렇다고 더운물, 찬물을 아무렇게나 섞어 마시는 것은 섭리를 해치는 일이 되어 버리고 만다. 김홍경 씨의 권고에 따르면 우리가 직장에서 생수를 마실 때 뜨거운 물을 먼저 받아 채운 다음 찬물을 약간 받아 넣어 마시면 좋은 음양탕이 된다. 너무나 손쉬운 방식이요, 그날그날 생활에서 지킬 수 있는 건강 수칙이다. 그럼에도 보통 사람들은 대개 한쪽, 즉 음이나 양 하나만 집착해 따라 마신다. 노동과 놀이가 이와 같고, 아날로그와 디지털도 마찬가지다.

음과 양이 조화를 이루듯이 노동과 놀이도 주 5일제근무, 주 2일 휴무를 통해 결합해야 진짜배기 가치를 낳는다. 엔터테인먼트 콘텐츠도 마찬가지다. 2001년 여름 극장가에 개봉했다가 의외로 힘을 못쓴 일본 스퀘어사의 〈파이널 환타지〉를 보자. 이 사례는 100퍼센트 하이테크로, 즉 디지털로 만들어졌다는 성취가 오히려 실패 요인으로 작용했다.

하이테크의 하이터치만 너무 강조한 나머지 휴머니즘이 어린 휴먼터치를 맛볼 수 없다는 것이 고객들의 반응이었다. 이에 관해 일본의 캐릭터비즈니스 전문가인 미야시타 마코토같은 이는 아우라로 풀어보이고 있다. 디지털로 콘텐츠를 만들더라도 그 진품만이 내비칠 수 있는 인간적인 매력이나 고유한 스토리, 이미지가 전해주는 감동, 꿈과 같은 강력한 가치, 즉 아우라가 받쳐주지 않는다면 사람들로부터 외면당한다는 분석이다. 여기서 가장 중요한 포인트는 음양의 조화, 아날로그와 디지털의 융합을 통한 효용 극대화이다.

다시 말해 아날로그의 극치와 디지털의 극치를 모두 추구함으로써 궁극적으로 콘텐츠비즈니스로 꽃을 피우고, 전자상거래와 같은 e-비즈니스에서 뚜렷한 성과를 만들어낼 수 있다고 하는 점이다. 한마디로 '인간의 얼굴을 한 디지털 문화'의 정착과 생활화가 절실하다는 얘기다.

실제로 우리 주위를 둘러보면 디지털의 배경이 되어주고 있는 IT기술과 인프라, TMT Technology Media Telecommunication 부문이 정말 아침저녁이 다르게 급속도로 발달하고 있다. 때문에 사람들은 휴대폰에서, 사람에 따라서는 하루 10시간씩도 매달리는 컴퓨터에서, 평균 하루 4시간 가까이 시청하는 방송과 때로는 주말에 관람하는 영화 등 영상물 속에서 실로 다채로운 디지털문화를 체험하며 산다.

이쯤 되면 디지털은 우리의 의식주나 마찬가지 코드로 쳐줘야 할지도 모른다. 의, 식, 주 그리고 디지털. 이는 생활과 여가 또는 생업과 여유, 또는 위에서 말한 '노동과 놀이'와도 연결할 수 있다. 주로 일하고 생활하는 데는 아날로그가 주, 디지털이 종인 관계가 유지되어왔다고 본다면 여가를 즐기고 노는 데에는 반대의 관계성이 나타나는 게 아닐까 여겨진다. 즐기고 노는 데에는 디지털이 주가 되고 아날로그가 종이 되는 관계…… . 이런 표현에 무리가 있다면 그냥 디지털과 아날로그가 조화를 이루는 관계성이 강력하게 대두될 것으로 점쳐진다.

앞으로 어마어마한 시장으로 커나갈 홈엔터테인먼트 부문이 좋은 예다. 사람들이 놀이를 위한 디지털, 디지털놀이터, 디지털유치원을 만드는 데 조금만 더 노력한다면 새로운 지평이 열릴 수도 있다는 뜻이다. 이는 인류의 염원이기도 한 '일하면서 놀고 놀면서 일하는 삶', 즉 노동과 놀이가 일치하는 경지에 다다르기 위해서 디지털기술을 더욱 고도화하고 제대로 발달시켜야 한다는 과업을 던져주고 있다.

여기서 '제대로 발달시키자'는 의미는 디지털기술과 문화의 발전 방향이 반드시 휴먼터치 Human Touch : 인간 본위의 기술 발전를 중시하고 디지털문화 속에서도 마치 0과 1이 만나듯 인간적 요소와 기술적 요소가 각각 음과 양으로서 조화를 이루어야 한다는 의미다.

문화생업에 투자해서 성공적인 결과를 얻기 위해서는 '문화-경제-경영'이라는 삼각대를 잘 활용해야 한다. 문화의 경제화, 경제의 문화화에 이어서 문화와 경영을 탐구해보고자 한다.

문화와 경영은 현미경적인 관점에서 보는 아주 미시적인 의사결정과 집행, 후속 처리를 그야말로 일관 공정 시스템으로 수행해나가는 생생한 현장 속에서 말해야 한다. 이를테면 문화생업의 자원투입요소라고 할 수 있는 인력과 돈, 물자, 정보를 어떻게 확보할 것인지만 해도 십 년은 족히 걸리고도 남을 전문 영역이 될 수 있다. 그뿐인가. 확보한 자원을 잘 가공해 스튜디오와 같은 콘텐츠 공장에서 좋은 작품을 만드는 과정도 참으로 중요하다. 만들어진 콘텐츠 상품을 잘 공급하고 판매하고 한 번 인연을 맺은 고객을 잘 모시는 일 또한 거대한 과업이다.

이처럼 중요성이 높은 문화경영이기 때문에 여기서는 가장 근본적이고 중대한 원칙을 먼저 짚어보고자 한다. 문화경영 일곱 가지 경로는 바로 성공적인 문화생업 투자를 위한 기본적인 원칙이자 지침에 해당한다. 아울러 문화경영이 가장 먼저 꽃피운 지점이기도 한 문화마케팅에 관해 본격적으로 살펴보았다. 기업의 문화마케팅과 문화·예술인의 문화마케팅을 구분하여 각각 개념을 정립해볼 수 있는 이론 모델을 동원하여 설명하고자 한다.

문화마케팅의 예술화라는 표현도 가능하다. 문화마케팅의 다양한 멋진 사례에서 터득하는 신묘한 기법과 노하우는 가히 비법이라고 할 만하다. 문화마케팅과 같은 문화경영이 글로벌 자기 생존의 주요한 방편임을 확인할 수 있다.

4부

문화경영 매뉴얼

culture business

문화로 승부하라

문화 없이 어디 가니? 마이크로소프트

'하나의 적도 너무 많다 One enemy is too many.'

서양에서 전해져 내려오는 격언이다. 사람이 일생을 살면서 어찌 적을 단 하나도 만들지 않을 수 있으랴마는 하나의 적도 많음을 늘 명심하고 매순간 언행을 조심한다면 잠복한 화를 상당히 줄일 수 있지 않을까 하는 생각이다.

한데 세상은 참 재미있게도 이런 잠언과 충고에 역주행하여 대성공을 거둔 이가 적지 않다. 빌 게이츠가 바로 그렇다. 실리콘밸리 우드 사이드나 몬터레이 부촌에서는 무려 30여 년 동안 '마이크로소프트 타도하기'와 같은 묘한 이름을 가진 파티 행사가 이어지고 있다고 한다. 오라클, 선마이크로시스템사, 애플, AOL 등은 이미 오래된 주적들이다. 신흥 적군으로는 구글과 그의 열성팬들이 도사리고 있다.

그런가 하면 인텔과 같은 오랜 혈맹도 건재하다. 마이크로소프트의 윈도와 인텔을 합성한 윈텔제국은 아직도 전 세계 디지털생태계를 지배하고 있다. 단 1분이라도 윈도와 익스플로러, 파워포인트, 윈미디어가 없이는 우리 개인과 사회의 미디어 라이프가 존재할 수 없게끔 되어 있다. 많은 경영학자가 띄워주었던 그 유명한 고착화전략 덕택이다. 마이크로소프트는 이 고착화전략을 통해 컴퓨터 운영, 인터넷 사용, 멀티미디어 즐김, 온라인 커뮤니케이션 등 모든 하이테크 활동을 큰 빗장으로 가로질러 잠금시켜놓았다. 해가 질 줄 모르는 이 지배력 때문에 너무 많은 적을 벗하고 있는 게 마이크로소프트일지도 모른다.

이런 절대 갑, 수퍼 갑 마이크로소프트에 누수가 생기고 있다. 얼마 전 빌 게이츠가 2008년 경영 은퇴를 선언한 직후 영국의 명문지 《파이낸셜 타임스》가 이를 잘 다루고 있다. "컴퓨터 기술의 진보에 늘 한 걸음 뒤처진 대응으로 일관한 MS가 1970년대 IBM 스타일에서 벗어날 수 있는 길은 빌 게이츠의 완전 퇴진이다 2006.7.11. 《파이낸셜 타임스》 칼럼니스트 앨런 케인."

한 시대의 종언이 아닐 수 없다. 역사학에서 말하는 시기구분을 엄명하는 사인이라고 해도 좋다. 빌 게이츠의 뒷모습을 본 바로 지금 한 획을 긋는 일이 우리에게 매우 중요한 일이 될 수 있다. 1985년 윈도가 출시된 이후 20여 년 동안 특유의 잠금전략으로 저항자들을 감금해온 마이크로소프트의 성과와 한계를 보는 일은 단순한 관음증이 아니라 컴퓨팅 역사의 미래를 전망하고 대비하고자 하는 실무일 수 있기 때문이다.

첫째, 눈여겨볼 것은 마이크로소프트의 서부영화 총잡이 콤플렉스다. 최초의 컴퓨터 운영체계인 DOS부터 그랬다. 아직도 많은 실리콘밸리 사관들은 빌 게이츠의 창작이 아닌 도루로 믿고 있다. 텍스트보다는 이미지텔링으로 가는 컴퓨팅 흐름에 늑장 대응한 마이크로소프트가 애플의 멋진 발명품인 그래픽 유저 인터페이스 형상과 아이디어를 윈도로 바꿔치기한 듯한 인상도 쉽게 가시지 않는다. 인터넷 대중화시대를 선도했던 넷스케이프를 고사시킨 끼워팔기, 묶어팔기, 싸게팔기로 터뜨린 고착화전략은 결국 반독점 제소에 휘말리는 빌미를 제공했다. 기업 인수합병 기법으로 거느린 IT벤처들은 대박 아닌 쪽박이 주종이었고, 창의성 하나로 창업한 숱한 천재와 도전자들에게 벤치 기워필기라는 다락의 편법을 밋보게 했다는 증인도 나오고 있다.

경영의 실패도 잇따랐다. 역시 마이크로소프트가 인수해서 시작한 웹 TV와 같은 사업은 지나친 표준 장악, 콘텐츠 이용경로 점령과 같은 고강도 전략의 역풍을 맞으면서 형체도 없이 사라지게 되었다. 덕분에 매우 다양한 동영상 서비스가 살아남게 되긴 했다.

소니 플레이스테이션과 맞선 X-Box의 경우 아직 성패는 불분명하지만 탄탄한 일본의 만화, 게임, 애니메이션 기반에 견주기 어렵고 생산과 창조보다는 소비에 강한 미국의 디지털콘텐츠생태계 특성상 오래가지 못할 것이라는 진단이 우세한 게 사실이다. 그럼에도 인사관리 전공자가 칭송해마지 않는 슈퍼 엘리트주의로 똘똘 뭉친 마이크로소프트는 그럭저럭 거인의 위엄을 잃지 않았다.

급소를 때린 돌멩이가 날아온 지점은 구글이 골목대장으로 있는 IT 신흥 중산층 동네였고, 시기는 2004년쯤이었다. 구글이 상장한 2004년 가을부터 마이크로소프트의 주가는 한동안 20달러대로 주저앉아 영 헤어나지 못하고 있다. 덩달아 혈맹이던 인텔도 실적 기대치에 부응하지 못하고, 시장에 충격과 실망감을 던져준 채 주가는 급기야 18달러대까지 가라앉기도 했다. 이런 절묘한 시점에서 빌 게이츠는 홀연히 워렌 버핏과 동반 반복 출연해가며 자선재단 활동 방면으로 조타를 꺾고 있다.

월가의 총잡이를 잘 아는 사람들로서는 서부 IT 왕국의 총잡이 빌 게이츠가 떠난 자리에 남은 혈흔에 주목하고 있다. 마이크로소프트가 최선을 다해, 최강의 자본력을 다해 싸워왔던 동네 마당에 남은 족적과 그림자의 실록을 그 다음 주인공들이 필요로 하고 있다는 얘기다.

인터넷은 어디로 진화해갈 것인가? IT기술은 모든 콘텐츠를 통합시킬 것인가, 아니면 헤쳐모여 식으로 판도를 분해하고 해체시킬 것인가? 원천기술력을 추구하는 고난의 행군을 계속할 것인가, 아니면 MS가 해보인 것처럼 시스템 통합과 자본과 네트워크 능력을 앞세워 경쟁기업을 제거하는 마케팅 중심 전략을 되살릴 것인가? 구글처럼 이용자가 직접 관여하고 콘텐츠를 만드는 손의 독립을 존중해주는 디지털 경자유전의 원칙을 좇을 것인가? 아니면 슈퍼엘리트들이 여전히 메시지를 발신하고 조작하는 매스미디어형 검색과 언론에 그대로 집착할 것인가?

이처럼 무수히 쏟아지는 물음과 쟁점들을 곱씹어보고 시인 윤동주가 〈자화상〉에서 말한 대로 외딴 우물을 거울처럼 들여다보게 만드는 장본인이 오늘날 우리에게는 마이크로소프트와 빌 게이츠이다. 물론 마이크로소프트는 거대 공룡 IBM이 하드웨어 제조업체에서 서비스 컨설팅업체로 대변신하면서 부활한 드라마를 꿈꾸고 있을 터이다. 이 역할을 빌 게이츠는 자기 자리를 비움으로써 고대하고 있지 않나 싶다.

불가에서 들려주는 "우리 인간은 늘 생로병사 우비뇌고에 발 담그고 살아간다는 것을 한시도 잊어서는 안 된다"는 격언을 떠올려본다. 하나의 적을 넘어 절대 다수의 적과 싸워 이긴 서부의 총잡이를 보며 과연 영원한 성공이란 무엇인가를 숙고해본다.

미리 대응하는 콘텐츠 스타일 변화

미디어는 메시지다. 미디어는 콘텐츠다. 콘텐츠는 서비스다. 콘텐츠는 메시지다. 이 4가지 테제를 곱씹어보면 뭔가 순환하는 맥락을 느낄 수 있다. 우선 하나는 크게 보아 미디어에서 콘텐츠로 권력이동이 이루어지고 있음을 알아차릴 수 있다. 신문과 TV가 전성기를 구가하던 십여 년 전만 하더라도 매스미디어는 그 자체 존재감만으로도 시대를 호령할 수 있었다. 그러니 자연 미디어가 말하는 대로 사람들은 알아듣고 시키는 대로 움직이기도 했다. 미디어가 곧 메시지로 받아들여지는 구도라고 할 수 있다.

이후 인터넷이 대중화되기 시작한 1994년부터는 미디어의 희소가치와 권위가 파괴되었다. 다매체, 다채널 시대가 오자 사람들은 미디어를 불문하고 재미있는 콘텐츠, 유익한 콘텐츠를 찾아 레이싱에 나섰다. 미디어에서 가장 중요한 것은 역시 콘텐츠라는 말에 모두들 고개를 끄덕였다. 이래서 '미디어는 콘텐츠다'라는 새로운 테제가 제1조로 떠올랐다.

그러다 "콘텐츠가 왕이긴 하다. 하지만 정작 돈을 벌어다주는 것은 브랜드다"라는 지적이 세계신문포럼 세미나와 같은 업계 전문가집단 회의에서 힘을 얻기 시작한다. 콘텐츠를 잘 만들고 차별화하는 것은 물론 중요한데 그 자체가 성공적인 비즈니스로 필요충분하지 않다는 분석이다.

예상을 뛰어넘는 속도로 인터넷이 발달하고 모바일미디어 또한 빅뱅 수준으로 팽창하자 잘 만든 콘텐츠Well Made Contents가 나온다 해도 돈 보이기는커녕 이내 수많은 정보의 바다 속에 파묻혀버리는 일이 허다하게 벌어졌다. 이 때문에 콘텐츠보다 한 수 위에 있는 것이 브랜드요 충성도 높은 고객들이 브랜드를 떠받드는 이면에는 높은 품질의 서비스가 있다는 자각이 일어나게 되었다. '콘텐츠는 서비스다'라는 테제가 성립되는 시기였다.

그 이후 한동안 잘 가고 있다가 별안간 뉴미디어 시기 구분이 화두로 급부상했다. 지난 십 년간 인터넷을 비롯한 뉴미디어는 모두 웹 1.0 또는 미디어 1.0이었고 대략 2006년을 기점으로 한 시기부터는 웹 2.0, 미디어 2.0으로 바뀌게 된다는 내용이다. UCC 트렌드가 바로 웹 2.0, 미디어 2.0의 분신이다. 이용자가 직접 나서 문화콘텐츠를 소비하면서도 생산하는 이 패턴은 서비스 전달과 수혜, 또는 콘텐츠 공급과 수요라는 종전의 경제학을 부정하고 있다. 이용자가 미디어를 골라 콘텐츠를 보내는 주역으로 떠오른 것이다. 그러니 '콘텐츠는 메시지다'라는 복고 테제가 성립할 수밖에 없게 되었다.

문화콘텐츠 비즈니스 미래전략

미디어 빅뱅과 새로운 문화과학, 드림 테크놀로지의 전개로 급변하

는 미래 상황에 정작 미디어기업이나 콘텐츠를 업으로 하는 사업자
와 창작자들은 어떻게 대응해야 하나?

미래를 보았으되 기분은 막막한 채로 접을 수는 없는 노릇이다. 당
연히 미리 저금하고 투자하는 차원에서 이 변화무쌍한 문화 전쟁터
에서 살아남고 끝내 이기는 전략을 고민해보아야 한다. 여기서는 미
래 변화에 슬기롭게 대응하는 전략 프로그램 열 가지를 문화콘텐츠
비즈니스의 개별 영역별로 설정해 알아본다. 개별 영역은 콘텐츠 제
품 자체, 원천기술, 경영시스템, 자원 확보, 전략 선택, 외부환경 대
처, 유통관리, 사람 경영 등 주제별로 나눠보았다.

빅 캐릭터를 확보하라

새로운 미디어 환경에서는 확고한 간판 브랜드를 뜻하는 시그너처
프로그램 개발이 절실하다. 바로 CNN의 간판 토크쇼인 〈래리 킹 라
이브〉와 같은 프로그램이 이에 해당한다. UCC와 미디어 2.0 분위기
가 자칫 반저작권적 디지털 유통환경을 조성할 위험성이 크므로 이
에 대해 선제적으로 대응하고자 하는 방안이다. 투자를 집중해서 대
표 콘텐츠를 획득하는 데 전력투구해야 할 때다.

신기술을 잡아라

TV 방송의 경우 디지털미디어기술의 발달로 인해 이용자로부터 무
차별적인 편집을 당해야 하는 운명에 직면해 있다. 이용자의 광고 따

돌리기와 같은 급격한 변화에도 대응해야 한다. 이런 흐름을 피하지 말고 오히려 새로운 수익원으로 활용하는 기회로 삼을 수 있다. 방송 프로그램의 다운로드 비즈니스 모델을 적극 개발해 광고가 있는 전통 방송과 광고 없이 서비스할 수 있는 뉴미디어 방송 등 다양한 버전을 구비해두어야 한다.

경영 품질과 수준을 점검하라

아무리 새로운 미디어 환경이 전개되어도 내 뱃속이 든든하면 겁날 게 없다. 새로운 미디어 환경에서는 특히 관계 유지가 중요해진다. 여기서 관계는 약간의 변형을 수반한다. 기존과 달리 '콘텐츠 공급자·배급자·팩키저·파이프라인'이라는 새로운 가치사슬 구도를 가지게 된다. 예를 들어 케이블방송 사업자라면 SO system operator 와 PP program provider 간 관계에서 기존 관행에 얽매이지 않고 새로운 계약을 통한 새로운 수익 창출에 고심해야 한다. 관행대로 수익배분율을 유지하다가는 양질의 콘텐츠를 케이블 방송국이 확보하지 못할 수 있다.

또한 콘텐츠 관련 비즈니스가 산업군으로 보면 엔터테인먼트, 통신, 컴퓨터 등 굵직굵직한 부문에서 서로 겹치게 되는데 이러한 상황을 좋은 제휴와 시너지를 창출할 기회로 활용해야 한다. 콘텐츠라는 공통분모로 인해 겹쳐 만나게 되는 인접 영역의 다양한 사업자와 맞설 것이 아니라 파트너로 끌어안아야 한다는 지적이다.

자본을 여러 갈래로 챙겨라

미디어 환경이 급변할수록 돈 들어갈 데는 더 많아진다. 일반적인 금융활동뿐만 아니라 보유한 콘텐츠를 증권화하여 다시 자금을 확보하는 등 새로운 금융 기법에도 관심을 기울여야 한다. 자금 운영 차원에서도 미래 투자에 적극 임해 UCC는 물론 UCC를 넘어서 미래에 등장할 새로운 비즈니스에 선제적으로 대응하는 공격성이 필요하다.

날렵함을 잃지 말라

콘텐츠 사업자로서는 미디어 빅뱅이라는 전쟁터 출정을 앞두고 전신 거울 앞에 서보아야 한다. 회사 규모가 너무 큰 쪽으로 다각화하고 확장하는 것은 콘텐츠 라이브러리 기반 현금 흐름 창출에는 유리하다. 반면 작은 기업으로 나가는 것은 시장의 위험과 위협에 강할 뿐 아니라 새로운 스타일의 콘텐츠를 재빨리 만들어낼 수 있다. 이 두 가지 장점을 모두 취하려면 네트워크 규모는 크고 실제 몸체는 날렵한 이른바 미니메이저를 지향하는 것이 좋겠다.

무작정 다각화하지 말라

UCC와 같은 새로운 미디어서비스를 겸업하는 것 자체가 다각화 전략의 일환이다. 문제는 다각화 정도이다. 기본적으로 다각화를 하면 경우에 따라서는 선택과 집중을 저해할 수도 있음을 유의해야 한다. 때문에 적정 수준에서 새로운 미디어서비스를 다각화한 사업 포트폴리오를 최적화하는 결정이 필요하다.

돌발 규제에 대비하라

방송통신융합 이슈와 같이 산업의 통합, 사업의 통합이 새로운 규제를 불러와 시장의 혼돈을 키우는 경우가 발생한다. 이 경우 막연한 불안감에 휩싸일 것이 아니라 통합 자체가 기여하는 바를 인정하고 대세에 따르되 갈등 완화에 주력하는 현실적인 대응이 현명하다. 특히 첨예한 사항인 미디어 주인의식, 신사업을 담당한 기업지배구조 등 관련 이슈들에 대해서는 이해관계 당사자 공동연구를 통해 합리적으로 대응해야 한다.

이런 산업 내부의 합의가 이루어져야 생산, 유통되는 새로운 문화 콘텐츠 스타일에 대한 규제를 최소화하고 경제적, 문화적 효과는 극대화할 수 있는 계기를 찾을 수 있다.

시장에 물어보라

새로운 콘텐츠 성공 여부를 항상 과학적으로 측정해야 한다고 믿는 원칙이 중요하다. 예를 들어 미국의 음악 잡지 《빌보드》나 영화 잡지 《버라이어티》와 같은 트레이드 매거진을 활용하여 언제나 과학적이고 객관적인 시장 자료에 근거하여 새로운 콘텐츠 상품을 연구, 개발해야 한다는 뜻이다. UCC만 하더라도 어느 정도 시장의 관련 사례와 경험이 축적되고 있기 때문에 철저하게 자료와 선행사례에 입각한 신상품 콘텐츠 개발이 충분히 가능한 상황이다.

항상 수급을 염려하라

콘텐츠 수급은 새로운 미디어 환경 전체의 성패를 좌우할 만큼 큰 쟁점이 되고 있다. 종전의 미디어산업 가치시스템과 구조는 비슷하지만 작동 원리는 다른 판이 짜이고 있기 때문이다. 우선 콘텐츠 파이프라인으로 새롭게 불리는 최대 서비스사업자의 수요와 관심과 이해가 관건이 되고 있음을 명심해야 한다.

좋은 콘텐츠를 생산하고 공급하는 데서 더 나아가 고객과 최대 접점을 이루고 있는 콘텐츠 파이프라인과 유기적인 협력 관계를 유지하는 것이 매우 중요하고도 긴급한 과제라는 분석이다. 예를 들어 콘텐츠 파이프라인이 특정한 스타일의 콘텐츠를 요구할 경우 콘텐츠비즈니스의 특정한 창조적 자원의 비용이 급증할 수 있다. 이런 상황에서는 미리 선제적으로 콘텐츠 파이프라인의 수요에 대한 정확한 예측을 하고 있었던 콘텐츠 사업자가 가장 큰 덕을 보게 된다.

사람 귀한 줄 알라

UCC나 포스트 UCC 형태의 새로운 미디어산업이 펼쳐진다고 해도 결국 사업성과는 문화콘텐츠 종사자 하기 나름이다. 콘텐츠 사업자로서는 미디어환경이 급변할수록 내·외부의 노조 관계, 단체 동향과 파급 효과를 주목해야 한다. 아울러 고객만 바라볼 것이 아니라 미래 미디어 시장의 주역이 될 창조계급과 문화창조자와 같은 새로운 영감의 원천을 찾아나서야 한다. 갑자기 UCC 동네에 항공촬영이 일대 유행이 된다고 상상해보자. 일찌감치 경비행기 조종사나 항공촬영사진 전문가를 확보해둔 콘텐츠 사업자가 세상의 중심이 될 수밖에 없다.

뉴미디어 뉴콘텐츠

기존 브랜드미디어나 전문가 집단이 만들어 공급해온 낡은 콘텐츠 스타일은 전면 교체되어야 한다. 교체의 수순은 새로운 미디어에 적합한 새로운 콘텐츠를 디자인하는 작업부터다. UCC를 새로운 미디어로 볼 때 적어도 콘텐츠비즈니스를 영위하는 방송사업자, 인터넷사업자들이라면 당연히 UCC에 적합한 새로운 콘텐츠 스타일을 내놓을 수 있어야 한다. UCC라는 새로운 미디어에 적합한 새로운 스타일의 콘텐츠란 무엇을 말하는가?

첫째는 콘텐츠 장르의 변화다. 엔터테인먼트로 되풀이되는 UCC는 지속 가능한 콘텐츠비즈니스를 새롭게 창출할 수 없다. 뭔가 새로운 것을 찾아야 한다.

둘째는 기능 측면이다. UCC는 쌍방향성과 편리성을 크게 향상시켰다. 이 밖에도 다루어야 할 미디어 기능은 훨씬 더 복잡하고 전문적이다. 미디어 풍요도와 실재감을 증대시키는 방안도 찾아야 하고 피드백 즉시성, 심벌 다양성, 평행성, 사전연습 특성, 재발생성과 같은 다양한 기능 특성들도 감안해야 한다. 일반적으로 UCC를 사용하는 경우가 아닌 구체적이고 특별한 장소에서 사용하는 새로운 미디어 UCC의 실로 다양한 기능을 생각해야 한다는 얘기다.

셋째는 상황과 맥락에 따른 유연성이다. 새로운 미디어 UCC의 장르와 기능이 새롭다고 해서 새로운 콘텐츠 스타일이 완성되지는 않는다. 주어진 상황과 맥락에 적합한 콘텐츠 스타일을 연출해야 한다. 대표적인 예가 과업중심 콘텐츠 개발이다. 특정한 과업을 수행하기 위해 UCC를 활용한다고 할 때 주어진 과업의 특성에 맞게끔 UCC의 장르와 기능을 한 번 더 손질하는 튜닝의 공정이 남게 된다.

이와 같이 콘텐츠 장르와 기능, 맥락이라는 세 가지 차원에서 새로운 미디어 UCC에 적합한 새로운 콘텐츠 스타일을 디자인하는 것이 이른바 성공적인 콘텐츠비즈니스를 실현할 수 있는 방안이 될 수 있다. 이런 시각에서 UCC에 적합한 새로운 콘텐츠 스타일을 창조하기 위해 필요한 기존 문화콘텐츠 변화 방안을 구체적인 전략 프로그램 형태로 제시하고자 한다.

UCC로 하는 올드미디어 신사업

UCC 물결이 날로 거세지고 있다. 올드미디어 방송사가 대응을 잘 못한다면 자칫 이 물결에 잠길지도 모른다. 아님 올라타 서핑을 즐길 수도 있다. 어느 갈래로 나설 텐가? 창조성 범벅이지만 수익성이 뿌옇기도 한 동영상 UCC 물결을 어떻게 제대로 올라탈 수 있을까? 다음과 같은 일곱 가지 비법을 생각해본다.

첫째, 광고와 화면조정 시간까지도 시청자에 할애한다. 방송사가 정규 프로그램을 아마추어에게 내놓기는 쉽지 않다. 그러다 보니 뉴스나 드라마에서 UCC가 들어갈 여지가 아예 없어져 결국 인터넷 포털로 죄다 모이게 된다. 콘텐츠 반란군이다. 반란을 사전 예방하고 초기 진압하기 위해서는 광고나 화면조정시간, 애국가 화면에서부터 조금씩 UCC 에일리언에게 손을 내밀어 본다.

둘째, 당장 써먹기를 자제하고 두고두고 담아 먹는 묵은지 콘텐츠를 대망한다. 아마추어리즘에 바탕을 둔 UCC 콘텐츠는 대부분 즉석시식이 어렵다. 아카이브_{특정 장르에 속하는 정보를 모아둔 정보창고}형 관리 모델이 필요한 이유다. BBC는 영국 소도시 동네까지 훑으며 라디오페스티벌과 같은 정기행사를 연다. 여기서 수상한 콘텐츠는 당장 방송을 타지는 않지만 이후 때를 만나면 재구성, 재창조를 통해 위대한 탄생을 알린다.

셋째, 차세대 열혈팬들을 키운다. UCC 창작자들이 '만드는 손'으로만 존재하는 것은 아니다. 이들의 80~90퍼센트는 조기수용자 성격의 고객들이다. 다만 적극적 고객으로서 피드백하는 화법이 다른 셈이다. UCC 포럼과 같은 매개를 통해 이들 열혈 고객들을 끌어안는 자세와 충실한 전략이 요구된다.

넷째, 함께 공동창작하는 길을 나선다. UCC가 기존 방송계 종사자들에게 자극을 줄 수 있다. 성 안의 사람들이 성 밖의 야인들과 연대할 수 있다는 얘기다. 이게 바로 프로-암이다. 콘텐츠 기획과 제작, 마케팅을 역할별로 나누거나 아예 전 과정을 함께하는 제휴 관계를 준비할 때다.

다섯째, 싹수가 보이는 즉시 획득하고 보살핀다. UCC는 미래를 대비해 미리 뿌려두는 플랜팅Planting에 아주 적합하다. 진정한 플랜팅은 어설픈 콘텐츠 자체가 아니라 사람을 얻는 데 있다. 더 근본적으로는 그 사람의 창의성이나 노하우와 같은 무형 자산을 확보하는 작업이다. UCC로 인해 끼와 의지를 보여준 꿈나무가 있거든 어서 인턴이나, 실습사원, 커뮤니티 멤버 등으로 묶어세울 일이다. 미리미리 공을 들여야 한다.

여섯째, 이용자를 콘텐츠 종합상사 첨병으로 임명한다. 방송사가 갈 길은 멋진 콘텐츠를 가져와 자유롭게 유통시킬 수 있도록 하는 본연의 길이다. 이를 위해 지금과 같은 콘텐츠 공장 시스템으로는 안 된다. 콘텐츠 종합상사와 같이 제작과 유통에 두루 능한 복합 기능을 갖추어야 한다. 여기서 마케팅과 유통은 시장 활동을 뜻한다. 시장 한복판에서 발로 뛰고 입으로 퍼뜨리는 첨병으로 UCC 전사들이 제격이다.

일곱째, 창의성 요소를 추출해서 다양하게 응용한다. UCC 콘텐츠 너머 사람이 있고 사람을 다시 너머 콘텐츠에 새겨진 창의성 지문이 있다. 번득이는 창의성 요소는 낱개로 흩어져 있기 일쑤이지만 잘 모아 활용하면 엄청난 파괴력을 지닐 수 있다. 동영상 배경 세트 디자인을 보자. 여러 UCC 콘텐츠에 나오는 방, 교실, 거리 장면에서 아이디어나 영감을 길어올릴 수 있다. 그러다 보면 TV뉴스 세트에 미술품이 배치될 수 있다. 흑백 스틸 사진만으로 다큐멘터리를 내보낼 수도 있다. 생각만 해도 신선하다.

문화경영으로 가는 일곱 개 문

문화를 중시하는 사람은 문화에 대한 잘못된 믿음이나 고정관념을 더 이상 안고 있지 않는다. 여느 사람처럼 문화를 즐기는가 하면 남들이 흉내도 못 내는 문화생산과 문화부업에 과감히 뛰어든다. 비즈니스 일선에서도 제품 홍보라는 단기전에 허덕거리지 않고 문화마케팅과 같은 호흡 긴 품격으로 다가갈 줄 안다.

문화를 경시하고 잘 알지 못해 덤비는 사람은 문화경영을 디자인하기 어렵다. 말랑말랑하면서도 변화무쌍하고 까다로운 문화의 본성을 파악하지 못하고 만다. 우악스럽게 여인을 쟁취하려는 저돌적 사내와 같은 마음으로는 문화를 잡을 수 없다.

어떻게 하면 내 생활 속으로, 내 사업 속으로, 내 사회와 국가 속으로 풍류 그윽한 문화를 초대할 것인가? 여기서는 이러한 문화와 벗하기를 문화경영이라 칭하고 성공적인 문화경영을 위한 구체적인 지침을 차례로 알아보도록 하겠다.

문화경영 지침은 본격적인 원론으로 들어가기 위한 다리 역할을 맡고 있다. 다리를 지나 닿게 되는 문화경영 원론은 미지의 신대륙이다. 쉽게 보면 이미 어마어마하게 발달한 경영학이 그냥 들어가 이 영토를 점령할 수 있다. 그리 되면 문화금융, 문화인사 및 조직관리, 문화생산관리, 문화유통, 문화마케팅, 문화국제경영, 문화경영정보시스템, 문화벤처경영과 같은 브랜드 통일이 이루어진다.

경영학이 그 위세 그대로 문화, 예술 콘텐츠 부문을 점령해 식민지화하는 형태는 수많은 왜곡과 반발을 낳을 수 있다. 그것보다는 문화학과 문화, 예술 고유이론이 좀더 체계적으로 정리되어 양쪽이 동등한 입지에서 통합하고 통섭하는 꼴이 더 낫다고 본다. 그야말로 문화와 경영의 만남을 신성한 결혼처럼 성사시키는 과업이다.

이런 관점에서 문화경제학과 달리 연륜이 짧고 아직 미숙한 문화경영학, 경영문화학을 대망해보면서 우선 챙겨야 할 문화경영 지침들을 하나씩 꺼내 닦고 칠해보겠다.

소비하는 문화에서 생산하는 문화로

문화경영은 먼저 관객의 자리를 박차고 나오는 데서 출발한다. 소비하고 바라보고 대신 즐기는 문화로는 나 자신이 제대로 놀 수 없기 때문이다. 논다는 것에는 여러 형태가 있고 누구나 늘 때때로 놀게 된다고 여기겠지만, 실은 많은 허와 실이 웅크려 있다. 오늘날 사람들이 흔히 논다는 것은 주로 보고 즐기는 엔터테인먼트를 가리킨다.

　그도 그럴 것이 가만 생각해보면 문화생활, 문화체험의 90퍼센트 이상이 보고 즐기는 관조의 행위이다. 이 90퍼센트에서 또한 대부분을 차지하는 주류는 매스미디어를 통해 바라보고 받아들이는 형식을 벗어나지 않는다. 엔터테인먼트가 가장 값싸고 편리한 대중오락, 통속문화로 군림하게 된 역사적 배경과도 일치한다. 엔터테인먼트는 말 그대로 공연장과 같은 특정 장소에 들어가^{enter} 티켓으로 구한 관객의 자리를 가만히 앉아서 지키고 있음^{maintain}을 의미한다. 집에 와 TV를 보거나 극장에서 영화를 보고 공연장에서 뮤지컬을 보는 일체의 행위가 바로 전형적인 엔터테인먼트이다. 엔터테인먼트를 문화의 주종으로 섬기는 한 문화는 소비라는 큰 틀에서 벗어나지 못한다. 이것이 바로 문화를 경시하는 악습 한 가지다.

　문화를 중시하는 사람은 재현되는 영상이나 꾸민 드라마를 보고 즐기는 문화소비에서 벗어날 궁리를 한다. 만드는 즐거움. 만드는 손의 독립 선언. 생산하는 문화를 향해 문화소비가 횡행하는 마음의 감옥을 탈출하는 상상이 일을 저지른다.

이런 사람이 여럿 모이게 되면 커다란 기업도 움직이게 된다. 삼성이 디자인을 강조하고 창조경영을 추구하는 최근의 행보도 바로 이러한 문화생산을 꿈꾸기 때문이다. 명품 소리디자인이라는 문화콘텐츠로 형상화한 컨셉이 삼성과 뱅앤올룹슨이 합작한 세린 모바일 프로젝트로 탄생되었을 때 문화는 더 이상 치장으로 끝나는 껍데기가 아님을 선언한다. 핸드폰에 디자인을 입히는 문화소비에서 핸드폰 소리로 사람을 매혹시켜 명품을 창출하는 문화생산으로 차원을 바꾸어놓은 셈이다.

방송과 통신의 결합도 마찬가지여서 소비하는 문화로서 오랫동안 머물러왔던 방송이 생산하는 뉴미디어로서 통신 영역과 합쳐지는 큰 과업으로 받아들일 수 있다.

내 안의 창의성 스파크 튀기기

핵심은 창의성이다. 문화, 예술 자품은 결국 몇몇 천재나 전업자가들이 창작해야 한다고 믿는 고정관념이 잔존하는 한 문화생산은 힘들다. 특정인과 그룹만이 문화를 공급하고 절대 다수는 소비하고 향유하는 아주 오래된 관계성은 결코 영원할 수 없다는 얘기다. 놀랍게도 문화를 중시하는 사람과 사회라면 누구나가 문화생산, 문화창조에 자유롭게 뛰어들 수 있는 시대가 이미 우리에게 성큼 다가와 있다. 이러한 극적인 변화는 마침 창의성에 대한 재발견이 활발하게 이루어지고 있기 때문이다. 창의성은 바로 문화생산과 창조활동의 전기동력에 해당한다.

창의성이 있기에 새로운 것을 만들고 싶어하고 남들과 다른 몸짓을 해보이고자 하는 욕구가 불타오르는 것이다. 그럼에도 창의성에 대한 치명적인 오해로 인해 수많은 사람들이 문화소비라는 절해고도 감옥에서 벗어나지 못하며 살아 왔다. 사람들은 창의성이 타고나는 특별한 재주라고 생각하고 있다. 또 창의성은 비싼 교육과정을 통해 양성되는 것으로 여기며 박탈감을 느끼기도 한다. 이에 대해 창의성 연구에 평생을 바쳐온 대가 미하이 칙센트미하이는 "창의성과 지능지수는 서로 비례하는 관계가 아니다. 연구 결과로 보면 IQ 120 이상부터는 사람의 지능과 창의성은 아무 상관관계가 없다"고 말한다. 창의성은 지적 능력과는 별도로 한 사람이 발휘할 수 있는 감성과 상상력, 집중력, 욕구와 같은 블랙박스와 밀접한 연관을 갖고 있다는 분석이다.

실제로 집단 창의성을 집중연구한 도로시 레너드와 월터 스왑은 저서 《스파크 *When Sparks Fly*》에서 내 안의 창의성, 우리 조직 안의 창의성 껍질을 벗겨내는 것을 첫걸음이라고 설명하고 있다. 이미 굳어버린 호두껍데기가 된 나와 우리 조직의 마음을 깨뜨리고 열어젖힐 수 있다면 우리는 남이 만든 문화를 소비하는 것이 아니라 내 손으로 문화

를 생산하고 창조의 희열을 획득할 수 있다. 불씨가 필요하다. 창의
성이 불꽃 튀기도록 하는 정교한 프로그램을 구상해야 한다.

문화의 경영화, 경영의 문화화

굿바이 프랑크푸르트학파. 굿바이 미스터 아도르노, 마르쿠제, 호르
크하이머, 하버마스.

과학적 사회주의자의 후예로서 새로운 마르크시즘을 주창한 프랑
크푸르트학파 때문에 문화산업은 아직도 홀대를 받고 있다. 창의성
을 말살하고 대중을 기만하고 돈에 탐욕적인 하수도문화의 화신이라
는 낙인이 지워지지 않고 있다. 영화는 싸잡아서 20세기 자본주의의
예술로 불리고 할리우드는 몽땅 악덕상인으로 지탄을 받는다.

문화산업을 담백하고 객관적으로 다루고 있는 문화경제학 진영에
서도 문화하는 마음과 경제하는 마음이 아예 다르다는 전제를 까는
경우가 많다. 문화는 비논리요 경제는 논리라는 생각이 깃든 탓이다.
문화는 숫자화하고 자료화하여 분석하고 평가할 수 없는 천덕꾸러기
로 흘겨보는 쪽도 있는 모양이다.

그러다 보니 간혹 문화경제학에서는 미술품 거래가 세금을 비껴가
는 지하경제로 가고 있다든지 하는 부분을 침소봉대하는 경향도 있
다. 관련해서 임상오 교수는 문화의 경제화를 다룬 문화경제학의 미

래에 대해 다음과 같은 매우 중요한 전망을 내놓고 있다.

> 우선 문화(예술)을 대상으로 하여 경제학적인 방법론에 입각하여 분석하는
> 것이 문화경제학(예술경제학)이고, 특히 문화를 산업적인 관점에서 접근하
> 는 것이 문화산업론이라고 한다면 문화를 대상으로 분석하거나 이를 자원으
> 로 활용하여 일정한 경영 성과를 달성하려는 분야가 문화경영학(예술경영
> 학)이 될 것이다. 또한 경제(경영) 현상을 문화론적인 관점에서 이해하고자
> 하는 것이 경제문화학(경영문화학)이 될 것이고 경제나 경영 현상을 예술의
> 관점에서 이해하고자 할 때 그것은 경제예술(경제미학)이나 경영예술(경영
> 미학)이 될 것이다.

'문화경제학의 흐름과 전망', 《문화경제학 만나기》, 2001

이 같은 시각에서 문화의 경제화를 다룬 문화경제학에 부응해서
경제의 문화화를 다루는 경제문화학과 같은 새로운 영역을 개척해야
할 시점이 왔다는 결론이다. 예를 들어 경주의 포석정 곡선미에서 힌
트를 얻어 삼성전자의 전자레인지 디자인이 나왔다는 것은 문화의
경제화요 이를 다루는 문화산업론, 문화경제학이 부름을 받게 된다.

이와 달리 삼성전자의 경영진들이 회사 종업원들의 업무 스트레스
원인을 경직된 사무실 공간배치로 지목하고 풍수 인테리어를 공부하
러 경주 남산을 답사한다면 이는 곧 경제의 문화화, 경영의 문화화
축에 들 수 있겠다.

이와 같이 경제와 문화가 서로 대등하고 돕는 관계에서 조화를 이뤄나가는 것이 중요하다. 학문에서도 지식사회학이라고 하면 사회학이 중심이 되고 지식은 수식이 되게 마련이다. 같은 이치로 문화경제, 문화산업이라고 하면 당연히 경제와 산업의 위치에서 문화를 재단하게 된다. 그러다 보니 문화, 예술 진영에서는 피해의식을 가지기 십상이다.

이를 풀기 위해서라도 지식사회학과 함께 사회지식학이 필요하다. 문화경제와 문화산업과 더불어 새롭고 낯설기는 하지만 경제문화학, 경영미학이 어서 출현해야 한다.

문화산업에서 문화생업으로

문화로 돈을 벌고 장사를 한다는 생각 자체가 아직은 어색하게 느껴지는 것이 현실이다, 사실 문화산업이라는 말은 상처뿐인 영광으로 남아 있다. 문화를 산업화한다는 발상으로 달성할 수 있는 한도를 넘겨버린 게 아니냐는 시선도 있다.

특히나 사행성 게임 바다이야기가 사회문제화되면서부터 사람들은 문화라는 콩을 쑤어 산업이라는 메주를 만든다고 해도 잘 믿지 않게 되었다. 더구나 한미FTA 협상 때문에 영화의 스크린쿼터가 희생양으로 부각되자 순수 문화, 예술 진영과 산업론자 진영 사이에 어찌

할 수 없는 전선이 형성되고 말았다.

가뜩이나 "경제하는 사람, 미국 유학 갔다온 사람은 이런 자리에 오지도 말라"며 잔뜩 부어 있던 영화인, 방송인들이기에 문화산업이 커가면 커갈수록 갈등과 대립도 심해지는 양상이 나타나게 되었다.

이런 뒤틀린 상황에서 줄기차게 문화산업을 강조하는 것은 그다지 현명한 방식으로 보이지 않는다. 문화산업으로 촉발된 전선의 반목은 낡은 문화산업 옷가지로 불태워 없애버리자는 말이다. 대신 모든 단위를 거시적인 국가와 사회, 경제와 산업에서 끌어내려 미시적인 생업으로 돌려세우면 좋겠다. 생업이란 문화로 밥벌이하고 생활하자는 지극히 자연스럽고도 신성한 착상이다.

생업을 하겠다는데 양질의 외국 자본을 빌려다 쓰면 어떻고 외국 영화나 드라마를 더 많이 보여주면 어떻단 말인가? 더구나 IT마저 한계 상황에 다다른 오늘날의 환경에서 기존 제조업, 기존 서비스업은 물론 IT업에 종사한 인력 가운데 상당수를 문화 부문으로 재배치하는 실사구시도 필요한 시점에 와 있다. 이제는 문화산업으로 꼬이면서 얽힐 것이 아니라 문화생업으로 풀어 실질적인 이득을 취할 때이다.

작게 경작하고 글로벌로 거두는 문화플랜테이션

문화를 경작으로 보고 수확으로 보면 어떨까? 밭갈이하고 이야기하는 쟁기꾼의 대지. 시인 신동엽이 말한 그 온전한 마을이야말로 문화하는 마음들이 모여 사는 곳이 아닐까?

다큐멘터리 영화기법에 플랜팅이라는 게 있다. 이는 다짜고짜 사무라이 영화 식으로 초반부터 주제를 말하고 메시지를 강조하고 결론을 설파하는 두괄식 방법과는 정반대 양식이다. 1시간짜리 콘텐츠라면 초반 10분 정도는 뭔가를 열심히 파종하고 물을 주고 흙을 다지고 심어나가는 일에 묵묵히 매진하는 것이 플랜팅이다. 그러다 10분쯤 지나 조금 할 말을 하고 다시 플랜팅을 하고 맨 나중에 가서 반전을 통하든 고조된 분위기 속에서 주제와 결말, 메시지, 여운까지를 왕창 거둬들이게 된다. 이러한 플랜팅은 문화생업에서마저 조급증에 내몰린 우리네 삶에 대단히 중요한 복음이 되어줄 수 있다.

항상 봄 여름 가을 겨울을 품고, 봄이 되면 씨앗을 뿌리고, 여름에 잘 키워 가을에 수확하리라는 마음을 흩트리지 않는 기본기가 필요하다. 겨울이면 명상하고 농기구를 손질하며 플랜팅을 대비하는 이 자연섭리에 따른 작업방식은 막상 하려면 잘 되지 않는다. 우리 가슴 속에 실용주의적 마음이 너무 강하고 많기 때문이다. 어떤 원로 인문학자는 웃자고 말한다. 우리 한국 사람은 어느 좋은 시골에 가서 아름다운 풍경을 바라보면서 필시 '와, 저기 저 땅은 평당 얼마쯤 할까? 개발 호재까지 생기면 땅값이 엄청 오르겠지' 하고 생각할 것이라는 우스개다. 이런 단박 대박 로또 마음씨가 차오르면 지긋한 플랜팅은 할 수가 없는 노릇이다.

그러니 맘을 달리 먹고 플랜팅하기로 한다면 비옥한 문화지대를 찾아 즐거이 떠날 수 있을 테다. 비옥한 문화의 땅은 경제학적 희소가치를 온몸으로 내비친다. 강남 아파트촌보다는 밀양 연극촌이나 거창 국제연극제 현장에서 금싸라기 땅을 만날 확률이 훨씬 더 높다. 플랜팅을 하려면 비싸거나 많이 게워내 푸석푸석해진 곳은 피해야 할 테니까.

문화이념을 내리고 문화실학은 거양

문화를 경시하는 부류들은 자꾸만 편을 가른다. 내 문화 우리 문화 민족 문화가 있는데 남의 것들이 반칙을 일삼으며 밀려온다고 늘 투정이다. 일본 대중문화 개방 때도 그랬고 스크린쿼터 축소, WTO, FTA 국면에서도 노상 우리 문화정체성과 문화제국주의와 포개놓은 문화적 다양성을 굳게 믿는 문화이념 맹신이 많았다.

우리 문화를 정부나 지식인, 활동가들이 지키고 보호해줄 수 있다고 너무 믿는 것은 문화이념에 가깝다. 한 술 더 떠서 어떠한 경제적 질서, 국제관계를 희생해서라도 우리 문화정체성과 다양성을 인정받아야 한다는 것도 아집이나 문화이념에 속한다. 우선 우리 문화를 꼭 지켜야 하니까 다른 문화의 유입을 제한해야 한다는 신념은 기본적으로 우리 것이 다른 것보다 더 낫다는 콤플렉스를 부여잡고 있다.

나는 너보다 낫다 I am Better than You 라고 해서 IBY 신드롬 또는 콤플렉스라고 이름 붙일 만하다.

나는 너보다 낫고 너는 틀렸다고 생각하다보면 일본 만화가 들어오면 안 되고 미국 영화도 막아야 한다는 결론에 도달할 수밖에 없다. 더 큰 문제는 문화이념의 포로가 된 골목대장들이 국민의 눈을 가리고 있는 현실이다. 최종이용자인 국민들이 선택하고 찾아보고 즐길 수 있도록 하는 기회 자체를 봉쇄하는 어리석은 결과가 빚어진다는 얘기다.

그러는 사이 자유인이 되고 싶은 한국 사람들은 벌써 국경 없는 콘텐츠, 장벽 없는 소통을 하며 살고 있다. 낡고 독한 문화이념을 버리고 문화 실사구시를 선양하는 것이 곧 문화를 중시하고 문화에 투자하고 문화로 승부하는 지름길이 된다.

침잠하는 문화생활

문화생활을 뚝 부러지게 잘 해야겠다는 생각이 일을 그르친다.

몰아서 기다렸다가 토요일 밤 영화도 보고 공연도 보고 노래도 부르고 글도 쓰겠노라는 벼락치기 풍습이 한국의 비문화, 반문화를 확대 재생산하고 만다. 대체로 우리 한국 사람은 좁게는 문화를 중시하며 문화생활을 설계하고 부지런히 쫓아다니지만 넓게 보아서는 결국 문화를 쫓아버리고 휘발시키고 마는 안타까운 결말을 맞는다.

책읽기를 보자. 중견기업 과장인 마흔 살 김독서 씨는 한 달에 두세 번씩 교보문고를 꼭 찾는다. 갈 때마다 보고 싶은 역사서며 자기계발서, 계산대로 가는 길목에서 만나는 베스트셀러 선반 위 책을 골라 뚱뚱해진 종이가방을 싸안고 집으로 온다. 정독도 하고 보다 말기도 하고 책꽂이에 유배시키기고 하면서 김독서 과장의 삶과 책읽기는 이달도 다음 달도, 올해도 내년도 똑같은 시소를 탄다. 이런 시소타기는 문화를 경시하는 문화생활이다.

만약 김독서 과장이 문화를 중시하고 더욱더 열렬히 사랑한다면 살롱을 알아볼 것이다. 모여서 책 읽고 토론하는 사랑방 모임 살롱 말이다. 찾아도 없다면 새로 사람을 모아 고전강독회나 독서토론회를 꾸릴 수도 있다. 살롱으로 발전해 매주, 매월 정기적으로 만나 차를 마시며 책 이야기도 하고 정치비평도 하고 살아가는 고민도 나누다보면 책이라는 한 점은 광대무변한 전방위 문화생활로 확장될 수도 있다.

이를 두고 침잠하는 문화생활이라고 부르고 싶다. 남에게 보이거나 소극적인 자기만족을 위한 문화생활은 때로는 허탈할 수 있다. 문화생활 자체가 괴물이 되어 돈은 돈대로 들고 몸은 몸대로 힘들고 마음은 마음대로 더 불안해지는 역작용이 나타날지도 모른다.

그보다는 내밀한 자기 세계에 침잠하는 진짜 문화생활을 통해 맘든든한 미소를 머금은 얼굴로 다닐 수 있는 경지에 오르고자 애쓰는 편이 더 낫지 않겠는가? 'Attention to detail ^{디테일에 주목하고 충실하라!}'이라는 말처럼 남들 다하는 베스트셀러 읽기나 공연보고 TV 보기로 얻게 되는 조그만 효용이 아닌 특별한 경험, 희소한 지점에서 크게 얻을 수 있는 침잠하는 문화생활을 떠올려본다. 그런 멋들어진 은밀함. 침잠하는 나만의 문화생활은 어디에 있을까?

CULTURE

부지런한 봄처럼 다가오고 있는 문화를 맞으러 나와 있다. 이제는 앞날과 먼 훗날을 바라볼 때가 되었다. 문화로 생업하기 시작한 사람들이라면 눈을 들어 일월성신 북두칠성을 보며 이야기하는 쟁기꾼의 대지로 나아갈 참이기 때문이다.

문화생업으로 바라보는 미래에는 삶의 차근차근한 변화가 기다리고 있다. 문화 영토에도 기술과 과학의 변화가 도사리고 있어 문화기술에 이어 문화과학의 국면으로 넘어갈 것으로 보인다.

이어 문화는 1년 뒤, 3년 뒤, 10년 뒤 미래 예보를 불러온다. 단기, 중기, 장기별로 문화의 경제화, 경제의 문화화가 이루어지는 지대에서는 어떤 일이 나타날 것인가에 대한 시계열적 분석이 요구된다.

문화콘텐츠 비즈니스 흐름을 활용하여 콘텐츠 생산과 유통, 소비, 기반 인프라라는 틀로 바라본 2020 문화콘텐츠 트렌드는 지혜를 건네준다. 미래 명문에 대비할 수 있는 지혜의 요체는 '문화가 해답이다'로 결론지을 수 있다.

부의 미래, 문화가 해답이다

culture business

문화콘텐츠 우화 : 갖바치와 미디어 빅뱅

오늘날 강호에는 IT 신기술이 주도하는 뉴미디어 세상에 변화무쌍한 바람이 일고 있다. 이에 조선 땅 강남 어느 곳, 싸돌아다니는 뉴미디어를 업으로 하는 상인과 거간꾼, 학자와 갖바치가 모여 심야의 정담을 나누게 된다.

거간꾼 : 모바일과 같은 뉴미디어가 제공하는 콘텐츠서비스라고 하는 놈의 본얼굴, 민얼굴은 어떠한 모습일는지요? 이 본성은 또 어떻게 변화해왔고 앞으로 어떻게 튀게 될라나요? 먼저 워낙 다양한 사람을 만나는 갖바치가 한마디 해볼라나.

갖바치 : 독일에 헤겔이라는 분이 계셨어. 이 분은 인류의 역사를 노동과 놀이로 풀이하고 있거든. 먼저 오랫동안 인간들은 노동을 통해, 노동에 얽매이기도 하면서 살다가 놀이를 갈망하게 된다는 거지. 또 한참 놀다가 보면 결국 노동과 놀이가 일치하는 삶을 원하고 꿈꾸게 된다는 거야. 여기서 '놀이'라는 말뜻은 어뮤즈먼트^{amusement}에 가까운데도 실상 산업사회 이후에는 놀이가 대중들이 집단으로 대리만족하는 엔터테인먼트를 통해서만 이루어지게 된다는 게 중요해.

할리우드 영상물이나 TV쇼를 쭉 본다는 것 자체가 눈만 즐거운 엔터테인먼트라는 얘기야. 때문에 자신이 직접 즐기며 체험하는 어뮤즈먼트 성격의 놀이 콘텐츠가 지금의 정보사회에서 들불처럼 일어나고 있는 거야. 그럼 앞으로는? 당연히 헤겔이 점친 대로 일과 놀이가 일치하는 신종 신품 콘텐츠서비스가 나온다 이거야. 이젠 모바일 뉴미디어도 주중 낮 시간, 업무를 위해 사용하는 새로운 개념의 미디어로 탈바꿈할 거라니까.

학자 갑 : 나도 그렇게 생각하고 있었어. 이제 엔터테인먼트는 아니야. 공공 정보라든지 학습, 교육 콘텐츠와 같은 좀더 공공성이 강한 성격의 콘텐츠서비스를 강화하도록 뉴미디어가 맞춰지고 있는 거지. 지금 장안에 화제가 되고 있는 와이브로나 IPTV와 같은 모바일 서비스도 물론 드라마, 스포츠를 중시하기는 하지만 정작 백성들이 필요로 하는 긴요한 데이터 정보와 지식을 전달하는 기능을 중시해야 할 거야. 그냥 DMB에서 봤던 것 같이 똑같은 종류의 통속문화, 즉 엔터테</sup>

인먼트에 머무르다가는 엽전 낭비가 될 것이야.

거간꾼 : 그럼 이 뉴미디어 장터의 판도가 급격히 바뀔 수 있다는 말들이신데, 이른바 패러다임이라는 놈이 어떻게 바뀌는 건지 속 시원히 알려주게나.

갖바치 : 그야 권력이 바뀌고 세상이 뒤집어진 거지. 이때까지는 솔직히 궁중에서 각본을 짜고 온 나라 분위기를 조성하지 않았어? CDMA로 간다 그러면 모두가 갔다 이거야. 이제는 그게 아니라 미니메이저와 같은 소수파가 뜨고 심지어는 사용자 개인이 중심이 되는 쪽으로 확 바뀌게 된 거야. 지금 왕성한 이삼십대 개인들은 인생의 절반을 문화생활로 보고 끊임없이 자신들이 비벼대고 뒹굴 만한 놀이판을 만들고 싶어 할 거야. 극성맞게시리.

거간꾼 : 다른 대국들도 그런가? 우리나라 백성들은 놀고 즐기는 방식이 좀더 특이한가?

학자 을 : 아주 독특한 걸로 나오지. 조선 땅의 미디어 이용자들은 다양성 면에서 취약하고 집단적으로 한두 방향에 몰려 극단화된다는 것이 가장 큰 특징이라고 할 수 있네. 신데렐라콤플렉스 드라마나 조폭 액션 영화로 대부분의 구경꾼이 몰리는 도가 심하다는 얘기지. 이는 영국이나 유럽 제국들이 공상과학물을 거의 찾지 않았다는 것과도 맥락이 같다네.

사람들이 과거지향적이다 보니 미래를 날조하는 SF콘텐츠에 흥미를 못 느끼는 거지. 하지만 이런 오랜 관습도 결국 변하게 되네. 지금 영국에서는 '스카이원'이라는 디지털TV가 미국의 SF 프로그램을 인기리에 방송하고 있거든. 물량공세 약장사로 사람들의 취향을 바꿔놓고 물 건너 싼 값에 가져온 SF물로 도배하는 장사 수법이기도 하지. 조선 땅에서도 새롭고 다양한 뉴미디어서비스가 많이 나오려면 천편일률적인 이용자 취향을 바꿔놓는 계기가 있어야 한다는 주장일세.

상인 : 좋은 말씀들 감사하이. 한데 문제는 우리가 내놓게 될 뉴미디어라는 신품들이 다양하고 획기적이고 미래지향적인 놈이라는 소문이 쫙 퍼지게 하려면 어떻게 해야 할 것이냐 이거지. 이 골치 아픈 물음에 답을 준다면 내 기꺼이 오늘 술값 다 내도록 함세.

갖바치 : 내가 술값 해보겠네. 잘 듣게나. 첫째는 과업지향형 콘텐츠서비스를 개발하는 것이야. 그동안 미디어가 업무 시간대를 파고들지 못한 것은 단순한 놀이, 즉 엔터테인먼트에 집착했던 때문 아니겠나? 일하는 사람, 일 자체에 연관되는 정보, 지식콘텐츠 제공을 주 임무로 하는 뉴미디어서비스를 개발한다면 밤에는 고정형 TV나 PC, 낮에는 이동형 미디어에 사람이 모이게 되는 거지.

둘째, '디지털 토이'라는 말이 있어. 모바일 뉴미디어기기를 멋들어진 놈으로 만들어 사람들을 혹하게 사로잡는 거야. 여기에는 우리 갖바치와 같은 예술혼이 좀 필요하지. 삼성상회가 오디오 명품 브랜드 뱅앤올룹슨과 합작한 백삼십만 원짜리 핸드폰 '세린'이 좋은 사례였어. 디자인이나 뷰티콘셉트를 차가운 디지털기기에 심어넣어 늘 장난감처럼 끼고 잡고 싶은 물건을 대장장이 진검 만들듯이 해보는 거야. 세 번째는 재활용, 재창조에 길이 있다 이거야. 올해만 해도 조선 땅에 활동영상 풍각쟁이 들이 만들어내는 상업영화가 백 편을 돌파할 거라는구만. 게다가 FTA조약 때문에 외국산 영화들이 더 많이 들어올 거 아냐. 좋은 우리 영화도 걸릴 데를 찾기가 어려워진다는 얘기지.

이걸 뉴미디어서비스로 써먹자는 게 내 주장이야. 영화를 1분, 3분 예고편 식으로 테마별, 영상별로 나누어서 움직거리는 모바일 뉴미디어 콘텐츠로 멋들어지게 재창조하면 누이 좋고 매부 좋은 일이 될 수 있잖은가. 이쯤하고, 주모! 여기 탁배기하고 고기 안주 듬뿍 추가!

2020 문화콘텐츠 전망

우리 문화콘텐츠 산업 트렌드에 관한 체계적인 연구 접근의 중요성이 아주 커지고 있다. 실제로 콘텐츠 주무 기관인 한국 문화콘텐츠진흥원은 2006년과 2007년에 연이어 〈한국 문화콘텐츠 산업 10대 전망〉을 통해 1년 단위의 단기적인 트렌드 예측을 내놓기도 했다.

이 글에서도 트렌드 예측과 분석을 위한 일정한 틀과 세분화된 영역을 나눠보고자 한다. 분석의 틀은 콘텐츠 자체를 가치사슬 형태로 나눠본 콘텐츠 생산-유통-소비와 콘텐츠를 지원하고 전송하는 기술 미디어 등을 포괄하는 기반 인프라 등 네 가지 요소들로 구성하였다. 이들 네 가지 요소별로 연결되는 세부적이고 개별적인 트렌드를 도출하게 되었다.

문화콘텐츠 산업의 본원적 흐름인 생산-유통-소비, 그리고 기반 인프라 등 네 가지 영역별로 총 20개에 이르는 트렌드를 도출하였다. 우선 콘텐츠생산 부문에서는 6개, 유통 부문은 3개, 소비에서는 5개가 각각 미시, 거시와 단기 중기 장기를 아우르는 주요 트렌드로 꼽혔다. 아울러 기반 인프라 영역에서는 6개가 생성되었다.

이들 20개 트렌드는 한국문화콘텐츠진흥원과 한국소프트웨어진흥원 등 정책 지원기관의 시장 조사, 연구 성과와 CJ그룹의 엔터테인먼트 관련 사업체 등 협업의 시장 분석, 전략프로그램, 해외 투자은행의 산업 분석 보고서 등을 다양하게 활용하여 도출해낸 내용들이다.

트렌드의 개별적인 내용을 영역별로 알아보도록 하겠다.

생산 부문 트렌드

아츠큐베이터 전략 확산

아트Art와 인큐베이터Incubator를 합친 용어인 '아츠큐베이터Artscubator' 전략이 세계 각 지역에서 주요한 정책 프로그램으로 통용되기 시작했다. 뉴질랜드가 피터 잭슨 감독의 영화 〈반지의 제왕〉, 〈킹콩〉 제작을 계기로 영화산업의 신흥 거점으로 부각하면서 수도 웰링턴의 이름을 딴 '웰리우드'라는 신조어를 낳고 있는 것이 좋은 본보기다. 이는 우선 국가가 고유한 예술 창작물 개발로 정책 지원 방향을 선회하고 있음을 또한 시사하고 있다.

영국이 2003년 자정과 자율을 중시하는 새로운 커뮤니케이션법 개정을 통해 소규모 창작자 보호를 강조하고 나선 것도 같은 맥락이다.
이 법안은 특히 방송과 통신이 융합하는 거대 트렌드 속에서 기술 자
본에 소외된 문화콘텐츠 창작자들의 권리를 보호하고 창작을 향한
열정과 자유의지, 창의성을 북돋우려는 사회적 합의라는 점에서 이
제 갓 미디어융합 관련 논의를 시작한 한국 같은 나라에 중요한 시사
점을 던져주고 있다.

예술과 창작 기반을 중시하는 이러한 흐름은 "문제작이 나오지 않
는 순간, 화려한 뉴미디어산업은 종결된다"고 하는 철저한 현실 인식
에 기인한 것이기도 하다.

콘텐츠 품질 가치 기준 변화

최근 들어 특히 인터넷 공간 안에서 콘텐츠의 객관성보다 정확성, 철
저성, 공정성, 투명성이 더욱 중시되고 있다는 지적이 나오고 있다_{길모}
_{어, 2004}. 미디어 이용자들이 뉴스나 동영상 오락물을 보면서 콘텐츠의
근거가 있고 없음을 따지기보다는 콘텐츠가 얼마나 잘 만들어졌느냐
를 더욱 중시한다는 해석이 가능한 대목이다. 이를테면 근거가 명확
힌 사실 위주 디큐멘터리보다 다소 픽션 성격이 가미되었다고 하더
라도 제대로 만들어져 완결성이 높은 웰 메이드 콘텐츠를 더 쳐주는
분위기로 전환하고 있다는 분석이다.

사람들은 이젠 '누가, 왜' 만들었는가를 묻지 않는다. 오로지 '어떻
게' 만들어졌는지에 관해서만 열중한다. 진정성은 외면하고 외형과

외피에만 눈길을 주는 감각적인 소비와 평가가 횡행하기 시작했다는 지적이기도 하다. 이런 맥락에 따라 온라인 저널리즘 이용행태와 영상물 등에 관한 평가기준 심미성도 변화하기 시작했다.

엔터테인먼트콘텐츠에서 생활콘텐츠로

엔터테인먼트콘텐츠에서 생활콘텐츠로 이동하고 있다. 특히 2006년 초 로마에서 열린 OECD 국제 디지털콘텐츠 컨퍼런스에서 공공부문 콘텐츠와 학술저술에 대한 새로운 접근을 강조하는 움직임이 알려지면서 전 세계적으로 확산되는 트렌드로 자리잡게 되었다. 이 행사에서 소개된 세르반테스 프로젝트는 스페인어로 저술된 고전을 디지털화하는 과업으로 1차적으로 1만8천 권의 저서를 디지털화하는 작업이 진행 중이다.

이 밖에도 영국 BBC가 공공정보 콘텐츠를 확보하는 작업을 담당하고 있는 사례가 있다. BBC는 보유한 음악, 다큐멘터리, 사진, 드라마 등의 콘텐츠를 제공하는 '크리에이티브 아카이브'라는 자료보관소를 운영하는 한편 이용권한은 웹사이트를 통해서 제공하여 기업, 일반인들에게 콘텐츠를 제공하여 공공성을 제고하고 있으며 콘텐츠를 활용하고자 하는 기업 및 개인들에게 비즈니스 기회를 제공한다.

스토리텔링에서 이미지텔링으로

유무선 브로드밴드 인프라 확산에 따른 네트워크 용량 증대로 유통

구조가 점차 안정화되면서 디지털영상 산업의 본격적인 성장이 예상
된다. 이런 경향에 따라 콘텐츠가 내용적, 미학적 특색이 스토리 중
심에서 시각적 이미지 중심으로 옮겨가고 있다. 인터넷 콘텐츠의 경
우에도 텍스트 형태보다 동영상과 같은 그림 이미지 형태로 제시되
는 서비스가 점차 더 큰 비중을 차지하고 있다. 또한 동영상이라고
하더라도 스토리와 짜임새가 중시되는 내용적 완결성보다는 이미지
현란함과 독특함 등을 앞세우는 외형적 느낌을 더욱 강조하는 경향
성이 갈수록 뚜렷해질 것으로 보인다.

구체제 거품 해소

수퍼스타 경제학이 종언을 고하고 있음을 알려주는 징후가 곳곳에
나타나고 있다. 캘리포니아대학교 드바니 교수가 2006년 9월 "톱스
타가 출연한 영화는 마케팅 투자가 늘어나면서 개봉 후 1, 2주일 관
객을 몰리게 하는 효과를 내지만 장기적인 매출 유발과는 관련이 없
다"는 분석을 내놓으면서 거물급 인사를 뜻하는 '빅네임'의 위용이
빛을 잃기 시작했다.

　이미 슈렉, 괴물과 같은 디지털액터, 디지털캐릭터가 발달한 컴퓨
터그래픽 기술 등에 힘입어 활발히 이용되고 있기 때문에 더 이상 출
연 거품 논쟁을 야기하는 비싼 스타에 과다하게 의존할 이유가 없다
는 측면도 깔려 있다. 이를 두고 《뉴욕타임스》는 기존 할리우드메이
저와 구분되는 미니메이저의 반란이라고 묘사하기도 하였다. 슈퍼스

타나 기존 메이저 그룹과 달리 참신하면서도 기동성과 유연함이 뛰어난 미니메이저급 프로덕션이나 연기자가 오히려 창의적 작품 활동에 적합하다는 의미이다.

창조계급 출현

한국의 창조계급은 누구인가? 어디에 있나? 그들은 어떤 콘텐츠를 만들어야 하는가? 미래 콘텐츠 흐름을 주도할 새로운 인간형을 일컫는 창조계급이라는 개념이 급부상하고 있다. 창조계급은 미국 리처드 플로리다 교수가 펴낸 저서 《크리에이티브 클래스*Creative Class*》에 등장한 개념으로 종전의 부르주아계급과 같은 고전적인 개념과 확연히 구분되는 사람들을 말한다. 자본주의 성장동력이기도 했던 부르주아는 대체로 정치적 참여를 활발히 하고 사상과 이념에 상당히 의존하는 성향을 보이는 반면 창조계급은 현대판 보헤미안과 같아서 자신만의 스타일과 같은 문화, 예술적 표현에 더욱 강렬한 집착을 갖고 있다는 해석이다.

이처럼 새롭게 떠오르는 문화인류학적 신인류의 출현은 한국과 같이 변화무쌍한 콘텐츠 흐름을 보이는 곳에서도 오롯이 적용될 전망이다. 결국 앞으로는 새로운 가치관과 특별한 기량, 창의성을 지닌 숨어있는 창조계급이 엔터테인먼트를 비롯하여 전체 문화콘텐츠 산업을 선도할 것이라는 지적이기도 하다.

유통 부문 트렌드

컨버전스와 함께 디버전스 강조

컨버전스라는 기본 흐름 속에 동시에 해체와 분리가 중시되는 디버전스가 강조되는 새로운 국면에 들어서고 있다. 이는 방통융합, 유무선통합 기조 속에서 콘텐츠 위상에 대한 본격적인 논의가 이루어지지 않고 거의 실종되다시피한 상황에 대한 반작용으로 대두된 현상이기도 하다. 예를 들어 방송과 통신이 융합되고 관련 규제, 정책 기구가 통합되는 과정에서 종전의 방송콘텐츠 관련 악습들이 그대로 시류를 타고 다음 국면인 미디어 통합, 미디어 빅뱅 지대로 나아가서는 안 된다는 지적이 나오고 있다.

현행 방송산업의 고질적인 이슈인 경영의 방만함, 저급 통속 콘텐츠의 양산, 불필요한 과당 중복투자와 출혈경쟁, 시청률 지상주의, 비과학적 프로그램 기획, 콘텐츠 유통 전문회사 부재, 유통채널 갈등과 같은 산적한 이슈들을 방송 권역 내에서 스스로 해결하지 못하고 있는 상황에서 컨버전스라는 외부 변화가 모든 문제를 봉합하려 한다는 분석이다. 이 때문에 컨버전스 분위기 속에서도 반드시 방송의 낙후된 시스템과 콘텐츠 악행들은 따로 솎아내야 한다는 디버전스가 강조될 수밖에 없을 것으로 내다보인다.

퍼블릭소셜미디어 개념 확산

IT, 디지털, 소프트웨어 등 문화적 할인율이 상대적으로 낮은 구체적인 영역에서는 정보화 급진전으로 초국적 디지털생태계가 형성되고 있다는 분석도 나오고 있다. 이른바 디지털생태계 형성은 사회·문화 교류를 한층 더 촉진하게 될 전망이다. 따라서 미래 사회의 성격도 점차 특수한 문화 양식을 강조하는 형태보다는 영어와 컴퓨터 언어와 같은 표준화된 공용 툴이 더욱 중시되어 문화의 보편성이 틀을 갖추게 될 것으로 내다보인다.

대중문화의 영향력을 둘러싼 논의가 좋은 예다. 한편으로는 대중문화가 해체되기 시작하고 프로슈머를 중심으로 창작과 비평 활동이 재편되는 것으로 보는 견해가 있다. 또 다른 한편으로는 여전히 매스미디어가 주도하는 대중문화가 사람들의 의식을 지배하고 있다는 주장도 만만찮다. 이처럼 의견이 분분한 가운데서도 분명한 것은 일부 엘리트 집단, 특정 연예인 집단 등이 주도하던 대중문화가 다양한 디지털미디어 수단의 보급으로 인해 급격하게 해체, 재편되고 있으며 이러한 흐름은 앞으로 더욱 강화될 것이라는 점이다.

이러한 흐름 때문에 종전의 영리추구형 상업적 비즈니스 모델은 일대 도전을 받고 있다. 이윤추구를 지상목표로 하는 상업적 비즈니스와 차별화되는 공유와 상호교류 중심의 퍼블릭소셜비즈니스가 새로운 인터넷 질서에 관한 논의에 맞춰 확산되고 공감을 얻기 시작했다.

콘텐츠공급자에서 콘텐츠홀더로

미디어 대통합시대를 맞이하여 콘텐츠 공급에 있던 협상 권한이 콘텐츠 구매, 소싱쪽으로 이행하고 있음이 포착되고 있다. 이는 달리 말하면 늘어난 뉴미디어 창구를 운영하기 위해서 거대 미디어 브랜드가 직접 또는 대형 중개자를 통해 다양한 콘텐츠를 지속적으로 확보하는 데 역량을 집중하는 식으로 유통 패턴이 바뀌게 된다는 뜻이 된다. 그리 되면 '바이어스 마켓Buyer's Market'에서 '셀러스 마켓Seller's Market'으로 시장 성격이 변화하게 된다. 콘텐츠 사업자들이 이른바 빅네임과 직거래를 하는 상황도 자주 발생할 것으로 보인다.

이때 중요한 것은 콘텐츠를 만들고 공급하는 쪽이 스스로를 마치 납품하고 하청받아 사는 콘텐츠공급자라는 뉘앙스를 지닌 CP라는 굳어진 업의 개념 명칭을 스스로 바꿔야 한다는 점이다. '적은 콘텐츠,

많은 윈도'라는 미래 상황에서는 콘텐츠 유동성 확보를 통한 보유, 유
지, 저장의 콘텐츠홀더 Contents Holder 로 전환하는 사업자가 훨씬 더 유리
한 위치에 올라설 수 있기 때문이다. 다우존스 그룹이 다양한 콘텐츠
를 보유함으로써 다른 미디어 그룹의 구매, 소싱을 위한 전략적 제휴
의 매력적인 파트너로서 자기 입지를 강화해온 내력이 바로 CP가 아
닌 CH로서 비즈니스를 영위하는 좋은 사례이다.

소비 부문 트렌드

롱테일법칙과 UCC 콘텐츠 팽창

소비자 매출 기여도 분포가 20 대 80으로 갈린다는 파레토법칙과 내용을 달리 하는 롱테일법칙이 점차 광범위하게 적용되고 있다. 이는 특히 웹 2.0, 미디어 2.0과 더불어 콘텐츠 영역에서 나타난 UCC 출현과 더불어 커다란 관심을 모으고 있다. 소비자가 직접 콘텐츠 제작과 유통에 참여하는 이러한 프로슈밍 prosuming 활동은 미디어 저작 툴의 간편화와 인터넷 세상의 커뮤니티 활동 확산, 반저작권 정서 등에 힘입어 당분간 맹위를 떨칠 것으로 보인다.

콘텐츠 게릴라 출현

UCC가 동영상 포털, 블로그 등 웹 2.0 또는 미디어 2.0 환경에서 크게 각광을 받게 되면서 아마추어리즘의 승리라는 표현까지 나온 적이 있다. 하지만 2006년 하반기부터는 아주 순수하지만 전문성 면에서 상당히 떨어지는 일반 아마추어 제작 콘텐츠는 지속적인 흡인력을 발휘하지 못하고 있다는 지적이다. 특히 남의 콘텐츠를 출처 불문하고 퍼오는 형태가 잦아지면서 저작권 시비를 부르는 사례가 늘고 있다. 이런 여러 이유 때문에 아마추어리즘이 가진 참신함, 창의적 면모와 같은 장점과 전문가 집단이 지닌 노하우와 일정한 수준을 결합한 개념인 프로-암 형태의 콘텐츠 게릴라가 실질적인 주역이 되어 활발한 활동을 펼치기 시작했다. 이와 비슷하게 프로페셔널과 아마추어를 직접 섞어 부르는 프로튜어 Proteur 라는 말도 등장하기도 했다. 프로튜어가 주도하는 UCC는 PCC로 따로 부르기도 한다.

암묵지 시장 창출

콘텐츠가 갖고 있는 무형자산으로서 성격을 십분 활용하는 비즈니스 모델이 속속 등장하고 있다. 이 가운데 특히 우리가 흔히 노하우라고 부르는 암묵적 지식 tacit knowledge 성격의 무형 콘텐츠를 전문적으로 거래하는 시장이 주목을 끌고 있다. 동영상 포털을 통해 주로 개인의 숨은 비법을 UCC 콘텐츠 형태로 중개, 서비스하고 있는 비법닷컴과 같은 사이트가 2006년 하반기 이후 다양한 성격을 띠며 나타나고 있다.

시험 경험담 알선 서비스를 하는 데이콤 비지트, 시험 및 취업 대학생들의 경험담을 주로 다루는 해피캠퍼스, 몸짱만들기, 소호몰 창업, 1억 만들기 등 다양한 노하우를 판매하는 인포마스터, 리포트만 전문 거래하는 리포트월드 등이 있다. 이처럼 새로운 시장을 개척하는 유형의 콘텐츠서비스가 앞으로도 더욱 기발한 형태로 선보일 것으로 전망된다.

콘텐츠에서 브랜드로

종합편성은 공중파를 제외한 다른 방송 채널이 언론, 보도 부문을 포함해 제한 없이 다양한 채널 프로그램을 편성한다는 개념에서 출발한다. 한국에서는 아직 케이블 TV 등 유료방송이 종합편성 채널을 보유하고 있지 못하지만 미국, 영국 등에서는 보편적인 형태이다. 특히 루퍼트 머독이 소유한 영국 스카이원의 경우 종합 엔터테인먼트 채널로서 영국 BskyB 전체 플랫폼의 기함 채널 역할을 톡톡히 하고 있다. 이 채널은 한마디로 콘텐츠보다는 브랜드파워로 승부를 건 사례로 유명하다. 영국 지상파방송 채널에 이은 6번째 채널로서 자리를 잡아, 지상파와 동등한 이미지를 확보하기까지 영국 시장에서는 도무지 통하지 않을 것 같은 공상과학 콘텐츠를 내세운 점 또한 막강한 브랜드를 전면에 내세운 변칙 플레이라고 할 수 있다.

이 채널은 할리우드 프리미엄급 엔터테인먼트콘텐츠를 주력으로 '영국의 방송 풍토에서 익숙하지 않은 본격적인 오락성'을 티핑 포인트 킬러 콘텐츠의 요건이 되는 고객 소구점로서 설정하는 전략을 활용했다. 그 결과 성공적인 시청률 1~2퍼센트대를 기록할 수 있었다. 이를 두고 공상과학물 등 미국 사회의 최고 오락콘텐츠를 영국 사회에 참신하게 선보이게 한다는 '문화적 할인율의 리버스 마케팅' 전략의 개가라는 평을 듣고 있다. 영국에서는 전통적으로 외면당하고 문화적 장벽을 넘지 못했던 장르를 고른 다음, 브랜드파워와 신용을 걸고 '안 봐서 그렇지 보기만 하면 아주 재미있는 콘텐츠'라는 식으로 알려나간 것이 주효했던 셈이다.

스카이원이 미국에서 소싱한 주요 프로그램을 보면 '24', 'Deadwood', 'Nip/Tuck', 'Threshold', 'escue Me', 'The 4400', 'Battlestar Galactica', 'Stargate Atlantis' 등이 있다. 이처럼 콘텐츠에 대한 저항감이나 낯설음이 있다는 사실을 오히려 역이용하고 브랜드 신용을 매개로 콘텐츠 이용행태 자체를 바꿔나가는 '비교무역'과 같은 방식이 통용되는 사례가 점차 늘 것으로 보인다.

문화개방 가속화

사회·문화 교류는 점점 더 초민족, 초지역적 범위로 확대되고 있다. 이를 간단하게 줄여 하이브리드와 하이퍼링크, 하이테크, 하이터치 등이 동시다발적으로 일어나는 '4H 트렌드'라고 일컬을 수 있다. 문화 혼성을 보여주는 하이브리드와 전방위적 연결을 의미하는 하이퍼링크, 최첨단 디지털 IT 기술이 원동력으로 작용하는 하이테크, 그리고 언제나 새롭고 넓은 무언가를 좇는 인간의 숨결을 가리키는 하이터치가 도도한 흐름처럼 자리 잡기 시작했다.

이런 가운데 시청각서비스 시장으로 불리는 사회·문화 교류 현장이 WTO, FTA와 같은 다자간, 양자 간 국제협상에서 개방과 관련한 논의를 통해 다뤄지면서 범세계적인 교류가 더욱 촉진되는 양상이다. 이런 분위기 속에서 기존 질서가 바뀌어나가는 구체적인 현장을 찾아볼 수 있다.

대표적인 예가 세계 문화권력의 한 축이 한국을 포함한 동아시아로 옮아가고 있는 현상이다. 그 속에서 한국은 한류, 디지털 한류의 확산에 힘입어 변방 로컬문화에서 권역중심문화로 극적으로 이동 중이다. 글로벌 사회·문화 교류의 최대 수혜국으로 떠오르고 있는 셈이다.

기반 인프라 부문 트렌드

결합과 제휴 일상화

종합미디어 사업자들이 디지털영상 시장의 환경이 개선됨에 따라 네트워크 사업자들과 제휴를 통해 디지털미디어 시장에 진출하는 경우가 점차 일상화되고 있다. 예를 들어 유선사업자들은 케이블 TV 진영의 TPS 공세를 차단할 효과적인 방어수단으로 IPTV 시장에 진출하면서 기존에는 통신업체와 사업적으로 거리를 두고 있었던 영화사, 음반사, 연예기획사 등 콘텐츠업체들을 인수합병하거나 업무 제휴를 하고 있다. 통신의 공세적 방송 진출에 기선을 제압당한 방송업체들도 대략 2006년 하반기부터는 역습을 취하기 시작했다. 케이블방송

업계가 IPTV 시범사업을 신청한 것을 비롯하여 지상파 방송사들이 지상파 DMB서비스를 개시한 것도 같은 맥락이다.

멀티미디어 완성과 해체

인터넷이 등장한 이후 꾸준히 강조되었던 진정한 멀티미디어서비스 완성이 점차 가까워지고 있다. 문자와 영상, 음향, 데이터가 아주 높은 화질과 음질, 원활한 쌍방향성, 편리한 접근성을 인정받으며 자유롭게 유통되고 서비스되어 이용자가 멀티태스킹을 할 수 있게 해주고 콘텐츠의 효용이 좀더 실감나고 풍성하게 전달될 수 있도록 하는 '꿈의 미디어'가 우리 곁에 한 발짝 더 다가오고 있다.

멀티미디어 완성은 상호보완적 관계에 있는 사업자 간 협업을 필요로 한다. 민간의 기업들이 보편적인 디지털 유통망을 만들 수 있도록 플랫폼 사업자, 서비스 사업자 및 솔루션 사업자와 온라인콘텐츠 사업자 간 협업을 통해 해외 공동 진출을 적극 장려해야 한다. 산업 발전 전략의 차원에서는 우선 국내 업체 간 핵심역량의 연계를 통해 수출 시너지 효과 창출 및 대기업과 중소 IT기업 간 협력채널을 구축할 필요가 있다. 미래 선도형 미디어기술 시장을 선점하기 위해 세계 최초 개발 및 상용화에 성공한 DMB · 와이브로 기반 플랫폼 · 기기 · 서비스 통합솔루션 시장 개척 등의 주요 긴급 의제로 제시할 수 있다.

이를 통해 통합 솔루션 형태의 시장 진출은 향후 경쟁우위를 점할 수 있는 차별화 요소이면서 서비스연계시장 창출 효과를 기대하게 한다. 이와 함께 정부는 정부대로 DMB, 와이브로의 세계시장 진출 계획을 수립, 실행할 국내외 공동 추진체계를 구성하는 데 앞장서야 할 일이다.

콘텐츠와 미디어의 분리

미디어로부터 콘텐츠가 분리되어 다른 미디어에 탑재되는 등 자유롭게 여러 플랫폼을 오가는 새로운 현상이 예고되고 있다. 이미 소개된 바 있는 PVR^{Personal Video Recorder}은 콘텐츠 앞뒤 또는 중간에 삽입되어 있는 광고를 분리해 담을 수 있는 기술적 향상을 실현해주었다. 이와 같이 소비자가 원한다면 매체는 따지지 않고 콘텐츠 자체만 접할 수 있도록 해주는 지원시스템이 구비된다면 콘텐츠 자체가 TV나 PC에 의존하거나 구애받지 않고 단일 파일 형태로 존재하며, 다양한 미디어를 경유해 서비스되는 새로운 개념의 다이렉트 유통이 가능해질 전망이다.

아예 더 나아가 극장과 같은 공간이나 핸드폰 같은 기기 매개 없이 영상물 같은 콘텐츠가 직접 소비자에게 전해져 문화체험을 일으키는 특수 가상환경도 개발될 수 있을 것으로 보인다. 물론 콘텐츠가 미디어라는 의상을 벗어버리는 먼 미래로 가는 길목에서는 새로운 매체, 새로운 콘텐츠서비스에 맞는 적합한 콘텐츠 등장에 관심이 모이지 않을까 한다. 좀더 자율적인 콘텐츠가 등장한다면 미디어를 통해 보는 '눈의 미디어'에서 미디어 없이도 어떤 계기를 통해 느끼게 되는 '생각의 미디어'로 개념이 전환될 수 있다. 또한 재미있는 오락 콘텐츠에서 탈피하여 일을 위해 콘텐츠를 활용한다는 차원에서 나타날 과업콘텐츠도 뚜렷한 흐름을 형성할 것으로 보인다.

표준, 호환, 연동과 다양성 충돌

네트워크가 통합해가면서 콘텐츠 쪽에는 표준과 호환, 연동이라는 압박을 가하고 있다. 한 가지 콘텐츠를 기술표준이 다른 여러 매체, 지역마다 컨버팅해서 서비스하려면 비용 문제나 서비스 속도 문제 등에서 심대한 결함을 가져올 수 있기 때문이다. 예를 들어 유무선 망 통합, 개방, 중립 문제도 같은 맥락에서 바라볼 수 있다. 무선망 조기 활성화와 신규사업모델을 발굴하여 정부 정책과 이동통신사 투자의 선순환 구조를 형성하는 일도 정책의 몫이다.

무선 인터넷망 조기 활성화를 위한 신규사업·수익모델 발굴 및 시범사업 시행도 적절하게 이루어져야 한다. 콘텐츠 수익분배와 관련해 이통사 및 포털사업자 간 무선 인터넷망의 실질적 개방을 지속적으로 추진할 수 있도록 정책 당국이 중심을 잡아야 한다.

이로써 유·무선 인터넷 간의 호환 기술 및 표준을 마련해 완벽한 유·무선 연동을 보장하고 W3C 등 표준 활동에 적극 참여해 시장 선점을 위한 국제표준을 주도할 수 있어야 한다. 이 밖에도 저작권 관련 기술이나 디지털시네마 기술과 같이 유력한 부문에서는 개발업체마다, 지역마다, 지원기관마다 내세우는 콘텐츠 지원 솔루션이 달라서 불협화음을 초래하고 있다. 이러한 기술적 다양성 충돌은 한동안 미래 콘텐츠 시장의 걸림돌로 작용할 것으로 우려되고 있다.

요소 투자 활성화

〈대장금〉을 쓴 김영현 작가는 우리나라 최초의 방송작가 전문기획사 A스토리에 소속되어 있다. 2005년 초 설립된 이 회사는 낙후된 창작 시스템을 개선해야 한다는 작가들의 문제의식 위에서 생겨난 실험적 벤처회사라고도 할 수 있다. 이 변화는 곧 드라마와 같은 콘텐츠를 구성하는 작가, 연기자, 연출가와 같은 요소를 중심으로 한 투자를 촉발하게 되었다. 요소 중심 투자는 기존의 오랜 관행이었던 프로젝트 중심 투자와는 다른 좀더 과학적이고 체계적인 투자시스템이라고 볼 수 있다.

창의성생태계 강조

앞으로는 창의적 콘텐츠가 지속적으로 생성될 수 있는 인프라로서 생태계가 어떻게 기능하느냐에 따라 한 국가와 사회의 문화적 자원이 지속가능한 성장세를 보이느냐 여부가 판가름나게 될 것으로 보인다. 창의성생태계란 디지털생태계와 같은 원리를 지니면서도 콘텐츠와 미디어가 중심이 되어 마니아라는 개인, 사회의 콘텐츠비즈니스, 문화 속의 장인정신과 생활환경 등이 선순환 구조를 이루는 문화의 일대 거점이자 거대한 수자원을 지칭한다.

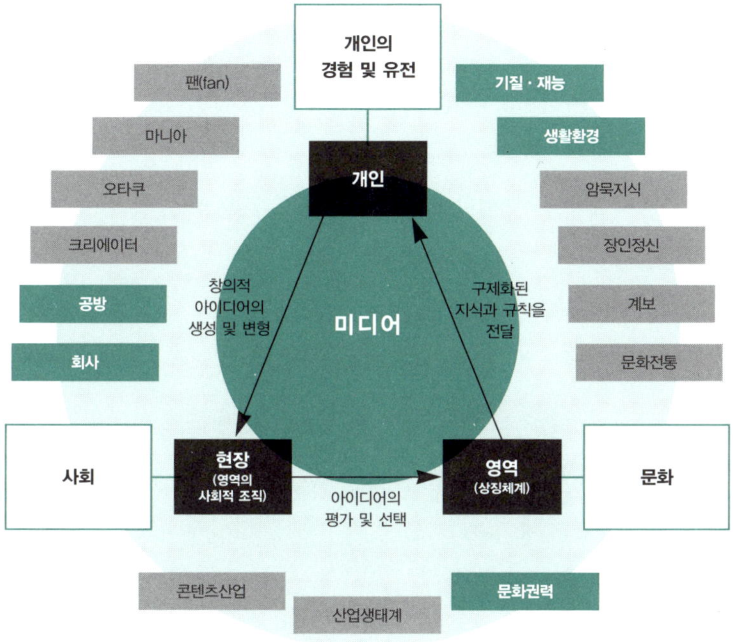

주: 창의성의 체계모델 칙센트미하이(1998)에서 수정

이 생태계 속의 콘텐츠 창조과정은 〈팬−마니아−오타쿠−크리에
이터−공방−회사〉와 〈콘텐츠 사업−산업 생태계−문화권력〉, 〈문화
전통−계보−장인정신−암묵지식−생활환경−기질·재능〉으로 구성
된다. 이들 개별 요소들을 중재하는 중간자는 바로 미디어이다.

미디어는 개인이 창의적인 아이디어를 생성, 변형하고 영역의 사회적 조직인 현장과 교류, 상호관계를 원활하게 할 수 있도록 돕는다. 이어서 현장에서 여러 전문가 등이 새로운 아이디어를 평가하고 선택하여 하나의 상징체계인 영역으로 만드는 과정에도 미디어가 촉매로서 개입한다. 연이어 문화적 상징체계가 형성된 영역이 다시 환류하여 지식체계로서 성립되고 전달되도록 하는 피드백 과정에서도 미디어가 결정적으로 작용한다.

일본의 동인지와 만화잡지, 미국의 케이블 방송 채널 등 미디어는 콘텐츠가 창조적으로 생성되고 평가받고 사회적으로 인정받아 하나의 산업과 문화, 권력으로 발전할 수 있게끔 매개하고 북돋워주는 포럼이자 후견인, 멘토, 가상에 가까운 네트워크 커뮤니티, 학습과 마케팅 수단, 언론매체 등의 복합적 역할을 수행하게 되는 셈이다. 이러한 미디어가 발달한 사회에서 창조적인 콘텐츠 상품이 생성될 수 있음은 바로 이 창조과정 모형 자체가 설명해준다.

이러한 개념 이해에 바탕을 두어 창의성생태계를 조성하고 종국에는 문화선진국으로 이르기 위해서 다음과 같은 실천 과업을 온 국민과 정부가 함께 힘을 모아 수행해야 한다. 창의성이 존중되고 샘솟듯 나오는 생태계를 문화발신국으로 앞장서 건설하기 위해서는 디지털 문화콘텐츠 분야를 선도할 창의적 전문인력을 키우는 일에 사회적 역량을 집중해야 한다.

이를 위해 세계적 수준의 콘텐츠 전문교육기관과 협력을 강화하고

석·박사급 연구인력 확보시스템을 구축하는 과업을 구체적으로 제시할 수 있다. 유명 해외 교육기관과의 업무제휴 MOU를 통해 학생 교류 및 교과과정 연계를 추진하는 것도 좋은 방안이 될 수 있다. 미국의 경우 카네기멜론대학 ETC Entertainment Technology Center, 디지펜기술원 DigiPen Institute of Technology 등이 선도적인 고급 인재양성 프로그램에 나서고 있다.

국내에서도 콘텐츠 관련 ITRC, CRC, ICU, 문화기술대학원, 디지털미디어연구소, 미래첨단 문화기술연구소 등을 통한 고급 전문인력 양성 지원 선행사례가 있다. 이러한 노력을 더욱 강화하여 실무 위주의 교과과정 개편 및 산·학 연계프로그램을 확충하도록 해야 한다. 내용적으로도 업체의 멘토와 대학의 멘티를 지정해 공동 실습 프로젝트를 수행하는 멘토링제도 운영과 같은 실질적인 방안이 필요하다. 아울러 정부, 교수, 관련 기업이 참여하는 기업 선발형 인턴십 지원 협의체를 구성해 기업의 인턴십프로그램 지원도 정책적으로 도입해볼 만한 방안들이다.

붉은악마와 한바탕 놀아본 사람들이에요

우리는 이대로 문화생업과 문화전쟁에 뛰어들 준비가 되어 있는 상태인가? 우리의 잠재된 문화생업 역량은 언제 어떻게 나타났었던가?

전설 바다로 춤추었던 그 해 6월 한일 월드컵. 붉은악마가 황홀하게도 우리들을 붉은 카펫에 오르게 해주었다. 솜털처럼 부드럽고, 날씬한 검정사냥개처럼 짧고 빡빡하게 붙박인 털이 비범함과 고상함을 더해주는 붉은 카펫이 우리 발 아래에 깔렸다. 세계시민들이 CNN이나 BBC, NHK를 통해 서울에, 부산에, 제주에 깔린 붉은 카펫과 이를 딛고 함께 요동치는 붉은악마를 신기한 듯, 부러운 듯 쳐다보았다. 너무나 오랫동안 그야말로 '3류 변방'의 구경꾼이었던 한국 사람들,

미스터 김, 미스 리가 이제는 붉은 카펫에 올라 전 세계 곳곳에 사방 팔방으로 자신의 붉고 진하고 멋진 동영상을 뿌려주었다. 그 고상한 《뉴욕타임스》도 한국발 붉은 카펫에 최고의 뉴스 밸류를 매겨주었다. 확실한 뉴스거리가 아닐 수 없었다.

아마 우리나라가 이탈리아전을 이기고 스페인도 이기고 독일전을 앞두고 있던 그 사이, 그 시기에는 레드카펫의 주인 격이었던 톰 크루즈도, 왕년의 축구선수였던 팝가수 로드 스튜어트도 최고부자 빌 게이츠도 모두 서울의 시청 앞, 광화문 붉은 카펫을 구경하며 탐냈을 것만 같다. 구경만 하다가, 침만 흘리다가 마침내 맛본 황홀경. 그것이 붉은악마가 뒤집어쓰고, 두르고, 둥둥 매고, 껴입고, 갈겨쓰며 연출한 우리들 마음의 주단, 붉은 융단, 붉은 카펫이었다. 이로써 한국이라는 땅에 사는 사람들 대부분의 삶이 달라졌다고 봐도 무방하다.

비포가 우리 언론들이 모처럼 잘 표현했던 '3류 변방'이요, 애프터는 '일류의식'이다. 이 일류, 일등의식이라는 것이 무진장 중요함을 딱 한 번만 강조하고 본론인 '우리들 마음의 붉은악마와 그 내력' 편으로 넘어가려 한다.

일류의식이 얼마나 중시돼왔는가는 일본 요미우리 자이언츠 케이스를 보면 단박에 알 수 있다. 알려진 대로 일본 전체 야구팬 80퍼센트가 자이언츠 팬이라는 말이 있을 정도로 자이언츠는 명문 중의 명문이다. 이 자이언츠가 요즘은 모르겠으나 한때 새 선수를 선발할 때 꼭 고집했던 원칙과 기준이 있었다.

"반드시 최고의 권위를 가진 일본 고교야구대회인 고시엔대회 우승 경험이 있어야 한다"는 것. 최고에 올라보지 않은 사람은 그 최고가 얼마나 좋은지 모른다는 얘기다. 최고에 오르기 위해서 무엇을 해야 하는지도 실제 성취해보지 않은 사람은 알 턱이 없다. 자이언츠의 콧대와 문턱은 높기 그지없었다.

이 기준에 따르면 코리언은 레드카펫의 주인공이라고 부를 요미우리 자이언츠나 뉴욕 양키즈, 기업계의 인텔이나 마이크로소프트, 대학의 하버드나 스탠퍼드를 기웃거리기조차 어렵다. 설사 어찌 들어간다 해도 진짜배기 주전멤버가 되기 어렵다. 그 주전멤버는 '이너서클 inner circle'이기도 하면서 뉴욕타임스 식으로 부르면 '문화 DNA'를 계승한 인재, 즉 귀한 혈통과 계보의 적자를 뜻한다. 물론 여기에는 편견이 들어 있다. 프랑스대혁명 이후 세계를 지배해온 서양의 오만과 편견이 개입되어 있는 것이다. 그 장벽으로 둘러쳐놓은 저편 다운타운의 슬럼가에 서식해오던 유목민의 후예들로서는 자이언츠 선수를 꿈꾸는 것조차 아득한 일이었다. 그 후예들은 수백 년, 아니 그 이상 긴 역사 속에서 숨을 고르기만 해왔고, 1970~1980년대에 태어난 젊은 아이들조차도 조상이 내린 한의 내력에 짓눌려왔다.

그러다 그 아이들 머리 위로 무슨 후천개벽처럼 단비가 내렸다. 월드컵은 고시엔대회였고 붉은 카펫을 연출한 붉은악마 모두는 승리를 맛보고 최고와 일류를 체험했다. 4강은 우승 이상이었다. 남은 목표는 '요미우리 자이언츠'나 '뉴욕 양키즈', 축구로 치면 '레알 마드리드'와 'AC 밀란'임이 확연해졌다. 최고를 맛본 이들은 최고로 가야 하기 때문이다.

무엇이 이런 통쾌한 역전을 가능케 했는가. 어떤 동력이 작용했기에 붉은 융단이 그토록 우리들 가슴을 안고 감고 흔들어주었는가?

붉은악마 자체는 한 점 조그마한 사이버 커뮤니티로 출발하였다. 인터넷 이전 PC통신 시절인 1995년 말 생긴 동아리, '그레이트 한국 서포터스 Great Hankuk Supporters Club'가 효시다. '붉은악마'란 이름은 1997년에 온라인 토론으로 정해졌는데 1983년 당시 해외 언론들이 멕시코 세계 청소년 축구대회 4강 신화를 이룬 한국 팀을 붉은악마라고 부른 데서 비롯되었다.

이 역시 온라인에 유난히 강한 한국의 면모를 잘 보여준다. 이후 2000년 말께 월드컵을 코앞에 두고 있을 당시 한국축구는 그야말로 벼랑 끝에까지 내몰렸다. 위기감이 터질 듯이 고조되었다. 이때였다. 한국의 수호신이 긴 터널을 빠져나와 손짓하기 시작한 때가.

전국의 비디오가게 개수를 누르고 3만 개까지 육박했던 PC방의 열기, 한 집 건너 깔고 붙인 초고속망의 분출된 에너지가 붉은악마 회원 2만 명을 단숨에 복제해냈다. 한국축구에 대한 위기감과 동정심이 불꽃을 던지고 한국 사람 특유의 응집력이 꿈틀대며 뭔가 빅뱅을 예고하기에 이르렀다. 뭉생흩사, 뭉치면 살고 흩어지면 죽는다는 믿음과 용기가 수호신이 되어주었다. 이때까지는 붉은악마의 확산기다.

드디어 2002년 월드컵이 열리자 붉은악마는 참을 수 없는 존재의 폭발력으로 인해 말 그대로 한껏 팽창해버렸다. 공식 회원 수 12만 명, 사실상 회원 천만 명을 단숨에 넘어서버렸다. 우리가 보여준 인터넷 열기에는 OECD가 놀랐지만 붉은악마 물결에는 UN보다 많다는 200여 FIFA 회원국 전체가 놀라고 말았다. 붉은악마의 팽창은 어떤 비행사가 항공촬영에서 착시를 일으켰던 대로 고추장 같은 맵고 고운 시각적 인상만 던져준 게 아니었다. W세대, 레드족이라는 새 이름처럼 우리의 아이들, 동생, 친구들이 자신을 연출했다는 사실. 아름다운 이야기와 열정으로 스타일을 연출한 저마다의 아트 디렉션, 미장센, 신명나게 흐드러지게 놀아젖힌 끼와 기, 이 모든 것이 두고두고 봄꿈처럼 피어나고 있다.

당시 히딩크 감독이 시인의 느낌으로 말했듯 사람들이 마치 동화처럼 두고두고 애기할 추억을 만든 셈이다. 문화를 사랑하고 중시하는 마음이 타올랐기에 이뤄낸 기적과 동화였다.

문화허브, 드림 코리아로 가는 순례

성을 쌓는 자 망하고 길을 여는 자 흥하리라. 우리가 이 말을 알아도 몸소 실천하기는 쉽지 않다. 마음 따로 몸 따로 살아가는 오랜 습성 때문인가? 늘 우스개처럼 넋두리처럼 말한다.

"마음은 슈퍼주니어인데 몸은 아저씨, 아줌마."

쌓아올리는 성을 경제라고 한다면, 다니고 닦아 여는 길은 문화라고 해두자. 배 나오고 머리 볶은 아저씨, 아줌마라고 해버리는 현실을 경제라고 하면, 슈퍼주니어처럼 젊어서 놀고 싶은 그 꿈은 문화라고 할 수 있지 않을까?

이제부터는 둘을 떼어놓지 말고 성과 길을 한데 붙이는 과업부터

해보자. 일하고 현실 속에 파묻히는 경제와 꿈꾸고 놀며 취하는 문화를 상통하게 만드는 마성적인 힘을 믿어보자. 그 과대망상으로 가는 길이 바로 문화허브, 드림 코리아로 가는 순례다.

순례길은 먼저 우리 앞마당, 뒷골목을 헤집고 다닌다. 만화 많이 본다고 타박하는 동해 바닷가 어촌마을이다. 거기 고등학교 교실, 토론 없는 강좌와 '답란에 의해서 답은 2번'이라 외우는 학생들을 뒤로 한다. 아파트 옆 학원, 학원 옆 도넛 가게, 그 위에 과외방을 셔틀로 오가는 강남 대치동 대로를 쏘다닌다. 극장 하나 없고, 삼엄한 전투경찰 너머 사무실만 즐비한 삭막한 섬, 여의도를 노닥거린다.

관악에 가고 신촌에 들렀다 안암골을 찾았다가 기겁을 한다. 공무원 시험에 토플 공부에, 충혈된 눈망울 풀 길 없는 학생들을 애시당초 가로막고선 취업 귀신을 쫓아보낸다. 서해 갯벌을 보고 호남평야를 보고 한려수도 섬에 오르고 강원도 고원 위에서 숨 쉴 때 한국 사람들은 침을 꿀꺽 삼킨다. 그림 그릴 줄 모르고, 노래 부를 줄 모르고, 시 쓸 줄 모르고 경치를 부동산으로 읽는 사람들. 정말 우리 안에는 실용주의적 마음이 너무 많다. 서산에 저녁놀 물들고 순례자는 시인의 마을을 기린다.

여기 이런 모든 비문화를 양산한 경제 비만 한국의 성을 허물고 길을 냈으면 한다. 문화허브로 가는 순례길이다. 우리가 얼마간 성을 버리고 한쪽 귀퉁이라도 무너뜨려 길을 내고 떠나는 날, 그때 문화생업이 시작된다. 문화로 일하고 경제로 노는 길의 열림이 성사된다.

티베트인들이 오체투지하듯 문화생업으로 천천히 가는 순례는 우리를 어디로 이끌 수 있을 텐가?

창의성이 기반을 이루는 사회, 즉 창의성생태계가 조성된다면 우리 한국도 문화권력을 발신하고 새로운 문화콘텐츠와 스타일을 창조하는 문화선진국이 될 수 있다. 문화 재능이 뛰어난 세계 시민이 되고 만다. 이것이 우리의 기본적인 비전이 될 수 있다.

이 같은 원대한 문화허브의 꿈을 달성하기 위해서는 할 일이 많다. 당장 고품격 공공 문화체험 시설을 늘려 창조적인 문화콘텐츠의 제작기반을 강화해야 한다. 사회체육, 문화체험, 공공교육 등의 인프라 투자를 크게 늘리고 관련 프로그램을 개발할 필요가 있다. 문화센터, 출판, 학술사업 등에 대한 지원을 통해 인문학적 기반을 강화함으로써 영화, 방송, 음악, 디자인, 게임 등 문화콘텐츠의 풍부한 수자원 reservoir 을 확보하는 일도 시급하다.

긴 호흡, 의연한 자세로 순례를 이어간다면 우리가 품었던 꿈이 과대망상이 아니라는 것을 스스로에게 증명해보일 수 있지 않을까? '그날이 오면' 하고 기다릴 수도 있지만 순례자의 문화생업에서는 그날이 바로 오늘 이 순간이다. 순산에서 영원으로 가닿는 한정 없는 문화 매혹, 그리고 나. 원더풀 라이프 문화생업에서만 누릴 수 있는 특권이다.

- 홍윤리, 「국·공립미술관의 조직 구성에 대한 연구: 광주시립미술관을 중심으로〉, 전남대학교, 2003.
- 〈WTO 도하개발아젠다 협상 방송서비스 분야의 논의 동향과 대응방향〉, 도하개발아젠다 협상 세부의제별 간담회 토의자료, 대외경제정책연구원 주최, 2002.
- 김경동, 〈한국의 문화정책: 현황과 미래 방향〉, 국제심포지엄, 2002.
- 김명기, 김종헌, 류재한, 정근식, 《문화오디세이 광주복합문화센터를 찾아서》, 전남대 출판부, 2003.
- 김영대, 〈지방 예술 회관의 운영에 관한 연구: 전라북도 예술 회관을 중심으로〉, 단국대학교, 1998.
- 김유경, 〈미디어렙 제도 도입의 쟁점과 평가: 시장논리와 공공논리〉 (http://lib.adic.co.kr/data/sem/2001_mediapolicy/mediapolicy_2.html)
- 김준동, 강인수, 〈서비스산업의 개방효과: 업종 간 파급효과를 중심으로〉, 대외경제정책연구원, 2000.
- 김준동, 강준구, 〈WTO서비스협상은 우리에게 어떤 영향을 미칠 것인가?〉, 대외경제정책연구원, 2001.
- 김진영 외, 〈디지털 전환에 따른 방송재원 연구〉, 방송위원회, 2002.
- 문화관광부 홈페이지: www.mct.go.kr
- 문화관광부, 《문화산업백서》, 각 년호 등
- 《문화도시 문화복지》 103호, 문화관광부·한국문화예술진흥원·한국문화정책개발원, 2001.
- 《문화예술》196호, 한국문화예술진흥원, 1995, 38~44p.
- 〈문화콘텐츠 콤플렉스 조성사업 복합지원기능 개발방안〉, 한국문화콘텐츠진흥원·한국게임산업개발원, 2003.

- 박대정, 〈박물관 인터넷 이용의 의미와 실태 비교 연구: 마케팅 관점에서 본 사립박물관의 커뮤니케이션을 중심으로〉, 경희대학교, 2001.
- 방송위원회, 〈방송통신산업 DB〉, 《월간 방송 21》, 2002.
- 송경희, 〈방송서비스 시장 및 규제현황〉, 도하개발아젠다 세부의제별 간담회 토의자료, 대외경제정책연구원, 2002.
- 송도영 외, 《프랑스의 문화산업체계》, 지식마당, 2003.
- 심상민 외, 《문화콘텐츠 입문》, 북코리아, 2006.
- 심상민 외, 《문화콘텐츠와 창의성》(호서대 문화콘텐츠총서), 역락출판사, 2006.
- 심상민 외, 《미래를 여는 문화 관광의 새로운 지평》(GRI 연구총서), 경기개발연구원, 2006.
- 심상민 외, 《시대의 좌표를 찾아서》(GRI 연구총서), 경기개발연구원, 2006.
- 심상민 외, 《정보화시대 신성장국가론》, 나남출판, 2006.
- 심상민 외, 《지역경제 새싹이 돋는다》, 삼성경제연구소, 2003.
- 심상민 외, 《차세대 디지털 컨버전스 DMB 서비스》, 전자신문사, 2005.
- 심상민 외, 《클러스터, 한국의 산업경쟁력》, 삼성경제연구소, 2003.
- 심상민 외, 《한국 주력산업의 경쟁력 분석》, 삼성경제연구소, 2002.
- 심상민, 《콘텐츠비즈니스의 새 흐름과 대응전략》, 삼성경제연구소, 2002.
- 심상민, 《미디어기업 수익다각화 전략》, 커뮤니케이션북스, 2005.
- 심상민, 《미디어는 콘텐츠다》, 김영사, 2002.
- 심상민, 《블루콘텐츠비즈니스》, 커뮤니케이션북스, 2005.
- 심상민, 고정민 〈한국문화산업발전을 위한 긴급과제〉, 삼성경제연구소, 2002.
- 심상민, 김휴종,〈한국 주력산업의 경쟁력-엔터테인먼트 산업〉, 삼성경제연구소, 2001.
- 심상민, 민동원, 〈문화 마케팅의 부상과 성공전략〉, 삼성경제연구소, 2002.
- 영화진흥위원회 홈페이지: www.kofic.or.kr
- 윤순영, 〈대구광역시 공연예술 운영의 문제점과 활성화 방안: 문화예술회관의 경영전략 수립을 위한 시론〉, 중앙대학교, 1999.
- 윤정의,〈미디어아트센터 건립 및 운영에 관한 연구: '미디어 시티 서울 2000' 전을 계기로 바라본 미디어아트센터의 전망〉, 경희대학교, 2001.

- 이연숙 외,《밀레니엄 커뮤니티 센터》, 연세대학교 출판부, 2000.
- 이승진,〈국내 테마파크 산업의 활성화를 위한 애니메이션 산업의 연계모델 연구, 세종대학교, 2001.
- 장동광,《문화도시 문화복지》제19호 , 문화관광부 · 한국문화예술진흥원 · 한국문화정책개발원, 1997.
- 정상철,〈DDA 서비스협상과 동북아 문화산업 협력방안〉,《제6차 CT 정책포럼 자료집》, 한국문화콘텐츠진흥원 주최, 2002.
- 정현숙,〈애니메이션 캐릭터에 대한 비주얼 이미지 연구: 미야자키 하야오의 작품을 중심으로〉, 조선대학교, 2001.
- 최경희,《유럽을 만난다 과학을 읽는다》, 세종서적, 2003.
- 김은정,〈테마파크 홍보에 관한 연구: 외국의 선진 사례를 중심으로〉, 숙명여대, 2001.
- 이왕수,〈테마파크의 최적 보행동선 설정에 관한 연구〉, 홍익대학교, 1998.
- 페이스 팝콘, 애덤 한프트,《미래생활사전》, 을유문화사, 2003.
- 안대현,〈퐁피두센터의 매개공간에 관한 연구〉, 경희대학교, 1998.
- 한국 방송광고공사 홈페이지: www.kobaco.co.kr
- 한국 소프트웨어진흥원(KIPA) 내부자료, 2002.6
- 후버스 홈페이지 : www.hoovers.com
- 이 밖에 조선일보, 한국경제신문 등 정기간행물과 인터넷 포털 등 다수
- DFC Intelligence,〈The US Market for Video Games and Interactive Electronic Entertainment〉, 2000.
- INCP 홈페이지 : http://incp-ripc.org
- OECD,〈Communications Outlook〉, 2001.
- OECD,〈OECD Statistics on International Trade in Services (1990~1999)〉
- WTO,〈Draft Report of the Working Party on the Accession of China〉, 2001.
- WTO, Audiovisual Service, Table 9, S/C/W/40, 1998.
- WTO, S/CSS/W21, 18, 2000.